PERDANTS
MAGNIFIQUES

ISBN : 978-2-263-18533-5
Code éditeur : L18533
Dépôt légal : octobre 2023

Retrouvez-nous sur www.lisez.com

Solar, un département d'Édi8

Xavier Garcia

PERDANTS MAGNIFIQUES

L'ART DE S'INCLINER AVEC PANACHE EN 10 PORTRAITS

SOLAR

À Margot, vice-championne de France cadette d'aviron,
Antoine, gardien de but des U10
de l'Entente Saint-Sylvestre Nice-Nord,
et Ana, étoile des semi-marathons trahie par ses genoux

Un poète doit laisser des traces de son passage, non des preuves. Seules les traces font rêver.

René Char

CE QUI RESTE QUAND ON A TOUT PERDU

« Seule la victoire est belle. » L'adage, variante de l'immuable et plus prosaïque refrain du samedi soir, « l'important, c'est les trois points », est corroboré par la ferveur des liesses populaires de juillet 1998 et 2018 que n'aura refroidie en rien le jeu sans panache des Bleus champions du monde. N'en déplaise à Laurent-David Samama et son *Éloge de la défaite*[1], les vertus de la victoire ne sauraient être sous-estimées. Outre la gloire et les sponsors, qui doivent indubitablement adoucir le quotidien, gagner offre un sens aux milliers d'heures de travail et aux sacrifices consentis par les sportifs de haut niveau. Recevoir une médaille d'or olympique ou inscrire son nom au palmarès d'épreuves prométhéennes telles que Wimbledon, Paris-Roubaix ou Kitzbühel, c'est aussi le plus court chemin vers la part d'éternité déniée au commun des mortels. Un aller simple au-dessus de la condition humaine.

Dans les plus grandes occasions, perdre signifie tout le contraire. C'est une petite mort, une perte de sens, un

1. Éditions de l'Aube, 2020.

effondrement. Mais de cette cruelle loi du sport qui brise des destins et des vies tout entières, il ressort parfois un souffle qui parcourt le temps et laisse dans les mémoires la trace qui a été déniée dans les palmarès. Pour les vrais amoureux du ballon rond, France-Brésil 1998 et France-Croatie 2018 auront été de grands moments de communion collective mais à vrai dire, il n'en reste pas forcément grand-chose. Un peu comme la fin paroxystique du *I Will Survive* de Hermes House Band, l'hymne enivrant du premier sacre des Bleus, c'était exaltant sur le moment, mais on s'est lassé depuis longtemps de cette ivresse vintage. À l'inverse, nous n'avons rien oublié de Séville 1982. La marque est indélébile et, à la moindre image, toutes les émotions ressurgissent, intactes : la prise d'antenne crépusculaire de Thierry Roland, le sourire complice de Monsieur Corver au bourreau Schumacher, la main sans vie de Battiston serrée par Platini en guise de serment, la barre transversale sur la frappe d'Amoros, la volée de Trésor, la joie enfantine de Giresse, l'entrée de Rummenigge. Puis Bossis, héroïque pendant 120 minutes, un genou à terre, alors que Tigana et toute la France pleurent de rage.

Par la grâce élégiaque d'une prolongation, d'un déluge, d'un cinquième set défiant la tombée de la nuit ou de larmes exhumées par l'épuisement et la détresse, un perdant peut, sans toujours le savoir, prendre sa part d'éternité. Raymond Poulidor a compris le premier l'intérêt d'emprunter ce raccourci méritocratique en adoptant un fatalisme débonnaire face à l'enchaînement irréel des coups du sort de juillet. Il y a bien eu des sanglots derrière son masque ensanglanté en 1968 après qu'une moto de presse l'eut renversé et qu'un peloton de charognards déchaîné l'eut dépouillé de la victoire qu'il tenait enfin. Mais sa faculté à voir les verres cassés à moitié pleins le rendit vite à sa joie d'être Poulidor, fils de métayers devenu riche et adulé comme aucun autre sportif français. « Si j'avais gagné le Tour, on ne parlerait plus de moi », avait-il coutume de dire, l'œil rieur mais en ne plaisantant même pas à moitié.

Peu de champions sont capables d'un tel relativisme après un échec majeur. Si la part de tragique peut sublimer une défaite, elle est un fardeau à perpétuité. La déchéance de Meldrick Taylor, surdoué de la boxe, fauché à deux secondes de la gloire par un crochet de Julio Cesar Chavez et par une décision arbitrale inhumaine, en est une illustration poignante. Déséquilibré à dix mètres d'une médaille olympique à Athènes, puis quatrième à neuf centièmes du podium quatre ans plus tard, le hurdleur Ladji Doucouré mettra bien plus tard des mots sur ces blessures intimes qui ne cicatrisent pas : « Il faudrait que je fasse le deuil. Mais je ne le ferai jamais. Parce que je ne l'accepte pas. Je suis content de ma carrière mais cette médaille, elle aurait peut-être changé ma vie. »

Parmi les perdants de l'histoire, bien plus nombreux que les vainqueurs, il a fallu faire des choix. Ceux-ci sont évidemment personnels, parfois paradoxaux. Entre gagnants contrariés par le mauvais œil et losers par instinct de préservation, entre les vaincus arrachés à leur raison de vivre et ceux qui ont capitalisé sur la compassion populaire, la confraternité pouvait apparaître discutable. Elle s'impose pourtant au fil de ces dix destinées déviées par la défaite dont il demeure une même grandeur dans l'adversité, un même souffle romanesque et des émotions collectives qui ont traversé le temps avec les regrets intimes. Par son dépassement des frontières de la souffrance et sa morale ambiguë, le cyclisme a produit le plus gros contingent des héros déchus réunis dans ce livre. Mais passée la douleur physique, les regrets lancinants du golfeur Jean Van de Velde ne valent-ils pas le martyre de Luis Ocaña dans la descente apocalyptique du col de Menté ou les meurtrissures de Raymond Poulidor sur la route d'Albi ?

Si certains ont dû apprendre à vivre ou reposent pour l'éternité avec les fantômes d'une victoire envolée, l'histoire n'est pas toujours aussi tragique ou définitive. Dépouillé en 1971 du fruit de sa démesure par le déluge, Ocaña a fini par gagner le Tour de France en courant après le spectre d'Eddy Merckx, absent cette année-là. Longtemps Thibaut Pinot a pu espérer le gagner. Mais s'il y était parvenu, sa victoire aurait été magnifiée plus encore par le souvenir de ses abandons dans les derniers instants du Giro 2018 ou du Tour 2019 que par la fin de l'agonie patriotique s'étirant depuis le dernier triomphe de Bernard Hinault. L'obsession de la performance caractéristique du champion est ancrée en lui mais, comme pour Zola Budd, la coureuse aux pieds nus, cette quête est toute personnelle, en prise avec des tourments intimes et une nature farouche qui ne consent pas toujours au coût de la victoire. Par leur refus de soumettre leur liberté aux rêves de gloire que les autres avaient pour eux, l'une comme l'autre sont entrés en résonance avec l'échappée belle du navigateur Bernard Moitessier qui avait envoyé ce message à ceux qui, au printemps 1969, l'attendaient à Plymouth pour le voir arriver en vainqueur du premier tour du monde en solitaire de l'histoire : « Je continue sans escale vers les îles du Pacifique, parce que je suis heureux en mer, et peut-être aussi pour sauver mon âme. »

Pour d'autres, la défaite a pu être diluée dans le palmarès sans que son goût ait tout à fait disparu. Comptant parmi les boxeurs les plus titrés de l'histoire, Thomas Hearns vit toujours avec le regret d'avoir laissé échapper deux combats majuscules contre Ray Sugar Leonard et Marvin Hagler, et, jusqu'à cinquante ans passés, il n'a cessé de leur réclamer une revanche. Laurent Fignon, lui, a pu panser la plaie à vif de sa défaite dans le Tour de France 1989 pour huit secondes avec les maillots jaunes conquis en 1983 et 1984, même si, dans la mémoire nationale, c'est cette tragédie jouée sur le théâtre grandiose des Champs-Élysées qui restera pour toujours associée à son nom. Jusqu'à sa mort, lui-même n'avait pas réussi à faire la paix avec cette injustice ni avec celle du Giro que lui avaient littéralement volé les commissaires de course italiens qui inventaient quotidiennement un stratagème pour favoriser Francesco Moser à ses dépens. Vainqueur de sept tournois du Grand Chelem, battu seulement trois fois en quatre-vingt-cinq rencontres en 1984 (soit le meilleur ratio de l'histoire du tennis), John McEnroe n'a, comme nous, gardé en mémoire de cette année faste que le récital inachevé sur la terre battue de Roland-Garros, dont il ne déjouera jamais la malédiction. Il aurait sans doute été encore plus indécent de faire figurer dans ce livre Roger Federer, le meilleur joueur de tennis de l'histoire et l'une des icônes absolues du sport moderne, mais la façon dont il a perdu les finales de Wimbledon en 2008 et 2019 a révélé le champion qu'il est autant que ses vingt triomphes en Grand Chelem. Et au-delà de la dimension épique de ses duels avec Rafael Nadal ou Novak Djokovic, il n'a jamais sacrifié sa pureté esthétique aux impératifs de la victoire.

Bien jouer avant de gagner, c'est aussi cela qui permet de laisser une trace. L'équipe du Brésil de Sócrates, chef-d'œuvre vandalisé au scalpel des contres italiens aux portes des demi-finales de la Coupe du monde 1982, l'a illustré mieux que personne. La beauté était dans chaque mouvement de ces magiciens du ballon rond. Elle peut être aussi dans l'attitude chevaleresque d'un vaincu. Celle de René Vietto, seul en tête, qui rebrousse chemin vers le Portet-d'Aspet pour céder son vélo à Antonin Magne. Celle de Stirling Moss qui, à l'issue d'un grand prix décisif pour le titre mondial qui s'est toujours refusé à lui, va exiger auprès des commissaires de course le repêchage de son adversaire disqualifié. Ou celle de Luz Long, parangon aryen du nazisme triomphant aux Jeux de Berlin, qui se liera sous les yeux des dignitaires hitlériens d'une amitié indéfectible avec son vainqueur, le Noir Américain Jesse Owens, et paiera de sa vie sur un champ de bataille sicilien son immunité à l'intolérance.

Les dix destinées évoquées dans ces pages sont loin d'être univoques. Elles sont regroupées en trois familles de champions contrariés : les maudits (René Vietto, Shirley Babashoff, Luis Ocaña) ; les bienheureux (Vitas Gerulaitis, Sócrates et le Brésil 82, Raymond Poulidor, Jean Van de Velde) et les tourmentés (Thomas Hearns, Zola Budd, Thibaut Pinot). Mais tous appartiennent à la race des perdants magnifiques. De ceux qui ne se contentent pas de s'incliner après avoir tout donné, mais nous renvoient aussi à nos rêves tronqués, à ces lendemains qui ne chanteront jamais, et soulèvent sans l'avoir voulu une émotion dont le souvenir demeurera parmi les rares refuges de l'enfance ensevelie sous la grisaille du quotidien. Le sang, la sueur, la boue et les larmes ruisselant sur le visage christique de Poulidor à Albi, les sanglots de Vietto sur son muret pyrénéen et de Pinot sur l'épaule de William Bonnet, la rage de Shirley Babashoff sur le podium de Montréal, la main cassée de Hearns, les pieds nus de Zola Budd, la chevauchée d'Ocaña vers Orcières, la dernière volée de Gerulaitis dans le couloir du *Centre Court,* le pantalon retroussé de Van de Velde, le maillot déchiré de Zico sont autant de fragments mélancoliques qui s'accrochent à la mémoire et aux sentiments, au point d'être devenus une part de nous-mêmes.

RENÉ VIETTO, LE ROI MAUDIT

Dans la tradition fabuleuse, la montagne est le lien entre la terre et le ciel. Son sommet unique touche au monde de l'éternité, et sa base se ramifie en contreforts multiples dans le monde des mortels. Elle est la voie par laquelle l'homme peut s'élever à la divinité et la divinité se révéler à l'homme.

René Daumal, *Le Mont Analogue.*

De René Vietto, il reste cette photo en noir et blanc qui avait bouleversé la France. Le jeune coureur au visage glabre, qui s'était envolé avec une grâce irréelle sur les grands cols des Alpes, apparaissait prostré sur un muret du col de Puymorens à côté de son vélo amputé de sa roue avant. Sa jambe repliée sur sa poitrine et ses yeux embués de larmes traduisaient sa détresse dans l'attente d'un hypothétique dépannage, après s'être sacrifié pour sauver le maillot jaune de son coéquipier, Antonin Magne. Il reste aussi de lui des souvenirs, aussi baroques et déroutants que pouvait l'être la personnalité de cet Azuréen taciturne qui sortait occasionnellement de son mutisme pour faire chanter son accent méridional. Ces réminiscences troublées par le passage du temps et les contradictions du personnage ont créé un mythe Vietto, sacré roi sans couronne et vêtu vingt-six fois du maillot jaune sans jamais avoir gagné le Tour de France.

Alors qu'il a à peine vingt ans à l'époque, une part de son existence est restée figée dans le Tour de France 1934. Toute la suite de sa carrière, il s'est épuisé dans la quête de cet état de grâce qui l'habitait cette année-là sur les cols alpins. Il cherchait avant tout à renouer avec sa propre démesure et celle de la foule cannoise qu'il avait plongée dans une transe collective, mais aussi, peut-être, avec la mélancolie de son sacrifice pyrénéen. Les sensations procurées par la victoire lui étaient indifférentes sans ces ingrédients. L'année suivante, vainqueur de la neuvième étape entre Gap et Digne, il déroute les reporters venus recueillir sa joie à l'arrivée : « J'ai gagné, bien sûr, mais ce n'était pas ça. Je me fais honte, tenez. Ah ! malheur, si j'avais grimpé comme avant, tenez, c'est par une demi-heure que j'aurais voulu la gagner cette étape. Une demi-heure, vous entendez. Car les autres, ce n'était pas des gros méchants. » Il sera encore plus déçu le lendemain de ne pas être capable d'offrir la victoire à ses supporters massés sur la Croisette. Et quelle que fût la noblesse de ses déclarations au soir de l'étape où il avait donné sa roue à Magne (« Je n'ai fait que mon devoir »), les regrets ne l'ont jamais quitté. Bien des années plus tard, il avait déballé son amertume à Louis Nucéra : « Cette roue, on me l'a volée, c'était un hold-up et j'aurais dû porter plainte ! » Tel était celui que l'on surnommait « le Roi René » en dépit d'un palmarès pas à la hauteur de son talent : bourré de contradictions, tour à tour ombrageux et solaire, injustement dur et généreux à l'excès, oscillant toute sa vie entre son obsession de la perfection et ses pulsions d'autodestruction.

René Vietto est né le 18 février 1914 au Cannet-Rocheville, faubourg populaire de Cannes. Camionneur de profession, Jean, son père, avait été mobilisé peu après sa naissance et, fait prisonnier dès les premières semaines de combat, il était revenu de ses cinquante mois de captivité encore plus effacé qu'avant la guerre. À l'opposé, sa mère était une personnalité volubile et autoritaire. Après avoir longtemps récolté des fleurs pour les parfumeries grassoises, Laurence Vietto avait ouvert une épicerie sur laquelle elle régnait en despote. Elle inculquait à ses enfants la valeur travail avec une dureté abusive, même pour les standards de l'époque. Un matin d'hiver, elle avait brisé l'épaisse couche de glace qui recouvrait un bassin pour y plonger le petit René, sept ans, trop oisif à son goût. Toute leur vie, elle et son fils, qui avait largement hérité de son caractère, entretiendront une relation passionnelle, émaillée par des brouilles passagères et une étrange emprise mutuelle qui dégénérera jusqu'à un irréparable procès. Allergique à l'école, le jeune garçon avait commencé à aider sa mère dans les champs de jasmin, puis était devenu apprenti-mécanicien à quatorze ans. Mais, fatiguée de laver ses combinaisons, Laurence lui avait trouvé un emploi de groom au *Majestic*, puis au *Palm-Beach*. Avec les pourboires récoltés dans les palaces cannois, René s'était acheté un vélo de course et trouva dans le cyclisme un exutoire à sa nature éruptive.

Un jour, envoyé à Cannes par sa mère pour une livraison, l'adolescent décide sur un coup de tête de poursuivre sa route jusqu'à Toulon pour délivrer lui-même une carte postale – ou rembourser un ami à qui il devait de l'argent, les versions, comme souvent, se sont mises à diverger avec le temps. Il ne sera pas loin de boucler cet aller-retour de 300 kilomètres dans la journée, mais sur les pentes de l'Estérel, il avait crevé un boyau ; les gendarmes l'avaient retrouvé hébété sur le bord de la route et ramené à la colère maternelle à l'heure du coucher. Toute sa carrière, il entretiendra cette déraison dans son rapport à l'entraînement et à son propre corps. Si son organisme l'a trahi tant de fois, c'est qu'il le martyrisait plus qu'il ne le préparait. Il le privait de sommeil (« dormir, c'est mourir »), l'affamait (« manger, c'est s'empoisonner »), le soumettait à des charges de travail inhumaines et, souvent, refusait de le soigner pour l'endurcir. Le fameux orteil qui le priva de la victoire en 1947 est la meilleure illustration de ce rapport singulier au corps. La blessure fut apparemment contractée sur les pavés bruxellois lors de l'étape inaugurale mais fut aggravée par les chaussures trop petites que portait le Roi René par souci d'élégance. Il souffre longtemps en silence avant de faire part de sa blessure à un médecin qui refuse de céder au maillot jaune lorsqu'il exige d'être amputé sur-le-champ. Après le Tour, il obtiendra finalement l'ablation de l'importun, mystérieusement conservé depuis dans un bocal de formol, et en tirera une sorte de jubilation : « du poids en moins à traîner ». Quelques années plus tôt, en se relevant d'une chute qui lui avait causé une plaie au coude épouvantable, il s'était réjoui devant ses équipiers médusés : « Ça fait un morceau de chair que je ne porterai plus dans les cols. » Dans ces moments, le cyclisme ne semblait être pour René Vietto que l'antichambre de la folie.

Son premier coup d'éclat eut lieu en 1931 dans la Boucle de Sospel, prestigieuse course réunissant les meilleurs amateurs azuréens, quelques semaines seulement après avoir signé sa première licence, à l'Étoile Sportive de Cannes, le club auquel il resterait fidèle toute sa vie. Dans le col de Braus, qu'empruntait chaque année le Tour de France d'entre-deux-guerres, le débutant avait rivalisé avec les meilleurs sous un déluge de pluie et de grêle, avant de s'envoler dans la dernière difficulté entre Menton et La Turbie pour rejoindre Paolo Bianchi qu'il avait réglé au sprint sur le boulevard Risso, à Nice. Il entretiendra toute sa vie une nostalgie pour cette victoire que, à la fin de sa carrière, il considérait toujours comme la plus belle. Il remporta dans la foulée plusieurs courses de côte (Nice-Mont-Agel, Grand Prix de Cannes, Nice-Puget-Théniers-Nice, ascension du mont Faron) et, à l'issue de sa première saison en amateur, il était déjà passé aspirant professionnel. Dix-huit mois plus tard, il courait le Giro aux côtés d'Alfredo Binda, son idole. Échappé en sa compagnie lors de l'avant-dernière étape, il avait été tétanisé par la solennité du moment et n'avait pas osé l'attaquer. Quand il évoquait son style, Vietto, homme de peu de mots, devenait intarissable : « C'est le plus grand de tous les temps. Un styliste incomparable. Il pouvait partir sur une course avec un bol de lait sur le dos. Quand il arrivait le bol était encore plein. Aucun déhanchement. Nulle contorsion.

Il ne faisait qu'un avec sa machine. L'élégance. La pureté. Un artiste. La beauté en action sur un vélo. »

Envoyé à Nice à ses seize ans pour y devenir apprenti plâtrier, Binda avait commencé sa carrière sur les courses azuréennes que Vietto disputerait quelques années plus tard, mais il avait renoncé à la naturalisation française lorsqu'il avait été repéré par Legnano, l'équipe italienne phare de l'époque. À partir de 1925, il avait entamé une domination si écrasante sur le Giro que les organisateurs finiront par lui payer des sommes délirantes pour qu'il renonce à y participer. Après son premier Tour d'Italie, Vietto, d'ascendance transalpine, s'était vu proposer par plusieurs formations de suivre les pas de son modèle. Mais il aurait dû pour cela changer de nationalité, ce à quoi il opposa un refus catégorique : « Français je suis, Français je reste. » De toute façon, il ne voulait pas être comparé au premier *campionissimo* de l'histoire : « Un Binda ça ne se dépasse pas, ça se respecte. » En 1934, alors qu'il est au faîte de sa propre gloire, il se fera dédicacer une photo de son idole ceinte du maillot de champion du monde.

Cette année-là marqua son éclosion au plus haut niveau. Il avait enchaîné les victoires dans les courses de sa région, puis était monté à Paris pour se donner une chance d'obtenir sa première sélection pour le Tour de France. En remportant le Grand Prix Wolber où s'affrontaient les meilleurs espoirs du moment, il avait fait mieux que se trouver un point de chute parmi les touristes-routiers invités. Il s'était ouvert les portes d'une équipe de France cinq étoiles où il allait côtoyer entre autres Antonin Magne, Roger Lapébie, Georges Speicher et Charles Pélissier. Au départ eut lieu le premier passage de la Grande Boucle sur les Champs-Élysées devant une foule encore plus dense et enthousiaste que pour le défilé de l'Armistice en novembre 1918. Le peloton remonta alors vers le Nord où le jeune Vietto fut poursuivi par la malchance. Entre Lille et Charleville-Mézières, il crève quatre fois et perd trente-trois minutes. Dans les Vosges, aveuglé par une projection de gravier, « une souffrance atroce », il en concède huit de plus. Malgré sa très bonne tenue dans l'étape du ballon d'Alsace, à l'entrée des Alpes, il pointe à près d'une heure du maillot jaune, son coéquipier Antonin Magne.

Cette position tout en bas du classement confortait ses détracteurs qui, lors de l'annonce de sa sélection, l'avaient jugé trop tendre pour figurer dans l'équipe nationale. Il n'allait pas tarder à les faire mentir. La démonstration débuta dès la première véritable étape alpestre entre Aix-les-Bains et Grenoble. Dans les cols du Télégraphe, puis du Galibier, il relègue Magne et son dauphin, l'Italien Giuseppe Martano, à plus de cinq minutes. Dans la descente il fond sur l'homme de tête, l'Espagnol Ezquerra, révélation de ce début de Grande Boucle, et le passe sans un regard pour filer vers sa première victoire d'étape. La sensation de ce Tour 1934, désormais ce sera lui et lui seul. La France découvre alors le visage de René Vietto, un visage d'enfant, magnétique, au regard aussi sombre que ses cheveux de jais. Devant la masse des reporters attroupés, sa voix assourdie par les sanglots n'avait pu balbutier qu'une pensée primale et bouleversante : « Maman… Ma maman. » Par ces deux mots radiodiffusés et la puissance de son exploit, il passe instantanément du statut de coureur aspirant à celui d'icône populaire, devenu le temps d'un mois de juillet l'égal d'un Marcel Cerdan.

Le surlendemain, à Digne, il récidive, au terme d'une chevauchée insensée, habitée par la grâce, un de ces exploits solitaires qui font résonner la part de sacré du cyclisme. Réputé pour la sobriété de ses commentaires, le journaliste Raymond Huttier avait été ensorcelé par le démarrage du phénomène au pied du col de Vars, à 150 kilomètres de l'arrivée : « Ce fut une envolée étourdissante. Une envolée si belle, si pure, que les suiveurs les plus endurcis ne pouvaient s'empêcher d'être émerveillés. Un peu émus aussi, en voyant ce gamin de vingt ans partir si vaillamment, si crânement, dès les premières pentes. » Son style, fluide, épuré, était pour beaucoup dans la fascination que le jeune prodige a instantanément exercé sur l'imaginaire de la France du Tour. « Il semblait que seule l'extrême pointe de son pied actionnait la pédale et il se déhanchait à peine au passage des plus forts pourcentages », témoigna Pierre Chany, qui a couvert cinquante Tours de France pour *L'Équipe*. Mais il y avait plus que cela. Pour Vietto, grimper un col dépassait la performance athlétique. C'était une élévation existentielle, une quête d'absolu qui le hissa d'emblée au-dessus de ses adversaires, et au-dessus de lui-même puisque sans attendre une victoire dans le Tour, qui ne viendra jamais, il fut surnommé « le Roi René ».

Le sacre fut célébré quarante-huit heures plus tard par ce que Louis Nucéra, âgé de six ans à l'époque et présent sur les lieux, décrira comme « un vacarme situé à mi-chemin entre la fête païenne et l'émeute ». Entre Nice et Cannes, en passant par le col de Braus où il s'était révélé trois ans plus tôt, l'enfant du pays s'adjuge sa troisième étape en cinq jours en battant Martano au sprint.

Sur la Croisette, son arrivée victorieuse provoque des scènes d'hystérie collective. Incapable de surnager dans la vague humaine qu'il vient de déclencher, il manque d'être étouffé par ses propres supporters. En tentant de l'exfiltrer, Jacques Goddet, futur directeur du Tour, alors adjoint d'Henri Desgrange, sera envoyé au tapis par un monumental crochet du droit décoché par un spectateur irascible qui était en train de porter le jeune monarque en triomphe.

Revenu des profondeurs du classement, Vietto est quatrième à l'entame des Pyrénées et virtuellement troisième lorsqu'il bascule en tête du col de Puymorens. Il pointe à plus d'une demi-heure de Magne et Martano, mais c'est quasiment le temps qu'il leur a repris dans les Alpes, et si cela paraît inconcevable, lui ne doute pas qu'il peut encore gagner le Tour. C'est alors que son destin va basculer. Dans la descente, Antonin Magne brise sa roue avant en chutant dans un virage. Vietto manque de le percuter de plein fouet, avant de lui porter instinctivement assistance : « J'ai freiné, j'ai desserré ma roue et je l'ai tendue à Tonin qui accourait. C'est tout. » Laissé seul avec son vélo démembré, il s'assoit alors sur un muret et mâchonne un citron en épiant l'horizon, les yeux rougis par les larmes. Plus qu'une attente, c'est une agonie qui commence et chaque minute semble durer une éternité. La photo de la scène fera chavirer le cœur de la France et près d'un siècle plus tard, elle n'a rien perdu de sa puissance dramaturgique. Peu importe que sa roue se soit si mal fixée dans la fourche du maillot jaune que celui-ci dût s'arrêter quelques hectomètres plus loin pour l'échanger avec celle de Georges Speicher, la légende de René Vietto était née. Elle prendra un tour homérique le lendemain dans la descente du Portet-d'Aspet.

Posté une nouvelle fois à l'avant de la course, le Cannois n'avait pas vu Magne être contraint de s'immobiliser par un bris de chaîne impossible à réparer. Il n'y a, à ce moment-là, plus aucun coéquipier avec le maillot jaune, et le camion de dépannage est encore de l'autre côté du col. Un court moment, il croit sa victoire définitivement envolée, lorsque derrière le nuage de poussière semé par un groupe de poursuivants, il aperçoit une ombre escalader la pente en sens inverse. Ce n'est pas une apparition, mais presque. C'est Vietto. Aux abords des premiers lacets du col des Ares, il était en train de fondre sur le dernier coureur échappé lorsqu'il entendit derrière lui l'Allemand Geyer lui hurler « Magne Kaput ! » Il avait alors rebroussé chemin à toute vitesse puis, arrivé à la hauteur de son leader, lui avait cédé son vélo et avait accompagné son élan de la voix par un poignant « Vas-y, Tonin ! » Et « Tonin » s'en était allé vers son deuxième sacre dans le Tour de France. Pour Vietto, débutait une nouvelle attente, interminable. Près de dix minutes durant lesquelles, déjà, il ressasse les regrets qui l'accompagneraient toute son existence. Rien ne le consolera tout à fait. Ni sa quatrième victoire d'étape à Tarbes, ni sa cinquième place et son prix du meilleur grimpeur à Paris, ni la gloire fulgurante que son attitude chevaleresque lui vaudra.

Au soir de l'étape, Antonin Magne avait été incapable de trouver des mots de remerciement à la hauteur du sacrifice consenti par son jeune équipier, alors il avait simplement marmonné : « C'est embêtant, René. » Plus tard, le vainqueur du Tour lui avait écrit une lettre que Vietto conservera religieusement jusqu'à la fin de ses jours, puis il l'avait pris dans son sillage pour une juteuse tournée de critériums. Aussi peu diserts l'un que l'autre, les deux hommes s'étaient bien entendus, en dépit d'un rapport à l'argent antinomique. L'insistance du double vainqueur du Tour de France à voyager en troisième classe alors qu'il amassait des petites fortunes dépassait l'entendement de son jeune équipier. Aussi bon gestionnaire dans la vie quotidienne qu'il l'était en course, Magne, qui n'a pas été plus tard le mentor de Poulidor pour rien, était allergique aux dépenses inutiles, dont il avait une conception quasi illimitée. L'insouciance dispendieuse de son jeune équipier le rendait fou. Le voyant un jour distribuer un généreux pourboire à un serveur, il lui avait prédit la ruine.

Tout cela amusait Vietto plus qu'autre chose, et par respect pour la carrière de son aîné, il obtempérait le plus souvent. Il finira par en être récompensé car c'est la pingrerie de son compagnon qui lui permit de rencontrer Lisette Vandekerckhove, son premier amour. À Lille, sur le chemin du restaurant, Magne s'était aperçu qu'ils avaient oublié de retirer une prime de quinze francs, une somme dérisoire, mais plutôt que de se lancer dans d'interminables palabres, le Cannois avait rebroussé chemin vers le vélodrome, passablement exaspéré. À l'arrêt de bus, il avait retrouvé une jeune fille blonde à qui il avait dédicacé une photo un peu plus tôt dans la journée et, sous le charme, l'avait invitée à le rejoindre sur la Grand'Place après le dîner. L'année suivante, il l'épousa en grande pompe à la mairie du Cannet, ce qui avait déclenché la fureur d'André Trialoux, son manager, qui avait profité jusque-là de son rapport distancié aux questions matérielles.

Ce mépris pour l'argent n'était pas feint et lui valut une fin de vie délicate financièrement. Son immersion dans les palaces cannois lui avait laissé le goût des costumes sur mesure et des voitures de luxe, même si, soucieux de son image de cycliste ascétique, il avait rapidement revendu le cabriolet couleur crème qu'il s'était offert après son premier Tour de France. En début de carrière, il avait confié ses intérêts à Trialoux, son ancien directeur sportif. Personnage oblique, aussi chaleureux que retors, il savait jouer de son ambiguïté contre laquelle Vietto a été à maintes reprises mis en garde par ses proches et par des épisodes troublants. Plusieurs fois, ses gains avaient disparu avant de refaire surface lorsqu'il avait demandé des comptes, mais cela ne l'avait pas convaincu pour autant de se séparer de lui. Il en paiera le prix fort.

Par la suite, ses commerces n'ont jamais été florissants, en premier lieu car « il refusait que ses clients le dérangent », témoigna son ami Jean-Pierre Bertrand, mais aussi car sa générosité suicidaire n'était pas compatible avec le métier. Marchand de cycles, il distribuait à tour de bras des boyaux gratuitement aux jeunes coureurs dans le besoin et parfois même des vélos neufs. Lorsqu'il était encore en activité, il négociait des primes et des frais de déplacement qu'il oubliait de réclamer aux organisateurs car c'est aux obscurs routiers du peloton qu'il pensait lorsqu'il s'engageait sur le terrain des revendications : « Les coureurs lui doivent la retraite, la Sécurité sociale et le salaire douze mois sur douze. Avant, ils n'étaient jamais payés les mois d'hiver », assure Bertrand. Vietto, que *L'Humanité* appelait « notre camarade », n'a jamais caché ses sympathies communistes. Avec Yves Montand et Gérard Philipe, qui n'habitaient pas loin de chez lui, il démarchait les passants pour faire signer l'appel de Stockholm, une pétition téléguidée par Moscou contre l'armement nucléaire. Il était aussi un familier de Picasso qui s'était installé à Vallauris en 1948 et avec qui il devisait sur l'art pictural, sa passion contrariée : « J'ai toujours regardé le paysage. J'aurais aimé être peintre plus que coureur. » À chacune de ses visites, le maître espagnol insistait pour qu'il reparte avec une toile qui aurait fait sa fortune, mais il déclinait systématiquement l'offrande.

Son génie mécanique, qui avait épousé son obsession pour le poids et les pertes de temps superflus, aurait également pu le rendre riche s'il avait pensé à faire breveter chacune de ses inventions. Il ne touchera pas un centime de royalties lorsque la société Simplex commercialisera à grande échelle le double plateau dont il est l'inventeur. Il fut aussi le premier à s'intéresser à ce qu'on appelle aujourd'hui « les gains marginaux ». Il découpait au couteau le cuir superflu de sa selle. Il perforait ses chaussures à la chignole pour permettre une meilleure aération par temps chaud et l'écoulement de l'eau en cas de pluie. Pour plus de stabilité en descente, il plaçait son bidon sur le cadre et non pas sur le guidon comme s'obstineront à le faire les autres coureurs jusqu'à la fin des années quarante. Toutes ces évidences étaient à l'époque considérées comme des excentricités par le peloton. Conservateur dans l'âme, bien que sympathisant communiste lui aussi, Antonin Magne s'était étranglé en découvrant son cadre allégé au départ du Tour 1934.

Après ses débuts étincelants, René Vietto mit du temps à refaire surface. Sa victoire dans Paris-Nice au début de l'année 1935 semblait porter la promesse d'une prise de pouvoir imminente. À Paris-Roubaix, il avait démontré qu'il était devenu un coureur complet, en tenant tête aux meilleurs rouleurs du monde. Bloqué quatre minutes à un passage à niveau alors qu'il était en train de remonter sur les hommes de tête, il finira à une très belle quatrième place. Et puis, plus rien ou presque. Mal remis d'une fracture à l'os frontal qui le tracassera durant de longs mois, il réalise un Tour en demi-teinte (huitième) avant que sa carrière naissante se désagrège aussi brutalement qu'elle avait démarré. Hors de forme, blessé, il abandonne dès la sixième étape de l'édition 1936 et ne se présente même pas au départ l'année d'après. Déçu par ses résultats, tracassé par les séquelles de ses blessures et sans doute moins concerné par son métier, le jeune marié avait choisi de faire une pause. En 1938, la malchance s'en mêle. Alors qu'il avait retrouvé une belle condition physique, il est renversé par un camion et, arrivé hors délai, n'est pas repêché par les commissaires de course avec qui il venait de se brouiller.

Au début de la saison suivante, il signe quelques résultats encourageants mais plus grand monde ne croit en lui. Dans les colonnes de *L'Auto*, le directeur du Tour, Henri Desgrange, se lamente sur ce gâchis : « Quel est donc le hanneton qui ronge son cerveau depuis cinq ans ? » C'est le moment que René Vietto choisit pour, une fois de plus, dérouter son monde. Il se présente au départ du Tour 1939 sous les couleurs de l'équipe Sud-Est et affiche une forme éblouissante, avant même les premiers rendez-vous en altitude. Lors de la quatrième étape entre Brest et Lorient, il passe à l'attaque dès que la route s'élève, et l'échappée qu'il forme relègue le peloton à plus de quatre minutes. Mais lorsque derrière la ligne d'arrivée Desgrange le serre affectueusement dans ses bras pour lui signifier qu'il est le nouveau maillot jaune, Vietto est désemparé : « Ah ! merde, je n'en demandais pas tant. » Il s'épuise pourtant à le défendre alors qu'il présente des symptômes grippaux depuis la première journée de repos à Royan. La tunique dont il rêvait depuis cinq ans semble peser une tonne sur ses épaules, mais il en connaît la portée inaliénable. Son regard paraît en permanence habité d'un mauvais présage et son corps s'étiole sous l'effet de la fièvre et de sa paranoïa. Il imagine des complots contre lui au moindre mouvement et se consume dans des poursuites inutiles. À l'abord des cols pyrénéens, sa forme est déjà bien entamée. Alors qu'il aurait dû y lâcher tous ses adversaires, il court contre nature, sur la défensive. Aussi tenace que le virus qui l'affaiblit, il est lâché plusieurs fois, mais revient dans les descentes sur la redoutable armada belge menée par Sylvère Maes. Sur les pentes familières de l'arrière-pays niçois, juste avant d'aborder les Alpes, il pourchasse longuement Vissers alors qu'il est désormais évident que Maes constitue la principale menace pour la victoire finale. Il accuse Maurice Archambaud et le monde entier pour ne pas s'en prendre qu'à lui-même. Toutes les forces qu'il aurait fallu garder pour le bouquet final alpin, sur son terrain, il les a gaspillées.

Dans la quinzième étape, entre Digne et Briançon, à quatre jours de l'arrivée, son coup de pédale et son regard inquiet le trahissent. Sylvère Maes porte l'estocade dès les premières pentes du col de l'Izoard. Vietto reste collé à la route. Plus qu'une défaillance, c'est une abdication.

Il n'en peut plus. À l'arrivée, il a perdu dix-sept minutes et tous ses espoirs d'effacer les tourments qui l'assaillaient depuis cinq ans. Deuxième à Paris, il est célébré comme un vainqueur par la foule. La presse salue son retour au premier plan après cinq années d'errance, mais s'interroge. Sur sa débauche d'énergie, dès les premières étapes, pour conquérir un maillot jaune dont il ne voulait pas, puis pour le défendre contre des adversaires parfois imaginaires. Sur son obstination à rouler lui-même sur les échappés au lieu de laisser son équipe contrôler la course. Sur sa désinvolture dans son approche de la récupération, aussi : « Tu devais surtout, avec ton gros rhume, prendre des précautions, te soigner dès l'arrivée. Or, à Toulouse, je t'ai vu traîner au vélodrome et lorsque je suis allé te voir à ton hôtel, il était 7 heures et tu étais encore dans ta baignoire en train de bavarder », lui reprochera Charles Pélissier, son ancien capitaine de route devenu chroniqueur pour *Paris-Soir*.

Plus que par Maes, il semblait avoir été battu par lui-même, comme mû par un instinct d'autodestruction. Dans une fascinante archive ressuscitée par le documentaire de Julien Camy, *Le Roi mélancolique*[1], l'ancien champion affairé dans son magasin affirmera qu'il aurait gagné s'il avait voulu en 1939, mais qu'il s'est « suicidé ». Aveu stupéfiant ou énième reconstruction de son propre mythe, l'idée d'être fauché en pleine gloire semble en tout cas avoir caressé plus d'une fois son esprit torturé et romantique. Il disait souvent envier le destin de son ami Adrien

1. *Le Roi mélancolique, la légende de René Vietto*, documentaire, 65 minutes, 2020.

Buttafocchi, tué en juin 1937 dans la descente d'une modeste course du massif de l'Estérel, qu'il disputait pour rendre service à son club niçois, en difficulté : « Je trouve que c'est une belle fin et j'aurais voulu qu'elle soit mienne. » Plus mystique que jamais, il confiera un jour : « Parfois, pendant le Tour de France, j'ai pensé à me jeter dans le ravin. Et pourtant, j'étais en tête. »

Saborder ainsi sa carrière pour rester insaisissable, ne pas se laisser enfermer dans une ligne de palmarès, aurait été inutile, la guerre s'en est chargée pour lui. Il avait vingt-cinq ans lorsque le Tour s'était mis en sommeil et trente-trois lorsqu'il put reprendre. Dans l'intervalle, ses meilleures années s'étaient envolées. Pendant l'Occupation, il avait saisi les rares occasions de courir et avait même pu participer à un Tour d'Espagne où il remporta deux étapes avant de se brouiller avec les organisateurs pour avoir décroché le portrait de Franco dans un restaurant. Il était aussi devenu champion de France de la zone libre, mais sa plus belle course restera sa chevauchée entre Sully-sur-Loire et Cannes à la fin de l'année 1940. Mobilisé, fait prisonnier puis affecté sur intervention du directeur à l'usine Helyett qui fabriquait ses propres vélos, il apprend qu'il va être transféré en Allemagne. Pour ne pas connaître le même sort que son père vingt-cinq ans plus tôt, il saute sur le premier vélo qu'il trouve et, en compagnie de son copain de régiment, Jules Siciliano, il parvient à passer la ligne de démarcation. Sur le chemin, il est ravitaillé par des paysans qui le reconnaissent, mais lorsqu'il débarque au siège de l'Étoile Sportive de Cannes, avec sa barbe et ses vêtements de fortune, ses anciens amis le prennent d'abord pour un clochard. La suite sera une longue attente dans le magasin de cycles qu'il avait acheté en 1941. Il y espérait le retour du Tour de France comme il épiait l'arrivée de la dépanneuse sur son muret pyrénéen en 1934, rongé par l'anxiété et la frustration.

C'est en 1947 que la Grande Boucle reprit ses droits, dans des conditions économiques encore précaires. « Messieurs les députés, faites des restrictions sur tout ce que vous voulez mais pas sur le Tour de France », avait solennellement plaidé le président du Conseil, Paul Ramadier, à la tribune de l'Assemblée nationale. Seule une levée des rationnements d'essence pouvait permettre le retour de l'unique moment de concorde nationale possible dans un pays où l'union sacrée de la Libération avait déjà implosé sous le poids des tensions au sein de l'ancien Conseil national de la Résistance. La plus prestigieuse course cycliste du monde n'avait pas échappé à ce climat de division. *L'Humanité* avait tenté d'en subtiliser l'organisation au journal *L'Auto* et à son directeur, Jacques Goddet, compromis par son attitude conciliante avec l'occupant. Mais en s'associant avec le grand résistant Émilien Amaury pour créer *L'Équipe*, le successeur d'Henri Desgrange parviendra à conserver sa mainmise.

En dépit de son engagement politique, René Vietto s'était tenu à l'écart de ces luttes d'influence. Il avait déjà perdu trop de temps pour gaspiller les forces qui lui restaient. Abîmé par les blessures, par ses entraînements de stakhanoviste et par les huit années écoulées depuis sa deuxième place à Paris, son corps ne lui offrirait plus beaucoup d'occasions de remporter la Grande Boucle. Aussi, il s'était jeté dans ce premier Tour d'après-guerre comme un mort de faim. Il avait attaqué dès la deuxième étape entre

Lille et Bruxelles, et avait réalisé un exploit inconcevable sur les pavés de l'enfer du Nord. Sur ce terrain qui n'était pas le sien, il avait décroché un par un ses compagnons d'échappée, pourtant tous des rouleurs bardés de décorations, et il s'en était allé. Au bout de 130 kilomètres d'effort solitaire enfiévré, il avait pris le maillot jaune, l'avait brièvement cédé à l'Italien Ronconi avant de reprendre son bien à Digne à l'issue d'une étape de montagne où il avait faussé compagnie à ses rivaux entre Vars et Allos. Déjà pourtant, son petit orteil gauche, « infecté jusqu'à l'os », lui fait souffrir le martyre. À Nice, lors de la journée de repos, le médecin qui avait refusé de céder à sa demande d'amputation le bourre de pénicilline. Affaibli par le traitement antibiotique et par la douleur, il tient au courage. Dans les Pyrénées, il est lâché dans les cols par ses rivaux les plus dangereux mais revient dans les descentes en prenant des risques insensés.

À quarante-huit heures de l'arrivée, il est toujours en jaune. Mais son avance sur Pierre Brambilla et Jean Robic a fondu comme neige au soleil, et ce jour-là se profile un contre-la-montre démentiel de 139 kilomètres entre Vannes et Saint-Brieuc. Sur le parcours, il dispose de la complicité de son ami, le journaliste Jean Leulliot qui, en faisant des va-et-vient sur sa moto, le renseigne à chaque occasion sur les écarts. Il lui a promis ainsi de lui faire gagner le Tour « pour un cinquième de seconde. » Le maillot jaune limite les dégâts dans la première partie du parcours. Jusqu'à l'ascension de Mûr-de-Bretagne au kilomètre 82, il est encore au contact des meilleurs. Mais quelques instants auparavant, il avait manqué de buter sur le corps inanimé de Leulliot qui avait lourdement chuté en prenant tous les risques pour le tenir informé des temps de ses rivaux. Secoué, sans repère et à bout de forces, il sombre dans la dernière partie du chrono et perd finalement près d'un quart d'heure sur le vainqueur du jour, le Belge Raymond Impanis, et une dizaine de minutes sur ses principaux poursuivants. À l'arrivée, il pleure un long moment, mais ses larmes sont juste un acompte sur le chagrin et les regrets qui le poursuivront pour le restant de ses jours.

Le lendemain matin, démoralisé, il sort de l'ascenseur de l'hôtel en costume de ville avec sa valise. Il veut rentrer chez lui. Son directeur sportif tente de le raisonner. Il est relayé par le radioreporter Georges Briquet qui le supplie de ne pas abandonner la veille de l'arrivée, ce à quoi il réplique, plus théâtral que jamais : « Qui vous parle d'abandon ? Un Vietto n'abandonne pas. Il se retire. » Raimu, à qui il a souvent été comparé, n'aurait pas dit mieux. Mais au moment où tout le monde s'était fait une raison, il apparaîtra en tenue dans le lobby et rejoindra ses coéquipiers comme si rien ne s'était passé. Au classement général, il était désormais devancé par Brambilla, Ronconi et Robic qui, en s'échappant lors de l'ultime étape, remportera le Tour de France sans avoir porté le maillot jaune. Une destinée en miroir inversé de la malédiction de René Vietto, roi nu, qui l'aura endossé vingt-six fois (onze en 1939, quinze en 1947) sans parvenir à inscrire son nom au palmarès. Un « record » qui n'a été dépassé depuis que par le spécialiste du prologue Fabian Cancellara.

Ce sentiment d'inachevé planera à jamais sur sa carrière et sur son existence tout entière. Il n'eut plus d'autre occasion de conjurer le mauvais sort et le passage du temps.

« De rejoindre le champion qu'il était », dira Philippe Brunel, plume du cyclisme à *L'Équipe*. Il participera aux deux éditions suivantes au sein de l'équipe de France, mais ses jambes ne pouvaient plus alors porter le poids de ses ambitions. Il terminera dix-septième, puis vingt-huitième sans jamais être en mesure de peser sur la course. Avec l'émergence de Fausto Coppi et de Louison Bobet, dont il était l'idole d'enfance, il apparaissait désormais comme un vestige du passé.

Dans cette nouvelle génération, il y avait aussi un jeune Cannois, petit grimpeur rachitique qu'il avait pris sous son aile et par lequel il vivait désormais la course par procuration. C'est en 1942, qu'il avait vu débarquer dans son magasin ce gamin fluet passionné de vélo et à la recherche d'un travail. Fils d'immigrés grecs, il se prénommait Apostolos et il était devenu Jean-Apôtre puis, plus simplement, Apo Lazaridès. Vietto l'avait embauché et la relation prit immédiatement une tournure fusionnelle. C'est l'un des pans les plus fascinants de la vie à tiroirs du Roi René. Son caractère ombrageux ne suggérait pas le moins du monde une passion pour la transmission. Pourtant, dès 5 heures du matin, il emmenait son apprenti à l'entraînement et lui enseignait tous les rudiments de la course, de la mécanique et de la diététique. Il le couvait d'une attention bienveillante au fond, mais essentiellement tyrannique au quotidien : « Il trinquait pour une histoire d'écrou mal vissé, pour une tartine mal beurrée, ou parce que René avait soif, ou parce que René avait mal au pied ! », rapporta Pierre Chany. Il faut dire que l'autoritarisme de Vietto se complétait à merveille avec la docilité du jeune garçon, qui encaissait stoïquement ses accès de colère pour des détails insignifiants et suivait ses instructions à la lettre, même aux confins de l'aliénation mentale et du point de rupture physique. Lorsqu'il était pris de fringale, faute d'ordonnance royale autorisant le ravitaillement durant leurs sorties, Apo broutait compulsivement de l'herbe avant de repartir pour ne pas importuner son démiurge. L'emprise atteindra un tel degré que, après l'amputation de son petit orteil, Vietto l'avait convaincu de subir le même traitement avec pour seul argument : « Puisque je te dis que ça ne sert à rien ! » Cela ressemble à une énième légende, mais elle est certifiée conforme par plusieurs sources et par la démarche chancelante de « l'enfant grec ».

Derrière cette dureté qui confinait parfois au sadisme se dissimulaient sans doute des sentiments profonds et un besoin de léguer dénué d'arrière-pensées ou de jalousie, même lorsque le jeune Lazaridès, devenu sous ses ordres un excellent grimpeur, commença à obtenir des résultats que le Roi René aurait pu ressentir comme une menace pour son propre prestige. Lors de Monaco-Paris en 1946, course de cinq étapes destinée à se substituer momentanément au Tour dans une France d'après-guerre exsangue, un dialogue cocasse se noue entre le vieux champion et son apprenti lors de la dernière étape entre Dijon et la capitale. En délicatesse avec son genou et le double plateau qu'il avait lui-même conçu, Vietto est leader de la course mais envoie Apo dans l'échappée. L'avance augmente puis se met à plafonner autour de dix minutes. Un motard se porte alors à sa hauteur avec un message de son fidèle disciple : « Il dit qu'il ne veut pas te faire ça ! » Ce à quoi Vietto réplique : « Qu'il ne s'occupe de rien. Qu'il fasse attention à la défaillance à la fin. Qu'il se ravitaille. »

Arrivé au Parc des Princes avec 52 minutes d'avance sur le peloton, Lazaridès, alors âgé de vingt ans, remportera la prestigieuse épreuve que la presse avait baptisée « le petit Tour de France ». Avec son pantalon rapiécé et ses vieilles sandales, il déambule dans Paris, émerveillé et ému aux larmes de voir son nom s'afficher sur tous les kiosques à journaux : « Je n'ai jamais autant chialé que ce jour-là. » Avant le retour de la vraie Grande Boucle en 1947, Vietto avait également mis tout son poids dans la balance pour qu'Apo soit sélectionné, sans appréhender le moment où l'élève dépasserait le maître, ce qui finira par se produire deux ans plus tard lorsque Lazaridès prit la neuvième place, loin devant l'ancien maillot jaune apparu sur le déclin.

Ces succès n'empêchaient nullement le vieux grognard de continuer à le rabrouer à tout bout de champ et Apo ne chercha pas à se soustraire à sa dévotion maladive pour cette figure à la fois paternelle et déifiée. Il y eut bien quelques brouilles, notamment durant le Tour 1949, l'année où Lazaridès se mêla au duel royal entre Coppi et Bartali dans les Alpes. Mécontent de ses choix stratégiques, Vietto l'avait giflé et, comme souvent, c'est Lisette qui avait joué les bons offices pour les réconcilier : « René a oublié », avait-elle plaidé. « Par exemple ! C'est moi qu'il frappe et c'est lui qui oublie ! », s'était faussement indigné Apo. Mais devant cette fin de non-recevoir, Vietto s'était montré moins soucieux de présenter des excuses que des chances de victoire de son protégé, qui semblaient lui importer plus que ses propres occasions manquées : « J'y laisserai ma peau, mais ce Tour de France, il faut qu'il le gagne ! Ah, si je pouvais retrouver mes jambes de vingt ans pour lui donner ma roue en cas de besoin ! »

Deux ans plus tôt, Lazaridès avait prouvé sa dévotion de façon beaucoup plus conventionnelle mais tout aussi poignante. Entre Briançon et Digne, le duo avait faussé compagnie aux autres grimpeurs dans la descente du col de Vars, et Apo avait roulé comme un damné pendant 130 kilomètres pour offrir à son mentor le maillot jaune de Ronconi, à qui les deux compères avaient repris plus de huit minutes. Il existe une photo très émouvante des deux hommes posant bras dessus, bras dessous à l'issue de cet exploit symbiotique, le regard rempli de fierté et d'affection contenues. Vietto avait beaucoup regretté ne pas pouvoir lui laisser la victoire d'étape à cause de la minute de bonification attribuée au vainqueur. À bien des égards, Apo était le fils que Lisette n'avait pu lui donner. Cette absence d'enfant était un tabou dans le couple qui avait fini par s'éloigner, tant géographiquement que sentimentalement. Déterminée à fuir l'omniprésence de sa belle-mère, Lisette avait ouvert une teinturerie à Marseille et au dernier moment, René, aimanté par l'emprise maternelle, avait refusé de la suivre. Au fil du temps, ses visites s'étaient espacées et il avait fini par rencontrer Gisèle Mainchain, une admiratrice de la première heure, qui était devenue sa maîtresse, et lorsque celle-ci était tombée enceinte, en 1962, il s'était résolu à divorcer.

La naissance de son fils, Jean, n'avait pas apaisé une existence saccadée par les coups de sang et le mal de vivre. Après son retrait des pelotons, en 1949, il était devenu directeur sportif de la formation Helyett, qui lui avait permis de rester en lien avec le monde du cyclisme et ses meilleurs amis, les Azuréens Apo Lazaridès et Lucien Teisseire en tête, qu'il avait embarqués avec lui dans l'aventure. Il s'était pris au jeu, au point d'envisager plusieurs retours avortés par d'énièmes blessures, mais le métier s'accommodait mal de son tempérament taciturne que les mauvais résultats de l'équipe avaient exacerbé. Touché dans son orgueil, il avait fini par rompre avec le milieu du cyclisme et avait même vendu son magasin de cycles dans la foulée. S'en étaient suivies des années d'errance qui l'avaient vu brièvement tenir un bar-tabac, puis un hôtel-restaurant baptisé *Le Laurence*, énième témoignage de la relation fusionnelle à sa mère. Plus insaisissable que jamais, dans les années soixante, il s'était installé à Sarriac-Bigorre dans les Hautes-Pyrénées avec Gisèle et Jean pour y devenir éleveur de porcs. Mais il n'avait pas plus l'âme d'un agriculteur que d'un restaurateur, et l'échec de son exploitation l'avait renvoyé à Nice dans un magasin de cycles. C'est dans le clair-obscur de cet atelier et de sa gloire fanée que l'avait retrouvé Louis Nucéra, lauréat du prix Interallié 1981, qui, plus tard, tirera de leurs dialogues *Le Roi René*, un vibrant hommage littéraire qui ressuscitera le mythe.

À ce moment-là, René Vietto était déjà ailleurs, perdu dans ses souvenirs palinodiques, ses regrets et son inguérissable mélancolie. Peut-être son esprit était-il déjà tout là-haut, dans le col de Braus, théâtre de son tout premier exploit et de son dernier voyage. À sa mort, en octobre 1988, pour respecter ses dernières volontés, Jean avait grimpé jusqu'au sommet où l'attendait un cortège d'amis et de supporters pour y disperser ses cendres, transportées pour l'occasion dans des bidons de ravitaillement.

Le Roi René avait tenu à se faire incinérer avec la lettre qu'Antonin Magne lui avait écrite en guise de reconnaissance de dette. Une stèle a été érigée en souvenir de cette étrange procession et des chevauchées de l'enfant du pays sur ses routes d'entraînement. En épousant le mysticisme de ses envolées, la grandeur de son sacrifice, son mépris pour les choses matérielles, pour son propre corps aussi, ce cérémonial donnait un écho tardif au sentiment religieux que dégageait ce communiste endurci. Au-dessus de ce paysage sans âge, dans un silence empreint de sacralité, il semblait avoir trouvé sa place et laissé la sienne sur terre à sa propre légende.

SHIRLEY BABASHOFF, LA CHAMPIONNE DE LA GÉNÉRATION PERDUE

C'est l'histoire d'un monde disparu avec ses héros et d'un pays qui n'aimait pas les deuxièmes. Une histoire effacée des mémoires, dont il ne reste qu'une championne lointaine, oubliée dans un fourgon postal. Elle aurait dû être l'égal de Mark Spitz, le nageur septuple médaillé d'or aux Jeux olympiques de Munich. Elle avait tout pour être la fiancée de l'Amérique. Mais elle est devenue factrice dans la banlieue de Los Angeles après avoir été spoliée de sa part de gloire par un programme de dopage d'État, puis répudiée par les siens pour avoir dit la vérité. Près de cinquante ans se sont écoulés, mais elle réclame encore les titres qui lui ont été volés. Shirley Babashoff n'abandonne jamais.

Dans les années soixante-dix, elle a été la seule à ne pas baisser les bras et à rivaliser avec une armada est-allemande propulsée aux stéroïdes anabolisants. Elle nageait plus de trente kilomètres par jour, elle battait des records du monde, mais ça ne suffisait pas. Quadruple médaillée d'argent aux Jeux de Montréal en 1976, elle n'a jamais obtenu le titre en individuel qui aurait rendu justice à son talent. Et pour avoir dénoncé avant tout le monde la supercherie, elle a été affublée du surnom de *Surly Shirley*. « Shirley la teigne », la mauvaise perdante. La chute du mur de Berlin et l'ouverture des archives de la RDA lui donneront raison, mais il était déjà trop tard. La vie et la gloire qui lui étaient promises avaient été englouties avec le système communiste et les quinze années qui s'étaient écoulées.

Shirley Frances Babashoff est née le 31 janvier 1957 à Whittier en Californie. Elle est la cadette d'une fratrie de quatre nageurs de haut niveau. Cols bleus d'ascendance russe, ses parents sont des gens austères, renfermés sur leurs certitudes et les activités de la communauté orthodoxe. Le seul loisir autorisé en dehors de l'école et de l'église est la natation. Son père, Jack, l'avait enseigné chez les Marines et s'était servi des toiles de tente récupérées dans l'armée pour creuser une piscine de fortune dans le jardin familial. Mais ce sont les névroses de sa mère qui mèneront Shirley vers sa vocation. Vera Babashoff a une peur panique de l'eau et la seule façon qu'elle a de se rassurer est de regarder ses enfants maîtriser la nage en toutes circonstances. Ainsi, il ne pourra rien leur arriver dans cet État bordé par l'océan.

Très doué, son grand frère, prénommé lui aussi Jack, est rapidement convoité par tous les clubs de la région. Mais la matriarche est inflexible : s'ils le veulent, ils doivent aussi enrôler la sœur. C'est à prendre ou à laisser. Shirley a moins de prédispositions que son aîné, sa technique est rudimentaire, mais elle adore la compétition et l'ambiance autour des bassins qui seront le seul refuge d'une enfance saccagée. Lorsque son père se glisse dans son lit le soir et lui enlève son pyjama, sa seule échappatoire à la terreur et à la honte est de se projeter dans l'eau par la pensée. Elle n'a que cinq ans lorsqu'elle essaye pour la première fois d'alerter sa mère. Elle se fait traiter de menteuse. Or, et ce sera une constante toute sa vie, Shirley Babashoff dit toujours la vérité, même si c'est à son détriment.

L'effroyable manège durera huit années, jusqu'à ce qu'elle soit assez forte pour repousser son prédateur à coups de pied. Elle n'en tire aucun soulagement car elle sait que sa petite sœur Deborah va bientôt prendre le relais de son calvaire. Puis, ce seront les enfants du voisinage et cette fois, la police intervient. Jack Sr. est incarcéré, et sa famille, livrée à la vindicte du quartier, doit déménager. Dépressive et dépendante aux analgésiques, Vera se met alors en tête de tabasser sa fille après chaque entraînement, sur les conseils d'une mère encore plus dérangée qu'elle, qui lui avait assuré que cela poussait les enfants à nager plus vite. Une idée d'autant plus aberrante que Shirley n'a besoin de personne pour se motiver. C'est une compétitrice née. À chaque fois qu'elle débarque dans un club, elle identifie la fille la plus forte et elle la bat. Elle surclasse aussi la plupart des garçons. Sa technique laisse à désirer, son battement de pieds est toujours aussi peu académique qu'à ses débuts, mais c'est une force de la nature et une bête de travail. À douze ans, elle nage déjà plus de quinze kilomètres par jour.

L'année suivante, au Golden West College d'Huntington Beach, sous la houlette de son nouvel entraîneur, le très réputé Ralph « Flip » Darr, elle explose au plus haut niveau. Grâce aux méthodes révolutionnaires et à la personnalité rassurante d'un coach qu'elle tient en adoration, Babashoff, qui mesure désormais 1,78 mètre, prend confiance en elle et se sent progresser de semaine en semaine. En compétition par équipes, elle écrase la plupart des garçons et aux championnats des États-Unis, elle finit juste derrière son idole, Debbie Meyer, triple championne olympique trois ans plus tôt à Mexico. Elle intègre illico l'équipe nationale qui est sur le point de s'envoler pour l'URSS, prélude d'une grande tournée européenne. Il faudra une intervention de la Maison-Blanche pour lui obtenir un passeport en quelques heures.

À son retour, elle passe à deux entraînements quotidiens avec une première session matinale programmée à 5 h 30, juste avant de partir au lycée. Pas une fois, elle n'a été en retard. Pour la motiver, Darr lui murmure à l'oreille le nom de Shane Gould, l'invincible championne australienne. Avant d'affronter les autres nageurs du groupe, elle est lestée d'un sweatshirt pour la ralentir, mais elle gagne quand même. Aux *trials*, début août 1972, elle bat le record du monde du 200 mètres détenu par Gould, sous une clameur monumentale et gagne sa place aux JO de Munich sur trois distances. Les médias font la queue pour interviewer la nouvelle star mais, à sa mère, elle demande si elle s'est bien qualifiée pour les mêmes Jeux que ceux qu'on regarde à la télévision.

Dans la capitale bavaroise, au milieu des athlètes du monde entier, l'adolescente vit un rêve éveillé. Débarrassée de la chape de plomb familiale, elle est émerveillée par l'atmosphère de fraternité, la qualité des installations et le yaourt servi à volonté à la cantine du village olympique. À la maison, il était aussi rationné que l'affection parentale. Aussi, la visite surprise de Darr, qui est devenue sa véritable figure paternelle, la galvanise : « Je ne me suis jamais senti aussi bien de toute ma vie que durant cette quinzaine. » Dès sa première course, le 100 mètres nage libre, elle obtient une médaille d'argent derrière sa compatriote Sandy Neilson, mais juste devant Gould. Elle enchaîne avec une quatrième place sur 400 en battant son record personnel, puis obtient l'or avec le relais 4 × 100 féminin en prenant le dessus sur une Allemande de l'Est âgée de treize ans : Kornelia Ender. Cette jeune fille énigmatique sera la seule nageuse de son pays à obtenir des médailles (deux, d'argent) dans des épreuves individuelles : « En 1972, c'est tout juste si nous avions remarqué la présence de la RDA », se souviendra Babashoff. La natation mondiale, chez les femmes comme chez les hommes, est alors dominée par les États-Unis et, dans une moindre mesure, l'Australie (43 médailles sur 87 possibles pour les seuls Américains à Munich). La dernière épreuve, le 200 mètres nage libre, ne fera pas exception, avec un triomphe de Shane Gould et une nouvelle médaille d'argent pour Shirley Babashoff, à qui l'avenir semble alors appartenir.

Sa moisson bavaroise ne l'a pas rassasiée, tant s'en faut. Les célébrations et la lettre de félicitations signée Richard Nixon lui ont fait plaisir mais ne lui ont pas tourné la tête. Lors de la fête organisée en son honneur par son lycée, elle est pressée de questions par ses camarades sur l'Allemagne : « C'était très propre », leur répond-elle avant de repartir à l'entraînement. Elle pense déjà à Montréal et aux titres olympiques qu'elle veut obtenir en individuel. Elle aura dix-neuf ans et ce sera déjà sa dernière chance. À l'époque, la natation féminine s'arrête aux portes de l'université, où il n'y a ni bourse ni équipe pour les filles.

Le départ de Ralph Darr pour la Côte Est l'ébranle, mais la détermination de Babashoff va croiser le chemin d'un nouveau mentor, à Mission Viejo, un peu plus au sud. Mark Schubert a la réputation d'un tortionnaire mais cela ne l'effraie pas, au contraire. Elle veut progresser et ne demande qu'à travailler plus. À ses yeux, comparé à « la maison des horreurs » qu'elle regagne chaque soir, le régime militaire que veut imposer le jeune entraîneur relève du folklore. L'autorité, l'allure de playboy et les voitures de sport de Schubert en font une figure paternelle fantasmée, et lui comprend vite que l'adolescente a moins besoin de discipline que d'attention et d'affection. Comme les autres avant lui, il renonce à lui imposer la technique étalon du battement de jambes à six temps, qui l'embrouille et la ralentit : « Concentre-toi sur tes forces. » Elle est la seule à être dispensée de noter quotidiennement son ressenti sur un carnet de bord, « à condition de ne rien dire aux autres ». Et régulièrement, au moment de virer après une longueur, elle entend le suprêmement exigeant coach lui lancer des « superbe », « magnifique », « supérieur ». Elle jubile et donne tout pour lui en retour.

Son destin, pourtant, est en train de se jouer ailleurs, à dix mille kilomètres de la côte californienne, dans un laboratoire pharmaceutique de Leipzig en République démocratique allemande. Dans ce petit pays de dix-sept millions d'habitants, le sport est glorifié à travers des grandes parades nationales et une pratique systématique dès le plus jeune âge. Il est de fait le seul moyen qu'ont trouvé les autorités d'affirmer l'identité d'une nation qui vit à l'ombre du miracle économique du voisin ouest-allemand et de la domination politique de l'URSS. Les champions sont détectés dès l'école primaire et ils sont accompagnés par des entraîneurs et des médecins employés à plein temps par l'État. Ils bénéficient de privilèges impensables comme voyager dans les pays capitalistes ou manger des bananes, une denrée plus rare que le caviar dans les magasins alimentaires.

Après les Jeux olympiques de Munich, les dirigeants du parti communiste de RDA rencontrent les responsables de la performance au ministère des Sports. Il en ressort « le plan 14-25 » basé sur les expérimentations menées sur la lanceuse de poids Margitta Gummel. Pendant six ans, la jeune athlète s'était vue administrer un dérivé stéroïdien baptisé Turinabol, et l'amélioration spectaculaire de la courbe de ses résultats avait convaincu le gouvernement de généraliser son usage, surtout chez les filles pour lesquelles les effets sont démultipliés : « Ce qui fait la différence, dans le sport, c'est l'hormone mâle. Donc, en donner aux femmes permet d'améliorer considérablement leurs performances et d'avoir des progrès immédiats car elles ont naturellement peu de testostérone et réagissent vite quand on leur administre des anabolisants », décrypte le spécialiste du dopage Jean-Pierre de Mondenard.

Ainsi, les premiers championnats du monde de sport aquatique organisés à Belgrade vont être marqués par le renversement soudain de l'ordre établi dans la natation féminine. Les Américaines comprennent vite que le temps de leur insouciante suprématie est révolu. Lorsqu'elles pénètrent pour la première fois dans les vestiaires du Palais des sports de Tasmajdan, elles lancent un cri d'effroi et s'enfuient. Il y a des hommes dans les douches. Elles vont immédiatement se plaindre auprès de leur délégation et de l'organisation. Mais on leur assure que les vestiaires ne sont pas mixtes. Les voix graves qu'elles ont entendues, ce sont celles des nageuses de la RDA qui se changeaient après leur premier entraînement. Les images seront encore plus extravagantes que le son. Les seconds rôles à peine remarqués l'année précédente à Munich ont doublé de volume. Leur musculature est intimidante et leur visage est couvert de poils. La spécialiste du papillon Wendy Boglioli se souvient d'un contraste troublant : « Quand vous regardez les photos de l'équipe des États-Unis de l'époque, chacune d'entre nous avait un morphotype différent. Ce qui était frappant chez les Allemandes de l'Est, c'est qu'elles étaient absolument toutes pareilles. »

Dès les séries, le choc visuel est confirmé par le chronomètre. « Ces filles qui ressemblent à des hommes » ne se contentent pas de gagner quasiment toutes les courses et d'affirmer ainsi la supériorité du socialisme orthodoxe chez le frère ennemi titiste ; elles écrasent la concurrence et enchaînent les records du monde sans effort apparent. Sept tomberont rien que le premier jour de compétition. Au bout du compte, elles s'adjugeront dix médailles d'or sur quatorze possibles : « Je n'arrivais pas à croire avec quelle facilité elles nous avaient battues, c'était comme nager contre des extraterrestres. On les avait écrasées à peine un an plus tôt. Nous étions toutes sous le choc », se souvient Babashoff qui n'avait jamais entendu parler des stéroïdes mais qui pressentait que cette métamorphose avait été obtenue par des moyens inavouables. Elle ne croit pas, comme l'avancent les officiels de la RDA et les médias, que les nouveaux maillots de bain en acrylique aient pu faire une telle différence.

Sur la course reine, le 100 mètres nage libre, elle a été battue par Kornelia Ender, la jeune fille blonde et mutique qu'elle avait dominée l'année précédente en finale du relais olympique. Une rivalité vient de naître entre deux championnes et deux mondes irréconciliables. Bronzage californien, âme russe au caractère bien trempé, Shirley est aussi directe dans son expression corporelle et verbale que Kornelia est mystérieuse. La musculature imposante du prodige est-allemand s'efface dès qu'elle se met à glisser gracieusement sur l'eau et, plus encore, lorsqu'après une course victorieuse, elle enlève son bonnet et concède un sourire délicat. Elle est le visage humain d'un système totalitaire, une présence éthérée qui a inspiré une fascination amoureuse puis, quarante ans plus tard, un livre plein de tendresse et de nostalgie à Vincent Duluc[1], plume du football à *L'Équipe*.

Ender rentrera à Halle avec quatre médailles d'or. Babashoff en ramènera le même nombre mais en argent, comme si leurs destinées avaient été gravées dans le métal dès cet été 1973. Dans leur bassin respectif, les deux jeunes femmes reprendront leur incubation parallèle, séparées par un océan, un rideau de fer, et plus encore par le ressentiment croissant de l'Américaine. À son retour, elle a eu vent d'un article de *France-Soir* faisant état « d'un vaccin hormonal contre la fatigue » mis au point par la RDA, et dans son esprit, tout fait sens. Les deux jeunes filles avaient pourtant plus en commun qu'elles et le monde n'auraient pu le soupçonner. Si elles nageaient de leur plein gré, et même par passion, elles vivaient en dehors des bassins

1. *Kornelia*, Stock, 2018.

une vie écrasée, l'une par les névroses familiales, l'autre par la raison d'État. De Belgrade, elles étaient toutes les deux revenues avec un amour impossible en tête. Kornelia s'était entichée de David Wilkie, un brasseur britannique de cinq ans son aîné, une romance inconcevable qui avait miraculeusement échappé à la vigilance de la Stasi, mais que sa mère avait réussi à étouffer. Shirley avait elle aussi connu l'émoi d'un premier baiser et, de retour au pays, des visites clandestines sous sa fenêtre, mais son camarade d'entraînement Kurt Krompholz n'était pas de religion orthodoxe et elle avait dû se faire une raison.

Les deux adolescentes partageaient également une identité complexe. Babashoff avait des grands-parents russes dont elle avait hérité un samovar et une bible en cyrillique, et, fait aussi pittoresque que sulfureux, Ender avait, elle, une grand-mère américaine qui vivait à Salina dans le Kansas depuis sa fuite de la République démocratique allemande, deux ans avant l'édification du mur de Berlin. En dépit de leur authentique patriotisme, cette double loyauté en faisait des êtres à part au beau milieu d'une guerre froide dont les lignes de front se devaient d'être infranchissables. Mais bien que semblables, leurs destinées parallèles ne pouvaient se croiser. Chacune dans sa ligne d'eau, dans son camp et dans sa prison.

Après la sidération belgradoise, une forme de résignation avait prévalu au sein de l'équipe féminine américaine, mais pas chez Shirley Babashoff. Enragée par la domination de celles qu'elle considère comme des tricheuses décomplexées, elle est bien décidée à se battre pour laver l'affront. Elle est obsédée par ces créatures venues du froid : « Parfois, j'ai presque l'impression que je deviens folle, confie-t-elle à son amie Kelly Hamill. Comme si j'étais la seule à voir ce qui se passe. » Alors, sous les ordres de Schubert, elle travaille comme jamais. Elle nage désormais plus de trente kilomètres quotidiennement. Ses journées de lycéenne commencent à 4 h 30 et finissent à 20 heures. À l'entraînement, elle pulvérise le record du monde du 800 mètres, mais s'en agace car elle aurait pu aller encore plus vite si quelqu'un l'avait prévenue. Pour copier une méthode dévoilée par un médecin transfuge est-allemand, l'encadrement du Golden West College lui propose de mettre en place des tests sanguins pour mesurer son taux de lactate et la laisser au repos dès que nécessaire. Elle refuse de singer ses ennemies : « De toute façon, personne ne me sortira de l'eau, même si je suis malade. »

Cette vie de forçat est le seul moyen de suivre le rythme imposé par la progression stratosphérique des Allemandes de l'Est, et en particulier de leur tête d'affiche, Kornelia Ender, première femme à passer sous les 58, les 57, puis les 56 secondes sur 100 mètres nage libre. Sur une photo d'époque, cette dernière pose en maillot de bain aux côtés de Roland Matthes, le plus grand dossiste de l'histoire qui, quelques années plus tard, deviendra son mari. Sous son visage d'adolescente trop maquillé, ses bras apparaissent nettement plus volumineux que ceux du quadruple champion olympique qui a huit ans de plus qu'elle ! Il faut dire que Matthes, dont la musculature est aussi fine que les traits de son visage, a obtenu l'autorisation de ne pas se doper car depuis 1967, avant le « plan 14-25 », il n'a pas perdu une seule course, une invincibilité qui s'étirera jusqu'en 1974. Avec Marlies Grohe, celle qui l'avait pris sous son aile lorsqu'il avait onze ans et l'avait conduit au sommet, il avait dû ferrailler avec les autorités pour résister à leurs injonctions. Mais ses multiples titres et la pureté cristalline de sa nage, qui faisait dire à son rival américain John Naber que sans la coulée de départ, il aurait pu finir ses courses avec le torse parfaitement sec, avaient fini par convaincre les médecins du ministère des Sports qu'il pourrait continuer à gagner sans anabolisant.

Cette croyance était limitée à son seul cas, et chez les femmes, le programme de dopage, conforté par ses résultats, s'est accéléré d'année en année au mépris de la santé de jeunes filles à peine pubères. À l'été 1974, à l'occasion d'un duel États-Unis-RDA organisé en Californie, les Américaines trouvent leurs adversaires encore plus musculeuses qu'à Belgrade. En l'absence de Kornelia Ender, malade, elles s'imposent, mais l'année suivante, aux championnats du monde disputés à Cali en Colombie, elles sont une nouvelle fois écrasées par les Allemandes de l'Est qui remportent dix des quatorze médailles d'or en jeu, comme deux ans plus tôt à Belgrade. Une seule nageuse résiste encore : Shirley Babashoff.

L'été précédent, elle a battu à deux reprises le record du monde du 200 mètres d'Ender et leurs retrouvailles suscitent une excitation inédite dans l'histoire de la natation féminine. Le duel entre les deux adolescentes est toujours une affaire d'État, mais aussi plus que jamais une opposition de styles. Celui de Shirley Babashoff épouse une existence saccadée, nourrie par un esprit de revanche. Comme si elle exprimait dans l'eau toute la rage qu'elle devait contenir en dehors quand, à côté d'elle, sa rivale semble portée par le courant. Sur 100 mètres nage libre, la puissance d'Ender et la fluidité de son crawl semblent devoir une nouvelle fois tout emporter. Elle s'impose facilement devant Babashoff et, trois jours plus tard, sur 200 mètres, le même scénario apparaît rapidement inéluctable quasiment dès le départ. Mais dans les vingt-cinq derniers mètres, l'Américaine, tellement larguée qu'elle est hors du champ de la caméra, place une accélération à couper le souffle et s'impose d'un cheveu devant sa rivale grâce à un *negative split*[1] qui est devenu sa marque de fabrique. En état de grâce, elle remporte aussi le 400 mètres nage libre. Il n'y a plus qu'elle et la RDA.

Avec ses deux médailles d'or arrachées à la domination des Allemandes de l'Est, l'adolescente a épousé l'imaginaire de l'Amérique de son époque. Dans un pays qui doute de lui-même depuis l'humiliation de la guerre du Viêt Nam, elle incarne la résistance au rouleau compresseur communiste et le triomphe de l'individu sur le système. Seule contre toutes, c'est l'angle imposé par la presse, et Shirley Babashoff est interrogée presque quotidiennement sur la bataille qui l'attend avec Ender et les autres. À un mois des sélections américaines, elle finit par s'effondrer sous la pression. Elle qui n'a jamais raté un entraînement prend la tangente sur le chemin de la piscine et passe la journée à manger des tortillas et des crèmes glacées sur la plage : « J'avais décidé d'arrêter la natation. Ce n'était pas quelque chose de réfléchi. J'en étais juste arrivée à un point, à un état émotionnel, où je me suis dit que je n'avais plus envie de faire ça. »

Le soir, lorsqu'elle arrive chez elle avec son vélo, Schubert l'attend sur le canapé du salon et il trouve les mots. Elle

1. Terme qui désigne une course dont la deuxième partie a été plus rapide que la première.

repart sur-le-champ à Mission Viejo et aux *trials*, chez elle à Long Beach, elle est en démonstration. Elle gagne sur toutes les distances en nage libre, en battant à chaque fois un record, celui des États-Unis, sur 100, 200 et 400 mètres et celui du monde sur 800. Les tribunes explosent face à la grandeur de l'exploit. C'est la seule meilleure marque mondiale de la natation féminine qui échappe à la RDA. Et en s'imposant également sur le 400 mètres 4 nages, Babashoff a gagné le droit de participer à sept épreuves aux Jeux de Montréal. Comme Mark Spitz quatre ans plus tôt, et l'Amérique croit en elle : « Elle était considérée à l'époque comme ce talent unique qu'on ne croise qu'une fois par génération », se souvient Chuck Wielgus, le directeur exécutif de la fédération, *Swimming USA*. L'engouement est d'autant plus fort que la natation connaît dans les années soixante-dix un âge d'or aux États-Unis en raison des succès obtenus à Munich, mais aussi du désamour du public blanc pour ses athlètes depuis que les sprinteurs Tommie Smith et John Carlos avaient brandi un poing ganté sur le podium olympique du 200 mètres à Mexico pour protester contre le sort réservé aux Noirs Américains.

Signe des temps et de sa popularité, sur la couverture du prestigieux hors-série olympique de *Sports Illustrated*, c'est Shirley Babashoff qui apparaît aux côtés du marathonien Frank Shorter et du basketteur Scott May. Les cheveux courts et filandreux qu'elle portait timidement à Munich ont poussé. Elle est blonde, elle est grande, elle est belle et, c'est certain, elle va vaincre le socialisme aquatique. O.J. Simpson et Kirk Douglas demandent à la rencontrer et, lorsque le président Gerald Ford rend visite à ses nageurs avant leur départ pour le Canada, ses premiers mots sont pour s'enquérir de sa présence : « Mais où est Shirley ? Où est Shirley Babashoff ? » À West Point, l'académie militaire où est logée l'équipe de natation américaine, elle doit débrancher le téléphone de sa chambre qui croule sous les appels des cadets en quête d'un rendez-vous galant avec elle. Son statut d'icône est authentifié par un épisode de *Drôles de dames*, où une sculpturale Jaclyn Smith déambule autour d'une piscine dans un bikini blanc et se fait taquiner par son alter ego blonde, Farrah Fawcett : « Prends garde à toi, Shirley Babashoff ! »

Mais personne ne l'a jamais préparée à l'attention médiatique et au prix à payer lorsqu'on dit publiquement la vérité en toutes circonstances. Aussi, aux envoyés spéciaux qui lui demandent son sentiment sur ses rivales est-allemandes à son arrivée à Montréal, elle ne s'embarrasse même pas de sous-entendus : « Mis à part leur voix grave et leur moustache, je pense qu'elles devraient bien s'en sortir. » Dix ans plus tard, sa petite sœur Debbie, qui venait d'intégrer l'équipe nationale, lui racontera hilare que lors d'un *media training*, la fédération avait choisi cet extrait pour montrer aux jeunes nageuses ce qu'il ne fallait surtout pas faire face à la presse. Pour calmer la tempête, le Comité olympique américain se confond en excuses diplomatiques et fait livrer des bouquets de fleurs à toute l'équipe féminine de RDA : « Si j'avais su qu'ils feraient un truc pareil, je n'aurais rien dit du tout, déplorera Babashoff. Avant même que je commence à nager, les reporters répandaient leurs histoires sur "Surly Shirley", la mauvaise perdante. Selon la presse, je dénigrais ces pauvres filles allemandes qui, comme chacun sait, étaient devenus hyper-fortes grâce à leur entraînement en altitude et hyper-rapides grâce à leurs maillots de bain spéciaux. Ouais. Bien sûr. » Face à la désapprobation planétaire, elle ne se démonte pas et elle est soutenue par ses coéquipières, écœurées par l'injustice scientifiquement planifiée. Lorsqu'elles croisent leurs adversaires siglées DDR dans les vestiaires ou dans le bus, elles imitent grossièrement leurs voix gutturales. Un officiel de la RDA finira par s'agacer publiquement des insinuations : « On est venus ici pour nager, pas pour chanter. » Les moqueries sont rapportées dans la presse anglaise et Shirley et ses copines deviennent aux yeux du monde les « *Ugly Americans* ». Affreuses, bêtes et méchantes.

Pour les protéger du monde extérieur et sans doute aussi de toute éventuelle velléité de défection, les nageuses est-allemandes sont logées sur une péniche, à l'écart du village olympique. Elles n'ont pas le droit d'adresser la parole à un membre d'une autre délégation. Seule Kornelia Ender sera autorisée à sortir de l'isolement pour une rencontre minutée avec sa grand-mère américaine à l'abri des caméras et sous le chaperonnage zélé de la Stasi. L'histoire émeut le monde entier, à l'exception peut-être de son éternelle rivale californienne. Leur duel était l'un des plus attendus de la quinzaine, mais il n'y eut pas vraiment de match. Ender est sur une autre planète. Le ton est donné dès le premier jour par le relais 4 × 100 mètres 4 nages. La démonstration de force de la RDA tourne à l'humiliation pour les États-Unis, deuxièmes mais relégués à près de sept secondes. Deux heures plus tard, sur 100 mètres nage libre, celle qui, avec Nadia Comaneci, sera la star de ces Jeux, porte le record du monde à 55,65 secondes. C'est quasiment trois secondes de moins que le temps de

Sandra Neilson, la médaillée d'or de la distance à Munich quatre ans plus tôt. Babashoff n'est que cinquième. Sur 200 mètres, l'Américaine tient son rang et bat même son record personnel qui était aussi celui des États-Unis, mais elle est une nouvelle fois surclassée par celle qu'elle avait terrassée l'année précédente en Colombie. Entre-temps, l'Allemande avait été la première femme à nager sous les deux minutes, un exploit réédité et même amélioré en finale olympique, moins d'une demi-heure après avoir remporté le 100 mètres papillon en pulvérisant le record du monde...

Shirley accuse le coup, mais elle croit toujours en son destin. Sur les longues distances, Ender ne sera plus sur son chemin, et en l'absence de Barbara Krause, officiellement « malade » mais plus probablement restée en RDA à la suite d'un test antidopage préventif non conforme[1], elle est la grande favorite du 400 mètres nage libre. Championne du monde en titre et détentrice du record de la distance pendant deux ans avant d'être rayée des tablettes par Krause six semaines avant les JO, elle n'avait a priori pas d'adversaire à sa mesure. C'est du moins ce que tout le monde pensait avant qu'au 150 mètres surgisse dans son sillage une inconnue est-allemande âgée de quinze ans, Petra Thümer. « Shirley avait l'habitude de gagner ses

1. Les archives de la RDA montreront que, à la suite de la décision du CIO de rechercher des traces de stéroïdes anabolisants lors des contrôles diligentés à Montréal, les autorités avaient mis en place leur propre laboratoire d'analyse afin de tester leurs athlètes avant leur départ pour les compétitions internationales. Ainsi, jusqu'à la chute du mur de Berlin, jamais aucun athlète est-allemand ne sera contrôlé positif.

courses en revenant très fort dans la deuxième moitié, c'était sa carte de visite, se souvient Karen Crouse, la spécialiste natation du *New York Times*. Et à Montréal, elle a vu cette fille lui faire ce qu'elle a fait subir à ses adversaires durant toutes ces années. » Dépassée à cent mètres de l'arrivée, Babashoff a tout donné pour revenir, au point de battre l'ancien record du monde de plus d'une seconde, mais Thümer a fait la même chose 57 centièmes plus tôt. Sur le podium, elle apparaît dévastée, luttant de toutes ses forces pour ne pas pleurer en mondovision. Quand les larmes se mettront à couler, elle baissera la tête, incapable de regarder son adversaire recevoir « sa » médaille d'or. Il lui sera reproché après coup de ne pas avoir félicité la gagnante. « Mais je n'ai pas perdu, je me suis fait voler. Qu'est-ce que j'étais censée dire ? “Bravo, c'est toi qui as pris le plus de stéroïdes” ? » objecte-t-elle encore aujourd'hui.

Quand elle revient au village, elle trouve le bâtiment désert. Dans son journal intime, la brasseuse Marcia Morey écrit ce jour-là : « Tout le monde a vidé les lieux pour ne pas se retrouver face à Shirley. Elle a le cœur brisé et vous ne savez jamais quoi dire dans ces moments-là. Je suis allée me coucher, je n'avais pas la force de la voir non plus. » À deux jours de la clôture des compétitions, l'ambiance dans l'équipe féminine est celle d'une veillée funèbre. Avec celle de Wendy Boglioli, troisième du 100 mètres papillon, les médailles d'argent de Babashoff sont les seules miettes d'une récolte famélique alors que, quatre ans auparavant, les nageuses américaines dominaient sans partage la natation mondiale. Le sentiment d'humiliation est d'autant plus violent que chez les hommes, les États-Unis ont tout raflé, soit quatorze médailles d'or en autant de courses et treize records du monde. Le seul médaillé issu des rangs de la RDA est Roland Matthes, qui forme désormais avec Kornelia Ender le couple le plus glamour du bloc de l'Est. La presse s'arrête à cette comparaison peu flatteuse et interprète le sentiment d'injustice exprimé bruyamment par ses nageuses comme un manque de fair-play et une entorse impardonnable à l'esprit olympique. Elles sont qualifiées quotidiennement « d'enfants gâtées », de « filles aigries » et de « mauvaises perdantes ». Et bien sûr, Shirley Babashoff est en première ligne, à tel point que sa mère, qui n'avait jamais manifesté auparavant un instinct maternel débordant, écrira une lettre ouverte au *Los Angeles Times* pour prendre sa défense.

Mais c'est vers Mark Schubert qu'elle se tourne pour trouver un peu de réconfort avant la dernière ligne droite. Ensemble, ils décident de faire l'impasse sur le 400 mètres 4 nages pour tout miser sur le 800 mètres nage libre, qui sera sa toute dernière chance d'obtenir un titre olympique individuel. En finale, elle retrouve Petra Thümer et elle s'incline de nouveau pour quelques centimètres au bout d'une résistance héroïque. Une fois encore, elle a battu le record du monde pour rien. En conférence de presse, un journaliste la provoque : « Shirley, encore une médaille d'argent... » Elle le coupe avant de tourner les talons : « Et vous, vous en avez gagné combien des médailles d'argent ? » Pour elle, c'est la quatrième de ces Jeux, qui viennent s'ajouter aux deux autres qu'elle avait ramenées de Munich – et à celle de son frère, Jack, deuxième du 100 mètres nage libre à Montréal. Mais il lui reste une chance de panacher la moisson familiale. C'est la toute dernière course de ces Jeux, le relais nage libre féminin. Quatre cents mètres pour arracher une rédemption et rentrer dans la légende.

Babashoff est éreintée par sa semaine démentielle. Qualifiée sur sept distances, elle a nagé plus qu'aucun autre participant à ces JO et elle en a terminé avec le 800 mètres à peine deux heures plus tôt. Mais elle est remontée comme une pendule. La veille, avec ses coéquipières, elles ont passé une partie de la nuit à se révolter contre le reste du monde et à échafauder des plans pour battre l'insubmersible armada est-allemande dans une atmosphère de contrebande. Si plus personne ne croit en elles, alors elles y croiront encore plus fort. Étrangement, sur le plot de départ, « Shirley la teigne » sourit.

La première relayeuse est Kim Peyton, qui vient de finir quatrième du 100 mètres juste devant Shirley Babashoff. Dans les compétitions nationales, c'est sa grande rivale sur les courtes distances, mais à force de s'affronter, les deux jeunes femmes nées à cinq jours d'intervalle sont devenues amies. Étudiante à Stanford et serveuse dans un restaurant mexicain entre deux entraînements, Peyton est unanimement appréciée pour son humour potache mais aussi pour sa ténacité. Et cela tombe bien, sa seule tâche est de ne pas lâcher le sillage de Kornelia Ender que les stratèges de la RDA ont aligné d'entrée pour briser le moral des autres équipes. À la surprise générale, elle fera mieux que résister. Placée dans la ligne d'eau voisine, elle se colle aussi près que possible de la championne olympique pour bénéficier de sa vague et, finalement, concède moins d'une longueur avant de passer le relais à Wendy Boglioli.

Doyenne de l'équipe à l'âge canonique de vingt et un ans, cette grande blonde charismatique est déjà mariée et c'est sur les encouragements de son époux qu'elle a repris la natation un an plus tôt. Médaillée de bronze surprise sur 100 mètres papillon, elle vient d'apercevoir son père gravement malade dans les tribunes. Elle est survoltée. En un plongeon, elle a refait la moitié de son retard sur Petra Priemer, la médaillée d'argent de la distance. Son virage est exceptionnel et la place dans le sillage immédiat de l'Allemande. Elle ne le lâchera plus. L'équipe de RDA, qui vient d'abattre ses deux meilleures cartes, est à portée de bras.

La troisième à s'élancer est Jill Sterkel, quinze ans, qui n'est alors qu'un espoir prometteur. Elle va réaliser la course de toute une vie. Partie avec une demi-longueur de retard, à mi-course, elle est déjà au coude à coude avec Andrea Pollack, qui vient de remporter deux titres olympiques. Juste après le virage, l'impensable se produit. Les Américaines sont en tête. Sur NBC, l'ancienne nageuse Donna de Varona hurle dans son micro : « Elles peuvent le faire ! » Sterkel finit comme un boulet de canon, en 55,78, le meilleur temps de toutes les relayeuses. Elle offre une minuscule avance à Shirley Babashoff, qui s'élance à l'extrême limite de la régularité pour grignoter quelques centièmes. Une réclamation sera déposée plus tard dans la soirée, mais après visionnage, le plongeon litigieux est validé. Lorsque sa coéquipière a touché le mur, les orteils de la Californienne n'avaient pas encore tout à fait décollé du plot.

Babashoff n'a qu'une idée en tête : tenir bon. L'ambiance est électrique : « À chaque fois que je prenais ma respiration, les hurlements du public résonnaient de plus en plus fort dans mes oreilles. » Elle est traumatisée par ses échecs à répétition, et ses forces, entamées par le 800 mètres qu'elle vient tout juste de disputer, mais poussée par les encouragements et par la force de sa volonté, elle ne concède pas un centimètre à Claudia Hempel. À l'arrivée, son visage fermé depuis le début de la semaine exulte comme jamais pendant que ses équipières rient et pleurent en même temps. Les États-Unis ont réalisé l'impossible. Les invincibles Est-Allemandes ont été devancées de 68 centièmes et le record du monde est tombé en même temps que la chape de plomb qui pesait sur l'équipe féminine depuis une semaine.

Les célébrations sont à la hauteur de la surprise. Une folie douce s'est emparée de la piscine de Montréal et des relayeuses américaines qui ne semblent pas revenir de leur exploit. Quarante ans plus tard, un documentaire, *The Last Gold*[1], reviendra sur cette parenthèse enchantée qui clôturait une semaine d'humiliations, et l'émotion des acteurs y est intacte. Même John Naber, qui rapporta quatre médailles d'or de cette olympiade, évoque encore ces minutes de magie collective avec les larmes aux yeux : « Il y avait trois années de frustration qui jaillissaient de la piscine. Ce fut pour moi la course la plus excitante à vivre, et pourtant j'en avais nagé cinq autres. »

Mais passé l'euphorie du moment, le bilan comptable de la natation féminine est vécu comme une catastrophe nationale en cette année de bicentenaire de la déclaration d'indépendance des États-Unis. Les commentaires de la

1. Documentaire de Brian T. Brown, 91 min, 2016.

presse sont sévères et certains journalistes estiment même que le titre en relais 4 × 100 mètres a montré que les Allemandes de l'Est n'étaient pas si imbattables que ça. Dans son autobiographie intitulée *Making Waves* (« Faire des vagues »), Shirley Babashoff reproduit un éditorial de *Newsday* au vitriol qui la hante encore aujourd'hui. Dans *Time Magazine*, une photo d'elle est flanquée du titre « *LOSER* ». À Montréal, ses coéquipières et elle ont pourtant fait tomber quinze records nationaux, plus qu'aucune autre équipe avant ou après elles, mais vivant dans un pays qui n'accorde de valeur qu'à la première place, c'est avec un sentiment de honte et d'indignité que cette génération perdue va s'engouffrer dans l'oubli. La brasseuse Janis Hape Dowd se souvient de l'impact dévastateur des articles de presse, mais aussi des lettres d'insulte et même des menaces de mort : « Avec le temps, j'ai réalisé que nous étions toutes vraiment de bonnes personnes. Mais à l'époque, on nous a persuadées du contraire. On nous a persuadées que nous avions déshonoré notre patrie. » Aujourd'hui élue au Congrès, sa camarade d'entraînement, Marcia Morey, dévoilera bien plus tard qu'elle était devenue anorexique juste après son retour, une façon de se punir d'avoir déçu sa famille et son pays. Shirley Babashoff, elle, prendra sa retraite peu après les Jeux. UCLA lui a pourtant octroyé une bourse qui lui aurait permis de s'entraîner pour une autre olympiade, mais elle a perdu la foi en son sport.

Elle quitte la fac en même temps que la natation. Les études en biologie marine qu'elle a entamées ne la passionnent guère, alors elle se marie avec le premier venu qui se révélera violent et possessif, à peine la cérémonie achevée. Elle demande le divorce au bout de dix-huit mois et enchaîne les missions d'entraîneur, de maître-nageur et les périodes de chômage jusqu'à la naissance de son fils, Adam. Mère célibataire en quête de stabilité, elle passe le concours de la poste en 1988 et devient factrice à Huntington Beach, un métier qu'elle ne percevra jamais comme une relégation. Travailler en extérieur et échanger avec les gens était ce qui lui correspondait le mieux et dans *The Last Gold*, elle arbore aussi fièrement sa tenue de l'*US Postal* que ses huit médailles olympiques.

La natation la rattrapera à l'aube des années quatre-vingt-dix. Le 9 novembre 1989, le mur de Berlin est tombé, et peu après s'ouvriront les archives de la RDA. Le monde découvre, effaré, l'ampleur de la surveillance d'État dans un pays où tous les faits et gestes des citoyens étaient épiés et consignés par la Stasi. La police politique employait 97 000 personnes avec lesquelles collaborait un réseau supplétif de 173 000 informateurs permanents et, selon la journaliste Anna Funder, autrice de *Stasiland*, plus de deux millions d'occasionnels. Dans chaque cercle d'amis, chaque famille, il y avait au moins une taupe. Kornelia Ender elle-même avait été dénoncée par une camarade parce qu'elle écoutait les Pink Floyd, et plus tard, lorsqu'elle projeta de fuir vers l'Ouest, c'est son père, colonel dans l'armée, qui avertira les autorités.

La vie des sportifs était totalement sous l'emprise de ce système totalitaire, ultra-rationalisé, dont le dopage d'État était à la fois un instrument de propagande et de contrôle. Les athlètes ne savaient pas ce qui leur était administré, si ce n'est de façon grotesquement euphémisée. On leur parlait de « vitamines » ou de « produits de soutien » et tout refus aurait été considéré comme un acte de dissidence. Même les questions n'étaient pas acceptées. Les filles en particulier s'en posaient pourtant beaucoup en sentant leur corps se métamorphoser de jour en jour. Musculature hypertrophiée, poils sur le visage, voix gutturale, comportement inexplicablement agressif, rétrécissement de la poitrine, libido incontrôlable, cycles menstruels bouleversés, organes génitaux proéminents... Les témoignages sont glaçants, mais tout avait déjà été consigné dans la thèse universitaire du Dr Riedel qui dressait un tableau clinique d'un cynisme ahurissant. « On a fait sur des jeunes femmes des expériences qu'on n'autoriserait pas sur des cochons d'Inde », estime le biologiste Werner Franke. Certaines franchiront irrémédiablement la barrière du genre et se résoudront à des opérations pour devenir des hommes. Ce fut la seule issue de secours de la championne olympique du lancer de poids Heidi Krieger, devenue Andreas. D'autres donneront naissance à des enfants victimes de malformations, à l'instar de Petra Thümer, bourreau de Babashoff à Montréal et mère de deux filles nées avec un pied-bot.

Après ce grand déballage, les journalistes retrouvent le numéro de « Surly Shirley », celle qu'ils avaient bannie pour avoir dit la vérité trop tôt. Comme l'écrira Karen Crouse, « Babashoff s'est rendue coupable d'un faux départ. Elle a juste eu quelques décennies d'avance sur les agences antidopage ». La championne déchue hésite avant de parler : « Je ne voulais pas revenir en arrière pour redevenir cette personne à qui on posait des millions de questions sur les Allemandes de l'Est – cette personne qui, en 1976, a défini ce que je demeurerai aux yeux du public pour le restant de mes jours. » Elle résiste aussi à Wendy Boglioli qui tente régulièrement de réunir les trois survivantes du relais victorieux de Montréal depuis la disparition de Kim Peyton, emportée à l'âge de vingt-neuf ans par une tumeur au cerveau. À l'ultime invitation de son ancienne coéquipière, elle répond « une diatribe de deux pages. Elle se sentait toujours flouée, volée et le cœur en mille morceaux ». Elle ne se rendra même pas au rassemblement des anciens de l'équipe américaine de 1976 à Long Beach, là même où elle avait triomphé lors des sélections olympiques trente ans plus tôt. Ce n'était pourtant qu'à vingt minutes de chez elle, mais le voyage dans le temps était autrement plus difficile à encaisser. Étrangement, elle acceptera à l'été 1991 une invitation à dîner de Kornelia Ender, de passage en Californie avec son deuxième mari pour participer à une exhibition de natation où elle dégage toujours une classe folle dans l'eau. Babashoff leur présente Adam, alors âgé de cinq ans, et les retrouvailles se déroulent dans une ambiance chaleureuse, « mais un peu superficielle », racontera-t-elle dans ses mémoires. Elle n'a juste pas obtenu ce qu'elle était venue chercher : des excuses, ou tout au moins des regrets.

Aux médias qui font le siège de son bureau de poste, elle finit par répondre qu'elle n'a, évidemment, pas été surprise par la dimension industrielle du dopage est-allemand, même si elle n'avait pas pu imaginer une planification aussi minutieuse. Elle est davantage interloquée par le refus des instances internationales de réattribuer toutes les médailles gagnées illicitement et par la morale ambiguë du statut de victime accordé à ses anciennes adversaires. Pour elle, celles qui ont le plus souffert de cette période poisseuse, ce sont toutes les championnes qui ont été flouées parce qu'elles ont nagé proprement : « Moi, au moins, j'ai eu des médailles. Certaines filles ont été dépouillées de tout. » Mais personne sans doute n'a pâti davantage qu'elle du dopage d'État. Karen Moe, qui a terminé quatrième du 200 mètres papillon derrière trois Allemandes de l'Est, n'ose pas comparer son sort à celle qui était alors la star de l'équipe : « De nous toutes, c'est pour Shirley que je me sens le plus mal. Elle était si talentueuse, dans toutes les disciplines. Ses exploits ont été totalement occultés. » Sans le « plan 14-25 », elle aurait gagné au moins cinq médailles d'or à Montréal et aurait vécu la vie d'icône américaine qui attendait l'homologue féminin de Mark Spitz plutôt qu'assurer chaque matin la distribution du courrier des administrés d'Huntington Beach.

Aujourd'hui encore, elle réclame son dû. Elle ne veut pas de dédommagement financier, juste retrouver sa place dans l'histoire : « J'ai tellement travaillé pour ce que je n'ai pas eu. » Elle dit en riant qu'elle veut « devenir la plus vieille personne à obtenir un titre olympique ». Le CIO lui oppose « la règle des huit ans », au-delà desquelles il n'est pas possible de revenir sur un palmarès. Il a pourtant fait une exception pour Lance Armstrong, déchu treize ans après de sa médaille de bronze dans l'épreuve du contre-la-montre des JO de Sydney. Elle a été soutenue dans sa démarche par le Sénat de Californie, qui a adopté en 2016 une résolution appelant les autorités sportives à réviser les palmarès des Jeux de Montréal, réputés « les plus sales de l'histoire ». Malgré la sourde oreille de Thomas Bach, le président du Comité international olympique, près d'un demi-siècle plus tard, Shirley Babashoff continue son combat. Jusqu'à son dernier souffle, la championne oubliée pourchassera les fantômes de ce pays qui n'existe plus.

LUIS OCAÑA : « QUAND LE SOLEIL NOUS QUITTE DEUX FOIS »

Deux kilomètres en contrebas du col de Menté, qui relie la vallée de la Garonne à celle du Ger, dans un virage en épingle cerné par la rocaille, repose une inscription sur une stèle qui a scellé pour l'éternité le sort et la légende d'un champion hors norme, foudroyé dans sa plénitude : « Lundi 12 juillet 1971 : tragédie sur le Tour de France. Sur cette route transformée en torrent de boue par un orage d'apocalypse, Luis Ocaña, maillot jaune, abandonnait tous ses espoirs contre ce rocher. » Ce jour-là, le déchaînement du ciel, sa chute, sa douleur, la déraison avec laquelle il avait poursuivi Eddy Merckx, trois jours après l'avoir terrassé, au bout d'un exploit incandescent, presque irréel, offraient le condensé d'une vie poursuivie par le malheur, et plus encore par une sorte de malédiction. Face à la multiplication impensable des coups du sort qui s'abattaient sur lui, sa femme, Josiane, cartésienne patentée, avait fini par admettre qu'il ne pouvait pas y avoir d'autre explication.

Pourtant, jusqu'à ce qu'il y renonce définitivement, à l'âge de 48 ans, Luis Ocaña a passé sa vie à se révolter, dans l'espoir de prendre une revanche sur son destin. Parfois il y parvenait, et c'était toujours inoubliable. Le souffle épique de ses exploits comme de ses abdications et son allure à la fois solaire et ténébreuse ont laissé sur toute une génération une empreinte qui a dépassé de loin le nombre de ses victoires. « Il était beau », résumera le journaliste Philippe Bouvet qui, comme tant d'autres gamins fascinés par l'hidalgo de Mont-de-Marsan, portait sa montre à l'envers, sous le poignet, pour l'imiter. Son palmarès, orné de deux victoires dans des grands tours, est pourtant loin d'être insignifiant, mais sa malchance et les espoirs que soulevaient ses états de grâce ont laissé le goût de l'inachevé.

Même ses succès ne parvenaient pas à lever la chape de plomb qui suivait sa trajectoire. Quand il ramène à son père, comme il lui en avait fait le serment, le maillot de champion d'Espagne, il le trouve agonisant sur son lit de mort, et le chagrin anéantit sa fierté. Quand il vient à bout de Merckx sur les pentes menant à Orcières-Merlette, il est crucifié quatre jours plus tard par un déluge aux allures de punition divine. Et quand il gagne enfin le Tour de France, celui qu'il voulait vaincre par-dessus tout ne s'était pas présenté au départ.

À bien des égards, il pouvait rappeler René Vietto, autre champion tourmenté. Cheveux de jais, peau cuivrée, orgueil suicidaire et mélancolie charismatique. Sa présence magnétique frappait l'imaginaire et inspirait le lyrisme des chroniqueurs orphelins d'un cyclisme romantique, en particulier Antoine Blondin qui écrira au soir de sa chute dans la descente de Menté : « Luis Ocaña n'était peut-être pas intrinsèquement le meilleur de cette course, mais il en était le soleil. » Un soleil noir, sous la coupe du plus grand champion cycliste de l'histoire, auquel, par fierté, par goût du combat, il refusera toujours de se soumettre. À l'ombre menaçante aussi depuis son enfance de la fatalité à laquelle il a opposé jusqu'au bout sa fureur de vivre. Incapable du moindre compromis avec lui-même, avec les autres, il n'en faisait pas davantage avec l'existence. Jusqu'à décider de sa propre fin.

Jesús Luis Ocaña Pernía est né le 9 juin 1945 à Priego, dans la province de Tolède. La région est l'une des plus désolées de l'Espagne franquiste sortie exsangue de trois années de guerre civile, et son enfance est marquée par les privations et une série de déménagements destinés à fuir une existence de misère. Son père, prénommé lui aussi Luis, se démène nuit et jour pour nourrir sa famille. Il travaille dans la manufacture de laine et accumule les petits boulots pour s'assurer que les siens ne manquent pas de l'essentiel. « Chez nous, la viande était un luxe impossible se souviendra Ocaña. La seule joie que mon père s'accordait était d'apporter des bonbons aux enfants pour Noël. » À la naissance de Mariano, le troisième enfant du couple, en 1951, Luis Sr. part en éclaireur dans le Val d'Aran au pied du col du Portillon, frontière naturelle avec la France. Il y a trouvé sur les conseils d'anciens du village un emploi de mineur un peu mieux rémunéré. Le reste de la famille le rejoint quelques mois plus tard.

À cette époque, malgré l'admiration sans borne qu'il voue à ses parents, le caractère du petit Luis est déjà très affirmé. Réfractaire à l'autorité, il affiche déjà une volonté hors du commun, mue par son orgueil et sa responsabilité d'aîné de la fratrie qui comptera jusqu'à six unités. À l'école communale de Vila, il refuse de se plier à la discipline de fer. Pris en grippe par une institutrice irascible qui lui administre régulièrement des corrections avec une règle en fer, un midi, il rentre à la maison le visage couvert de sang et son père décide alors de l'inscrire à l'école des frères de la Saille, une institution religieuse tenue par des moines. Mais l'établissement se trouve à Vielha, à plus de six kilomètres du domicile familial. Âgé de sept ans, il effectue quotidiennement l'aller-retour à pied, seul, par tous les temps. L'hiver, la couche de neige est plus haute que lui et ses parents n'ont toujours pas de quoi lui acheter un manteau. Sur le chemin, il aperçoit souvent le même coureur cycliste s'entraîner et il est subjugué par son allure, au point de parfois rêver de lui dans son sommeil. Mais ce n'est qu'à son arrivée en France que son histoire d'amour avec le vélo débutera vraiment.

La famille traverse les Pyrénées en 1957. Quelques mois auparavant, le père a trouvé un emploi de bûcheron à Magnan dans le Gers où un oncle et une tante les attendent. L'endroit est d'une beauté à couper le souffle, « un paradis terrestre », se souviendra Ocaña dans son autobiographie. La situation matérielle de la famille s'améliore sensiblement mais à l'école du village, le petit Espagnol est accueilli par les moqueries et les crachats des autres enfants. Il trouvera un refuge dans le vélo de ses cousines. Sa rencontre avec la petite reine est un enchantement : « l'un des rares moments heureux de mon enfance ». À quatorze ans, il devient apprenti-menuisier à la demande de son père. Le travail lui plaît, il adore façonner le bois, mais il est toujours happé par son obsession naissante pour le cyclisme. Lors des vacances de Noël 1959, son père avait amené toute la famille en Espagne et ils avaient pu voir Federico Bahamontes, l'Aigle de Tolède, au vélodrome de Madrid quelques mois après sa victoire dans le Tour de France. Alors il économise « franc par franc » la somme qui lui permettra d'acheter son premier vélo, un Automoto couleur crème qu'il ne quittera plus.

Homme de devoir que rien ne peut détourner du travail, son père voit d'un très mauvais œil les escapades à deux roues du fils. Lorsque Luis lui demande de prendre sa première licence, il voit rouge. Mais, comme Vietto au même âge, Luis Ocaña passera outre l'interdiction en falsifiant la signature paternelle pour s'engager avec le club d'Aire-sur-l'Adour. Grâce à la bienveillance de son patron, féru de cyclisme, il dispose d'un peu de temps pour s'entraîner durant ses pauses déjeuner et commence à gagner quelques courses. Il se dirige alors vers une honnête carrière dans les rangs amateurs lorsque le président du Stade Montois Cyclisme, Pierre Cescutti, le repère à l'occasion d'une course régionale. Cette rencontre changera le cours de son existence.

Personnage hors du commun, résistant puis engagé volontaire au sein des troupes alliées qui pénétrèrent les premières dans le nid d'aigle d'Hitler à Berchtesgaden, Cescutti usera de tout son charisme pour convaincre les Ocaña de laisser leur fils, alors âgé de dix-huit ans, le suivre à Mont-de-Marsan où l'attend une chambre payée par le club et un emploi de menuisier avec des horaires aménagés. Le jeune Ocaña est travailleur, dur au mal, mais il est décrit par son entraîneur comme « difficile » avec un sens certain de l'euphémisme. Têtu comme une mule, impulsif et toujours aussi rétif à l'autorité, il voue néanmoins une confiance aveugle à son mentor qui deviendra au fil du temps une figure paternelle parallèle : « Il était le seul que mon mari pouvait écouter. Luis avait un tel respect pour lui que toute sa vie, il l'a appelé Monsieur Cescutti – et moi aussi d'ailleurs – alors que tout le monde le surnommait Pierrot. C'était un homme incroyable. Il s'est dévoué jour et nuit pour nous, sans lui rien n'aurait été possible », témoigne Josiane, la femme de sa vie, rencontrée dans un bal au tout début de sa carrière.

Sous les ordres de son mentor, sa progression est fulgurante. En une seule année, il passe du plus bas niveau amateurs (quatrième catégorie) à l'antichambre du monde professionnel. Pour faciliter son passage dans le grand bain, Cescutti monte un dossier de naturalisation. Il a même obtenu une lettre de soutien du député de la circonscription. Mais le prudent Magne tergiverse, d'autant que le jeune espoir ibérique lui doit encore une année chez les amateurs. Meurtri, Ocaña acceptera par dépit la proposition de Fagor, une des meilleures équipes espagnoles, qui a exigé en contrepartie de son premier contrat professionnel qu'il conserve la nationalité de ses parents. Désormais marié, il n'a plus le temps d'attendre, d'autant que son père est atteint d'un cancer généralisé qui l'emportera à l'âge de 49 ans, et il devra bientôt subvenir aux besoins de ses jeunes frères et sœurs.

Ses débuts donnent le ton de son impétuosité et de sa démesure. Lors de son premier grand tour, la Vuelta 1968, il abandonne sans raison, frustré de son classement après avoir perdu vingt-cinq minutes pour s'être refusé à demander de l'aide à deux coureurs de Kas, l'équipe espagnole rivale. Un mois plus tard, au Giro, son orgueil le conduit dans la direction opposée. Alors qu'il est blessé, bronchiteux, les médecins lui ordonnent de jeter l'éponge. Un matin, il doit subir quatorze injections pour pouvoir repartir. Ses poumons ne récupéreront jamais totalement de l'infection, mais il termine, comme il se l'était promis.

L'année suivante épousera les contours de montagnes russes, annonciatrices de la suite de sa carrière. Tout commence bien lors de la Semaine catalane puis au Tour du Pays basque où il fait étalage de son talent en dominant contre la montre les trois plus grands champions de la décennie finissante : Felice Gimondi, Raymond Poulidor et Jacques Anquetil. Il n'a d'yeux que pour ce dernier, subjugué par la classe du quintuple vainqueur du Tour qui reconnaît en lui un crack en gestation, au point de lui proposer de but en blanc sa place de leader au sein de l'équipe Bic. À l'heure de son crépuscule, Anquetil sent arriver le règne de Merckx et, à ses yeux, Ocaña sera le seul capable d'empêcher le champion belge de dépasser son palmarès. Mais le prodige manque encore de maturité. Au Tour d'Espagne, lors de l'étape reine entre Sant Feliu de Guixols et Moyá, il commet un péché d'orgueil face à l'expérimenté Roger Pingeon et, alors qu'il était le plus fort, devra se contenter de la deuxième place. Deux mois plus tard, lors de son premier Tour de France, il est victime d'une chute épouvantable sur les routes du ballon d'Alsace. Inanimé après un choc avec un panneau de signalisation, il gît face contre terre comme un fusillé. Après de longues minutes d'inconscience, il parvient à remonter sur sa selle en titubant. Cinq coéquipiers sont mobilisés pour l'aider à finir l'étape. Ils le portent, littéralement, alors qu'Ocaña est encore comateux et que ses plaies ont recouvert de sang le guidon et le cadre de son vélo. Le soir, à l'hôpital, il ne se souviendra même plus avoir grimpé le sommet des Vosges, mais il repartira le lendemain.

Ce Tour 1969 est un condensé de sa carrière : un talent éclipsé par la malchance, par son propre entêtement parfois et par la réussite insolente d'Eddy Merckx qui conquiert cette année-là le premier de ses cinq Tours de France. Au-delà de leurs destins croisés, tout sépare les deux hommes, quasi jumeaux nés à une semaine d'intervalle, dont la ressemblance physique était parfois troublante. Leur nom dessine deux tempéraments opposés. La monosyllabe « Merckx », une seule voyelle pour cinq consonnes aux sonorités gothiques, est un condensé de son humeur aussi égale qu'implacable, alors que le rythme euphonique des voyelles d'« Ocaña » évoque l'ascenseur émotionnel alimenté par sa fierté d'hidalgo. Mais c'est leur conception antinomique du cyclisme qui sera la source de leur inimitié. Le Belge est mû par l'angoisse de la défaite. En 1972, il gagne tout, de Milan-San Remo au Tour de Lombardie en passant par la Flèche wallonne, Liège-Bastogne-Liège, le doublé Giro-Tour et même le record de l'heure. Mais il déprime tout l'hiver parce qu'il s'est fait souffler la victoire lors de la dernière course de la saison, une insignifiante kermesse à Putte-Kapellen. Il ne supporte pas de perdre, ça le rend malade, alors il met tout en œuvre pour ne jamais y être confronté, ne négligeant aucun détail, aucune course, même le plus dérisoire des critériums. Il attaque, harcèle sans relâche, toujours à l'affût d'une opportunité ou d'un moment de faiblesse de ses adversaires, comme pour leur inoculer sa propre intranquillité : « J'aimerais que les jeunes se rendent bien compte de qui était Eddy. Ils ne pourraient plus, comme je les vois faire, s'arrêter tranquillement pour pisser. Moi, j'ai souvent dû faire dans mon cuissard », se souviendra Ocaña au début des années quatre-vingt dans une interview à *L'Équipe Magazine*.

À l'inverse, l'Espagnol avait le goût du combat plus que de la victoire. Il aimait lancer des défis, aux autres autant qu'à lui-même, sur tous les terrains, tel un Don Quichotte des temps modernes, toujours en quête d'un moulin à terrasser. Sur l'autoroute entre Paris et Toulouse, il était capable de faire un détour de six cents kilomètres par Marseille pour se lancer à la poursuite d'une voiture qui avait eu l'impudence de doubler sa Jaguar. Attaquant instinctif, il ne supportait pas les stratégies préétablies, même s'il admettait que s'il les avait suivies, sa carrière n'aurait pas été la même. « Luis était un déclencheur d'émotions, explique Angel Soria, son cousin et confident. S'il avait couru comme Merckx, il aurait eu palmarès incroyable, mais le succès en lui-même ne l'intéressait pas. D'ailleurs, après une grande victoire, il était presque indifférent, il n'en parlait pas beaucoup. Ce qu'il voulait, c'était griller les ravitaillements pour mettre le feu à la course ou se lancer dans de grandes chevauchées pour montrer que Merckx était vulnérable. »

Le champion belge représente à ses yeux l'autorité et plus encore la domination sans partage qui anime chez lui un devoir de révolte. « Ce qui emmerdait Luis, se souviendra De Muer, c'est que peu importe que ce soit un grand ou un petit coureur, Merckx les pourchassait. Il voulait absolument tout gagner, tout le temps. Il ne pouvait pas respecter un mec comme ça. » Face à sa supériorité athlétique, son insatiable soif de vaincre et son souci du moindre détail, le peloton a progressivement abdiqué, à l'image de Poulidor : « Merckx dresse la guillotine chaque jour et vous met la tête sous la lame. » Les coureurs de sa génération se résignent désormais à courir la plupart du temps pour la deuxième place. En dépit de sa fragilité, de ses chutes à répétition, de ses défaillances spectaculaires, Luis Ocaña, lui, ne l'a jamais accepté. Il ne veut pas pédaler pour un accessit et fait du tout ou rien son mantra existentiel. « Bordel de bordel, aujourd'hui je gagne ou je crève », répétait-il à l'envi avant d'entrer dans l'arène pour défier le Cannibale. En 2003, dans les colonnes de *L'Humanité*, son coéquipier Christian Palka se souviendra, amusé, de cette obstination : « Plusieurs fois je lui ai dit : "Si tu aimes le vélo, tu dois être toi-même merckxiste tellement Eddy est un grand champion." Il me répondait : "Tu m'emmerdes, je ne veux plus entendre ça." » Souvent, il toise Merckx sur les lignes de départ : « Je vais t'avoir, tu n'es pas le meilleur. » Dans la presse, il le traite de « sauvage qui attaque tout le temps et énerve tout le peloton ». Même devant Fabiola, la reine des Belges, espagnole de naissance, il était resté sans filtre sur ses intentions insurrectionnelles : « Je vais lui faire avaler son vélo, à ce con de Cannibale ! »

Le début de l'année 1970 sera le véritable point de départ de leur rivalité, même si l'affrontement se joue à distance. Luis Ocaña a suivi les conseils de Jacques Anquetil en s'engageant avec Bic, la meilleure équipe française de l'époque, et il apparaît transfiguré sous les ordres de Maurice De Muer, son nouveau directeur sportif, même s'il était venu pour travailler avec Raphaël Géminiani, le mentor du Normand, limogé entre-temps. Il aurait voulu totalement endosser les habits d'Anquetil, le réincarner, pour traiter d'égal à égal avec Merckx. Sur la Vuelta, il se montre étonnamment discipliné et patient. Le long d'un parcours peu montagneux, sans incursion dans les Pyrénées, il se contente de rester à l'avant pour contrôler les attaques et d'engranger quelques bonifications en haut des cols, en attendant le contre-la-montre final de 29 kilomètres entre Laudio et Bilbao qui le verra écraser tous ses adversaires et s'adjuger son premier grand tour, à 24 ans, devant Tamames et Van Springel. Dans la foulée il remporte le Circuit des Six Provinces (le nom provisoire du Dauphiné libéré) face à une concurrence encore plus relevée, en s'appuyant sur une équipe surpuissante et sur sa supériorité contre la montre. En bref, il gagne en courant totalement contre-nature, à la manière d'Anquetil.

Le duel annoncé entre le vainqueur du Giro (Merckx, évidemment) et celui de la Vuelta émoustille la presse, mais il n'aura pas lieu. Ocaña a beaucoup couru. Trop. Le repos forcé début juin lui coupe les jambes et il arrive hors de forme au départ du Tour de France achevé à une infamante 31e place. Étrangement, par une sorte de jeu de miroirs inversé, il connaît sa pire défaillance dans le col du Noyer, là où un an plus tard il rentrera dans la légende, et une résurrection à Saint-Gaudens, la ville où il sera transporté d'urgence en hélicoptère. Très déçu, il mettra ce rendez-vous manqué sur le compte de son directeur sportif, responsable à ses yeux d'un programme de courses inadapté et d'une stratégie suicidaire lors de la première semaine du Tour. Désormais, il n'écoutera plus que lui-même comme il l'a toujours fait.

Il commence par se rendre en Espagne pour soigner son foie. Le traitement prodigué par un médecin basque durant l'hiver est efficace et pour la première fois depuis longtemps, il se sent en parfaite santé. En ce début d'année 1971, il ressent une forme de plénitude. Josiane vient de lui donner une petite fille, Sylvie, trois ans après Jean-Louis, leur premier enfant. Le couple a quitté son appartement HLM pour une vaste demeure à Bretagne-de-Marsan, et, désormais débarrassé de ses soucis physiques, l'Espagnol est bien décidé à prendre sa revanche. Pour ce faire, il court à l'économie durant le printemps, quitte à perdre son titre sur la Vuelta, mais il se sent dans la forme de sa vie : « dès le Tour d'Andalousie et au cours de la Semaine catalane, je volais, littéralement ». Au Dauphiné libéré, ses retrouvailles avec Merckx tournent à l'avantage du Belge pour une poignée de secondes, mais Ocaña l'a lâché dans le col du Granier et lui a tenu tête lors du contre-la-montre final. Désormais, il en est certain, il peut le battre à la régulière au Tour de France, où il arrive réglé comme un Stradivarius, prêt à livrer le récital punk qu'il rumine depuis deux ans.

Pourtant, dès le départ de la Grande Boucle à Mulhouse, tout se passe comme d'habitude. Eddy Merckx s'empare du maillot jaune le premier jour, contrôle les échappées à sa guise et engrange les secondes de bonifications pour écœurer ses adversaires. Le scénario est désormais bien rodé, et dès la fin de la première semaine de course, tout le monde anticipe une nouvelle promenade de santé du champion belge. Mais au cours de la huitième étape, sur les dernières pentes du puy de Dôme, il donne d'inhabituels signes de faiblesse. À quatre kilomètres de l'arrivée, Bernard Thévenet avait déclenché une attaque suivie par un contre brutal de Luis Ocaña, et le maillot jaune était resté englué dans l'épais brouillard auvergnat. À l'arrivée, le débours n'est que de quinze secondes, mais le doute a changé de camp. Vainqueur de l'étape, l'Espagnol annonce la couleur : « Tout ce que je peux préciser, c'est que la deuxième place ne m'intéresse pas du tout. Si Pettersson ou Zoetemelk la veulent, je la leur laisse. Je finirai peut-être dixième, peut-être vingtième, mais je compte bien accomplir encore un truc ou deux dans le style d'aujourd'hui. » Merckx est prenable, il en a de plus en plus la certitude. Cette année-là, le Belge n'a pas couru le Giro au mois de mai comme il en avait pris l'habitude et cela l'a, de son propre aveu, perturbé dans sa préparation. Il sent aussi qu'il n'a plus la même aisance qu'à ses débuts en montagne depuis la collision qui lui avait brisé le bassin en septembre 1969 sur le vélodrome de Blois.

La première étape alpine, entre Saint-Étienne et Grenoble, confirmera ses difficultés. Isolé de son équipe par une échappée fomentée par les Bic, Eddy Merckx crève au début de la descente vers Saint-Pierre-de-Chartreuse, et Ocaña en profite pour accélérer brutalement. L'attaque est à la limite du code d'honneur cycliste mais, craignant d'être distancés, les autres favoris (Zoetemelk, Thévenet, Van Impe et Pettersson) suivent le mouvement. Outragé, le Bruxellois se déchaîne pour revenir à cent mètres des fuyards, mais Luis Ocaña plante juste à ce moment-là une deuxième banderille décisive. En haut du col de Porte, l'avance est de deux minutes. C'est la première défaillance du Cannibale dans un grand tour. À la faveur de la descente vers Grenoble, il réduira l'écart à 1 min 36 s, mais le vent de l'histoire semble bel et bien souffler sur cette édition 1971.

Sur la ligne d'arrivée, pourtant, Ocaña fulmine après ses compagnons d'échappée : « Si vous aviez roulé un peu plus, on le mettait à cinq minutes. » Thévenet plaide non-coupable : « On était à fond, Luis, on pouvait à peine te suivre. » Mais l'Espagnol bouillonne, il voudrait déjà en découdre : « Demain ! Demain, on le fait sauter ! » De Muer essaie de tempérer ses ardeurs, mais il est comme possédé : « Demain ! » Alors, son directeur sportif tâte le terrain. Les Bic sont dans le même hôtel que les Hoover de Joaquim Agostinho. Grimpeur et homme fiable, le Portugais obtempère : « Moi aider. » Son patron n'est autre que Géminiani, conspirateur né, déjà mis dans la boucle par Anquetil qui joue les intermédiaires, par amitié sincère pour Ocaña autant que par souci de ne pas être dépassé par Merckx. Lucien Van Impe sera aussi de la partie. Comme les autres, il n'a pas eu le cran d'imaginer la rébellion contre le despotisme merckxiste, mais maintenant que l'Espagnol a déclenché une révolution, il en est, quitte à endosser le rôle du traître à la patrie belge : « On avait enfin l'impression d'aboutir à quelque chose. C'était un moment très spécial. On devait profiter du moindre de ses moments de faiblesse. On avait tous envie de battre Merckx, et Ocaña était en train de rendre ça possible. » Thévenet, lui, tient à rester neutre. Il n'a que 23 ans et ne veut pas un contrat sur sa tête pour le restant de sa carrière.

Sur le papier, l'étape n'a a priori rien d'un juge de paix. Hormis la rampe de Laffrey (« un échafaud », avait prédit Jacques Goddet), le col du Noyer et la montée vers Orcières-Merlette sont des ascensions assez ordinaires. Luis Ocaña les fera rentrer ce jour-là dans la légende du Tour. Les hostilités débutent sur les premières pentes de Laffrey selon le scénario prévu. Agostinho déclenche une attaque. Ocaña, Zoetemelk et Van Impe suivent. Merckx n'est pas là et il ne semble pas au mieux. Rapidement, les quatre creusent un écart, sous l'impulsion de l'Espagnol, littéralement déchaîné. Van Impe est le seul à pouvoir le relayer un peu, les deux autres sont déjà à la rupture. Il reste plus de cent kilomètres.

Dès les premières pentes du Noyer, plus personne ne peut suivre. Ocaña s'envole sans que l'on sache encore si c'est l'expression de son génie ou de sa folie autodestructrice. Au sommet, les écarts sont délirants. En une ascension, il a pris quatre minutes à ses anciens compagnons d'échappée. Mais lorsque les pointages lui sont communiqués, ça ne l'intéresse pas. Il demande juste où est Merckx. Il est à cinq minutes lui indique Maurice De Muer, en l'incitant du coup à en garder sous la pédale. « Bordel de bordel, ça fera six minutes ! » lui réplique Ocaña enragé. Puis sept, puis huit et bientôt presque neuf minutes. Le Cannibale pourtant n'a subi aucune défaillance, il est à fond. À l'exception de Van Impe, il avait repris tous les fugitifs et avait mené la poursuite seul, à une allure qui avait dissuadé Thévenet et Zoetemelk de le relayer. À chaque panneau qui vient annoncer l'écart exponentiel, tous les regards sont hallucinés. Ils n'ont jamais vu ça et ne le reverront jamais. Le Belge, lui, oppose un hochement de tête incrédule, presque résigné. Mais comme s'il avait été soucieux de ne diminuer en rien la performance d'Ocaña, il s'était battu jusqu'au bout. C'était aussi sans doute une façon de prendre rendez-vous.

Aux abords d'Orcières-Merlette, après 77 kilomètres d'échappée solitaire, Luis Ocaña dégage toujours une classe folle dans son maillot Bic orange et blanc. C'est le moment où la chevauchée prend une dimension onirique. Cinquante ans après, le souvenir de cette dernière montée sublime et improbable soulève encore l'imaginaire de toute une génération. Les images d'archive sont encore plus belles que les récits exaltés des chroniqueurs. Le visage impassible d'Ocaña ne trahit rien de sa fatigue, ni de son exaltation, et son port altier lorsqu'il se dresse sur les pédales donne l'impression qu'il avance sans effort vers l'exploit de toute une vie. Seul son regard semble pour une fois débarrassé de ses tourments et dégage une sorte de tranquillité parfaite, que plus jamais il ne retrouvera. À l'arrivée, il lève les bras sans effusion, comme s'il regrettait déjà que ce moment se termine pour toujours. Son principal poursuivant, Lucien Van Impe, franchira la ligne six minutes après lui. Troisième de l'étape à la tête d'un groupe composé de Zoetemelk, Thévenet, Pettersson et Labourdette, Eddy Merckx est à 8'42". Au classement général, le vainqueur sortant pointe désormais à près de dix minutes, mais il est loin d'être la seule victime de la furia d'Ocaña. Soixante-huit coureurs sont arrivés hors délais. C'est plus de la moitié des effectifs du peloton, si bien que les commissaires se résoudront à remonter le seuil de tolérance réglementaire de 24 à 36 minutes pour que la suite de la course ressemble encore à quelque chose.

L'exploit convoquait les souvenirs des plus grandes chevauchées du passé : Hugo Koblet à Agen en 1951, Charly Gaul dans la Chartreuse en 1958 et Eddy Merckx à Mourenx, lors de son premier triomphe deux ans plus tôt. Mais pour Marc Madiot, fan absolu d'Ocaña depuis ce 8 juillet 1971, Orcières n'a pas d'équivalent, ni avant, ni après : « C'était le fantasme total, la plus grande journée de l'histoire du cyclisme. On ne reverra plus un truc comme ça. » Ce jour-là, l'Espagnol a assommé le Tour, mais il a surtout réalisé l'impensable en mettant à terre le plus grand champion cycliste de l'histoire. Ce dernier s'était d'ailleurs incliné en connaisseur : « Aujourd'hui, Ocaña nous a matés comme El Cordobés mate les taureaux dans son arène. »

Mais s'avouer vaincu n'était ni dans la nature ni dans les plans du Cannibale. Il passe la journée de repos à ruminer, et le lendemain matin, sur la ligne de départ à Orcières, lorsqu'il aperçoit le nouveau maillot jaune traîner à l'arrière pour répondre à une interview, il réunit ses coéquipiers. Dès le signal donné par le directeur de course, il s'enfuira avec trois d'entre eux, Wagtmans, Stevens et Huysmans, tous excellents rouleurs, accompagnés par six autres coureurs dont Lucien Aimar, lauréat du Tour cinq ans plus tôt. Pris de court par ce démarrage en trombe, Ocaña et son équipe ne paniquent pas mais ont du mal à rassembler les soutiens. L'Espagnol ne sait pas mettre les formes lorsqu'il s'agit de nouer des alliances de circonstance. Sans la crevaison de deux coéquipiers de Merckx, les dégâts auraient pu être considérables tant l'allure imprimée à l'avant était démentielle. Le Belge est toujours persuadé qu'il aurait dû reprendre plus de dix minutes. « On aurait pu tout perdre », confirmera De Muer. Le peloton arrivera à Marseille avec deux heures d'avance sur l'horaire prévu. Le maire, Gaston Defferre, revenu de Paris pour la remise des maillots distinctifs, apprendra sur le tarmac de l'aéroport que les coureurs étaient déjà rentrés à l'hôtel. Il en nourrira un tel ressentiment que le Tour ne passera plus dans la cité phocéenne de son vivant.

Pour Merckx, le gain de deux minutes apparaissait bien dérisoire au regard des efforts consentis, mais au moins avait-il instillé le doute dans la tête de son rival. Le surlendemain, à l'entame des Pyrénées, effectivement, le maillot jaune n'est pas tranquille : « Quand on a longtemps souffert, la joie et la croyance sont des choses qui s'apprennent lentement. » Pourtant, la veille, il a une nouvelle fois résisté aux assauts de son rival belge et ne lui a lâché que onze secondes lors du contre-la-montre d'Albi. Mais au réveil, son regard est habité par un vague pressentiment et il est toujours contrarié par les déclarations d'Eddy Merckx qui l'avait accusé d'avoir bénéficié de l'abri des voitures de la télévision. Aussi quand Bernard Labourdette, son compagnon de chambre, tente de lui transmettre son éternel sourire par un « Alors Luis, c'est aujourd'hui que tu le gagnes, ce Tour ? » il répond par un signe de croix. Au départ de l'étape entre Revel et Luchon, la tension est palpable. Ocaña et Merckx s'évitent pour ne pas avoir à se serrer la main. Sur les pentes du Portet-d'Aspet et du col de Menté, le Belge amorce quelques attaques suivies sans peine par le maillot jaune, qui semble attendre son heure. Mais lorsque tout en haut de la deuxième ascension éclate un orage aux allures de cataclysme, sentant les conditions de la descente propices à de gros écarts, Eddy Merckx porte de nouveau l'estocade.

Maurice De Muer avait fait promettre à son leader d'être prudent, de regrouper les forces en cas d'offensive du Belge, mais après Menté, c'est le col du Portillon qui l'attend, celui-là même par lequel son père débarquait en France quinze ans plus tôt pour s'y tuer à la tâche. Luis Ocaña veut y revenir triomphant pour affirmer sa revanche sur le dénuement et les humiliations de l'exil. La veille, au téléphone, il l'avait annoncé à Cescutti. C'est là qu'il a prévu d'exécuter « ce con de Cannibale ». Y passer derrière lui est inconcevable. Alors malgré la pluie diluvienne, la grêle et la route qui s'est transformée en torrent de boue et de pierraille, il saute dans sa roue, décidé à ne la lâcher en aucun cas. Au premier virage en épingle à cheveu, emportés par les éléments, les coureurs tentent de s'aider de leurs pieds, mais il est devenu impossible de freiner. Merckx suivi d'Ocaña se jettent au sol pour éviter d'être avalés par le ravin. Le Belge se relève avec quelques égratignures et repart vers son destin de gagnant. Le maillot jaune, lui, reste un court moment sur place. Il doit changer un boyau et attend son directeur sportif. Il est immédiatement renvoyé au sol par Agostinho. Sonné, il parvient à se relever et s'accroupit pour récupérer. C'est alors que Zoetemelk, en perdition, déboule à son tour et le percute violemment. « Alors, ma peur devint panique car je me sentais mourir », se remémorera l'Espagnol. Un cercle affolé se forme autour de lui. Il y a notamment Maurice De Muer en short et sandales, Christian Darras, le patron de l'équipe Bic, et Jacques Goddet, le directeur du Tour, alors que les poursuivants continuent de s'écraser les uns après les autres sur le bitume inondé.

La scène d'apocalypse donne une résonance biblique au martyr d'Ocaña. Livré au déluge, son corps gisant sur la caillasse, son maillot jaune souillé par la glaise et ses mains entaillées convoquent des réminiscences christiques, même chez les plus mécréants des suiveurs. Ses cris de supplicié font craindre à De Muer le même sort que Roger Rivière, dont la carrière fut brisée dans le ravin du col du

Perjuret onze ans plus tôt, quasiment jour pour jour. Dans *L'Équipe* du lendemain, son transport vers l'hélicoptère qui le mènera à l'hôpital de Saint-Gaudens est décrit par Antoine Blondin comme un cortège funéraire : « Ocaña gisait dans l'ambulance et les habitants de Saint-Béat applaudissaient, en pleurant, au passage de son convoi terriblement silencieux [...] Un deuil immense, aux arrière-goûts de frustration et de trahison, s'abattit sur la troupe rendue à l'unanimité. »

Son Tour s'est achevé à trois jours de l'arrivée triomphale dont il rêvait, dans sa ville de Mont-de-Marsan, mais les examens sont rassurants. Il souffre d'un traumatisme crânien, d'une entorse cervicale et de contusions au thorax. Bientôt, il pourra recourir et en découdre avec Merckx. Nouveau leader de la course, ce dernier refusera d'en porter la tunique au départ de l'étape du lendemain : « Un maillot jaune, ça se gagne au mérite, pas avec la douleur et la malchance des autres. Si un type tombe, tu ne ramasses pas son maillot par terre. » Mais pas plus que sa visite chez lui à Bretagne-de-Marsan trois jours plus tard, ce geste de classe, empreint de respect, n'apaisera l'obsession d'Ocaña pour le champion belge, au contraire. À ses yeux, désormais, la guerre n'est plus sportive, elle est devenue existentielle. Lorsqu'il adopte un berger allemand, Rex, il le débaptise pour l'affubler du nom de son tourmenteur pour le simple plaisir quotidien d'ordonner « Merckx, ici, au pied ! » La psychose freudienne n'est plus très loin. Des années plus tard, il confessera : « Quand je faisais l'amour, je m'obligeais à penser à Merckx pour me déchaîner. »

La Grande Boucle 1972 devait être celle de la revanche pour les deux hommes. Aucun ne comptait en rester là.

Mais la pluie incessante aura raison de la santé fragile de l'Espagnol. Il crache du sang tous les soirs mais refuse de céder à Cescutti et De Muer qui le supplient de jeter l'éponge. Finalement, ce seront les médecins du Tour qui lui interdiront de prendre le départ de la quinzième étape après des radiographies effrayantes de ses poumons. Cette nouvelle désillusion ne fera que renforcer sa détermination. Il est habité par l'envie d'en découdre et par les mots de Merckx qui avait cruellement constaté avant le départ du Tour : « Ocaña parle trop. J'ai gagné le Tour à trois reprises, lui n'a jamais ramené le maillot jaune à Paris. J'ai fait les comptes. Sur un total de trois participations, il a abandonné deux fois. » Il veut aussi régler ses comptes avec son pays d'origine. Il ne supporte plus les critiques de la presse ibérique qui, à la moindre déconvenue, ressasse son manque de loyauté à l'Espagne et son attachement supposé à la France. Il a vécu comme un affront le refus des organisateurs de la Vuelta de céder à ses exigences financières. À la fin de l'année, il demandera même à Cescutti d'exhumer son dossier de naturalisation, mais il sera finalement dissuadé par son agent et son directeur sportif qui mettront dans la balance les pertes de revenus substantielles qu'une telle démarche aurait engendré. « Aujourd'hui encore, je pense souvent à ce qu'auraient pu être la carrière et la vie de mon mari s'il était devenu français à ses débuts. C'est une question qui me hante parce que, selon moi, tout aurait pu être différent. Il aurait pu avoir cette reconnaissance après laquelle il a couru sans arrêt » regrette Josiane Ocaña.

Durant l'hiver, il se soigne consciencieusement et ne néglige aucun détail. Lors des fêtes de Noël, il refuse même de boire du vin et de toucher au sacro-saint foie gras de sa région d'adoption. Les résultats ne tardent pas à suivre. Au Tour du Pays basque, il bat Merckx et le met en garde : « Ce n'est qu'un avant-goût de ce je vais te faire subir au Tour de France. » C'est à ce moment-là que le désormais quadruple vainqueur lui annonce qu'il s'apprête à faire l'impasse sur la Grande Boucle pour courir la Vuelta et le Giro, lassé par le climat anti-merckxiste dans l'Hexagone où sa domination sans partage suscite de moins en moins d'admiration et de plus en plus de quolibets, et même des menaces de mort. Alors que le commun des mortels aurait perçu dans cette absence l'occasion d'une vie, Ocaña est dévasté par la nouvelle. Josiane se souvient encore de sa colère : « Sa déception était énorme, vous ne pouvez pas imaginer. Il criait "C'est pas possible, ce con ne va pas faire le Tour. Je l'aurais eu cette fois, tu peux me croire !" Monsieur Cescutti a dû intervenir pour le calmer. » Pourtant, sa forme ne se dément pas. Au Tour d'Espagne, il met Merckx en difficulté sur un parcours taillé sur mesure pour le Belge. Dans la foulée, il survole le Dauphiné et se présente en conquistador à La Haye au départ de la Grande Boucle même s'il n'est pas cité parmi les principaux favoris. Compte tenu de ses déboires passés, Thévenet, Zoetemelk et l'inoxydable Poulidor, ressuscité dans Paris-Nice et passé à huit dixièmes du maillot jaune lors du prologue, ont la faveur des pronostics.

La méfiance des bookmakers était justifiée car tout aurait pu s'arrêter dès la première demi-étape, après dix kilomètres de course. Le sortilège avait cette fois pris les traits d'un gros chien noir qui avait traversé devant lui et qu'il n'avait pu éviter. Pour le protéger du mauvais sort et de lui-même, Josiane roulera seule en voiture du Gers jusqu'au Pays-Bas pour le rejoindre, une entorse inédite aux mœurs cyclistes : « À l'époque, à part Janine Anquetil et moi, ça ne se faisait pas. Mais Luis a insisté. Quand il avait des contrariétés, si je n'étais pas là, il était capable de faire n'importe quoi. » La présence de sa moitié semble faire son effet car en dépit des stigmates de sa chute, Ocaña dégage en ce début de Tour une sérénité inhabituelle. D'ordinaire tourmenté à l'approche de la Grande Boucle, il est cette fois étrangement souriant comme si, bien qu'il la déplore, l'absence de Merckx l'avait soulagé de la rage qui le consumait habituellement. Sa forme physique s'avère très vite insolente et il bénéficie en plus d'un nouveau cadre en titane ultraléger qu'a conçu pour lui la société Speedwell.

À la manière du Cannibale à ses plus grandes heures, il creuse rapidement l'écart avec ses rivaux tel un rouleau compresseur. Dès le troisième jour de course, disputé sur les secteurs pavés entre Roubaix et Reims, il passe à l'offensive et relègue les autres favoris à 2 min 30 s. Il récidive lors de la première étape alpestre entre Divonne-les-Bains et Gaillard qu'il s'en va gagner en solitaire. Zoetemelk, Thévenet, Poulidor et Van Impe sont déjà tous à plus de trois minutes. À partir de là, il ne court plus contre ses adversaires du moment, qu'il renvoie chaque jour un peu plus à leur insignifiance. Il roule après Merckx ou plutôt son fantôme, celui de 1969, l'année de son zénith, lorsqu'il avait relégué Roger Pingeon, son suivant au classement général à près de dix-huit minutes. Ce gouffre chronométrique devient son obsession. Il ne veut pas gagner le Tour, il veut le dépasser pour que plus personne n'ait de doute sur le sort qu'il aurait réservé au champion belge s'il s'était présenté au départ.

Le seul coureur dont il avait remarqué la présence était José Manuel Fuente, un autre Espagnol, vainqueur de la Vuelta l'année précédente, encore plus imprévisible et torturé que lui. Grimpeur instinctif, capable d'attaques aussi tranchantes que suicidaires, il était impossible à cerner, aussi bien en course que dans la vie. Il pouvait lui arriver de fumer une cigarette pendant une étape, avant de déclencher une violente accélération dès les premières pentes, ou de faire arrêter la voiture de son équipe pour changer de tenue après s'être renversé un peu d'eau en buvant. Grand consommateur d'amphétamines, il était connu pour simuler des chutes lorsqu'un contrôle antidopage était annoncé à l'arrivée. Le journaliste britannique Alasdair Fotheringham raconte que durant un Tour d'Espagne, il avait même projeté de se jeter dans un ravin avant d'en être dissuadé par le brouillard. Lors de ce Tour 1973, après avoir perdu près de huit minutes sur les pavés, il avait demandé à ses coéquipiers de ne plus lui adresser la parole pendant une semaine. Et il n'avait effectivement plus ouvert la bouche pendant exactement sept jours. Merckx, à qui il avait fait vivre un calvaire dans les Dolomites, le craignait comme la peste car il ne répondait à aucune de ses grilles d'analyse ultra-rationnelles. Pour Ocaña, ce coureur anarchique qui lui tendait son miroir déformé, était quelque part une bénédiction car il l'obligeait à courir avec le pragmatisme qu'il fuyait habituellement.

Entre Méribel et Les Orres, la grande étape alpine, les deux Ibères offrent un récital homérique, achevé par le triomphe de Luis Ocaña dans une sorte de reconstitution de son exploit d'Orcières. En début d'étape, Fuente avait lancé pas moins de vingt-sept attaques consécutives, auxquelles le maillot jaune avait été le seul à répondre. S'ensuivit pendant près de 150 kilomètres un *mano a mano* d'une intensité délirante qui relégua les autres leaders au rang de figurants et qui prit au fil des ascensions des allures de guerre civile. Peu à peu, les ardeurs de l'Asturien s'étaient étiolées face à la maîtrise d'Ocaña qu'il se contenta de suivre sans le relayer dans l'Izoard avant de sprinter pour passer en tête du col. Ulcéré, le Montois dénoncera après l'étape avec mépris « un comportement indigne d'un Espagnol ». Alors, quand Fuente crève un boyau dans la vallée qui relie les deux dernières ascensions, il l'exécute et s'en va chercher une victoire en solitaire qui ravive les mêmes superlatifs que deux ans plus tôt. À l'arrivée, en haut de la montée des Orres, Thévenet et Martinez sont à sept minutes, Zoetemelk, Van Springel, Agostinho et Poulidor à plus de vingt ! « Ce fut un massacre, relata Pierre Chany dans *L'Équipe,* une condamnation générale, une sorte d'anéantissement collectif. »

Désormais, avec plus de dix minutes d'avance au classement général, Ocaña peut voir venir, mais il continue sa poursuite enfiévrée après l'absent, dont l'ombre plane sur ce Tour 1973. Il gagne encore le contre-la-montre entre Perpignan et Thuir, puis, dans la foulée, exorcise ses démons en remportant à Luchon l'étape jumelle de celle de son abdication deux ans plus tôt. C'est l'inénarrable Poulidor qui avait cette fois hérité de sa déveine et avait atterri dans le ravin de la descente du Portet-d'Aspet, puis dans la même chambre d'hôpital de Saint-Gaudens qu'il avait occupée après sa chute dans le col de Menté.

L'Espagnol n'avait pas oublié le numéro et avait appelé le vétéran malchanceux pour s'enquérir de ses nouvelles. Il triomphe ensuite au puy de Dôme et enlève le dernier chrono à Versailles pour porter son total à six victoires d'étape, comme Eddy Merckx quatre ans plus tôt. Le deuxième, Bernard Thévenet, est à près de 16 minutes, un gouffre mais aussi une déception car c'est un peu en deçà des 17 min 55 s infligés par le Cannibale à son dauphin lors de son premier triomphe. Suivent Fuente à 17 minutes, Zoetemelk à 26 et Van Impe à plus d'une demi-heure. On n'a plus jamais revu depuis de tels écarts, même au plus fort de la domination de Bernard Hinault ou de Miguel Indurain.

Il s'en était pourtant fallu de peu pour que tout se dérobe sous les pieds de l'Espagnol, comme deux ans plus tôt sous le déluge pyrénéen. Dans les derniers jours de course, une blessure à la selle s'était sévèrement infectée. Josiane est la seule à le savoir mais il prend le départ de la dernière étape entre Versailles et le vélodrome de la Cipale dans un état second et le lendemain de son triomphe, il avait dû être hospitalisé. Un litre de pus lui avait été retiré. Si la course avait duré vingt-quatre heures de plus, il n'aurait probablement pas pu aller au bout. Mais pour une fois, la fatalité avait été en retard à leur rendez-vous.

Sa victoire l'avait soulagé, elle l'avait même rempli d'une joie et d'une fierté inconnues jusqu'alors, mais l'ombre du doute planera sur son maillot jaune et sur son existence tout entière. Merckx absent, son triomphe ne lui permit jamais de faire le deuil du Tour qui s'était dérobé à lui deux ans auparavant entre Revel et Luchon. À la fin de sa carrière, il l'avait d'ailleurs admis d'une voix teintée de mélancolie : « Je me suis toujours davantage souvenu de mes défaites que de mes victoires. » Il avait rebaptisé sa maison de Bretagne-de-Marsan « L'Orcières-Merlette », pas « Les Orres », et alors qu'il avait offert à Pierre Cescutti le maillot jaune qu'il portait sur le podium des Champs-Élysées pour lui exprimer sa gratitude quasi filiale, il conservait religieusement tous les objets qui le renvoyaient au souvenir de son martyr dans la descente de Menté. Sa consécration laissait pourtant espérer une nouvelle phase. À vingt-huit ans, l'âge où un cycliste est censé entrer dans ses meilleures années, il paraissait être parvenu à une forme de maturité, enfin prêt à traiter d'égal à égal avec un Merckx moins dominateur. Mais les jours heureux lui seraient plus que jamais comptés et c'est un crépuscule prématuré, indigne de ses exploits passés, qui l'attend désormais. Il ne le sait pas encore, mais sa carrière au plus haut niveau est déjà derrière lui.

C'est la tête qui lâche en premier. Durant tout l'hiver 1973-1974, il passe ses journées à rénover la vaste demeure de six cents mètres carrés et le domaine viticole de Miselle attenant qu'il a achetés à Caupenne-d'Armagnac et il s'entraîne à peine. Il arrive hors de forme sur les courses de début de saison mais annonce pourtant qu'il courra les trois grands tours, concentrés à l'époque sur moins de quatre mois. Sportivement, c'est une folie mais Ocaña a besoin d'argent pour achever les travaux qu'il a entrepris. En mettant les bouchées doubles à l'entraînement pour tenter de rattraper le temps perdu, il ne parvient qu'à tomber malade et à se blesser. Et le mauvais sort qu'il croyait avoir conjuré ne lui laisse aucun répit. En Europe, la probabilité de se faire renverser par un zèbre en train de traverser la route est inférieure à celle de gagner au loto deux semaines d'affilée. C'est pourtant ce qui est arrivé à Luis Ocaña alors qu'il s'entraînait en Andalousie. La semaine suivante, lors de la présentation des coureurs du Tour de Catalogne, il tombe du podium et va passer des radios de la main au lieu de prendre le départ. Dans la foulée, il finit à une décevante quatrième place la Vuelta, courue dans des conditions météorologiques épouvantables qui lui vaudront une énième infection pulmonaire et un forfait sur le Giro. Une blessure au coude consécutive à une chute l'empêchera ensuite de défendre son titre sur le Tour de France, mais compte tenu de son état de forme précaire, c'était un mal pour un bien. Ses employeurs sont ulcérés par la gestion anarchique de sa saison, achevée sur une indigne huitième place au Grand Prix des Nations, épreuve contre la montre sur laquelle il avait l'habitude de briller. À la fin de l'année, ils lui annoncent son licenciement.

L'Espagnol tentera de rebondir dans son pays d'origine. Il y courra encore deux saisons, au sein de la formation Super Ser, avant de rejoindre Frizon-Thirion-Gazelle, une équipe belge, pour sa toute dernière année au sein des pelotons. La motivation est revenue, il s'entraîne plus dur que jamais, mais son corps, usé par son rapport jusqu'au-boutiste au cyclisme, ne répond plus comme avant : « Je n'ai plus de jus, je suis comme une batterie à plat. La santé, elle, est là à nouveau. Je ne souffre plus des bronches, un cœur magnifique, aucun problème de sommeil. Mais voilà, il me manque ce qui faisait l'essentiel de ma qualité, je crois, le punch. » Il ne brillera plus qu'à l'occasion d'un grand tour, la Vuelta 1976, qu'il perdit le tout dernier jour, lors d'un contre-la-montre, l'épreuve où seul Merckx pouvait le battre du temps de sa splendeur. « À partir de 1974, il a commencé à décliner parce qu'il devait beaucoup courir pour injecter de l'argent dans le domaine. Miselle l'a accaparé, lui a fait commettre plein d'erreurs et il n'avait plus le même amour pour le vélo. Je pense aussi que son corps lui a présenté l'addition. En plus de toutes ses chutes, il a eu aussi un nombre impressionnant d'accidents de voiture car il conduisait comme un fou furieux » se remémore Angel Soria.

Sur ses derniers Tours de France, il n'est plus que l'ombre caricaturale de l'attaquant flamboyant qu'il était il y a peu. En 1975, il abandonne mystérieusement alors qu'il est cinquième au classement général. Encore aujourd'hui, personne n'en connaît les raisons. Ce goût prononcé pour l'autodestruction, il en repoussera les limites toujours plus loin. L'année suivante, irrémédiablement lâché au classement général, il avait pris l'initiative d'une attaque dès le début de l'étape reine pyrénéenne entre Saint-Gaudens et Saint-Lary-Soulan. Comme toujours lorsque les cols de Menté et du Portillon étaient au programme, il était survolté. Mais incapable de faire les mêmes différences qu'à ses plus belles heures, il avait cette fois sciemment emmené dans son sillage le futur vainqueur Lucien Van Impe avant de baisser pavillon à trente kilomètres de l'arrivée, visiblement pour le simple plaisir de provoquer ses employeurs. Le propriétaire de Super Ser, Ignacio Orbaiceta, qui avait investi la bagatelle de 40 millions de pesetas, dont une bonne partie était consacrée aux émoluments de son leader, était ce jour-là dans la voiture suiveuse et avait assisté impuissant à ce coup de folie. Excédé, il mit toute l'équipe au chômage à la fin de la saison 1976.

Au fil des mauvais résultats, la consommation d'amphétamines d'Ocaña était devenue de plus en plus incontrôlable et totalement contre-productive. Lors de son dernier Tour, en 1977, achevé à une indigente 25e place, il est rattrapé par la patrouille antidopage et prend dix minutes de pénalité. Face aux caméras de télévision, il assume : « Luis Ocaña, il s'avère, à la suite du contrôle d'il y a deux jours, que vous auriez pris des amphétamines ? Qu'en est-il ? – C'est exact, c'est exact, c'étaient bien des amphétamines. » Il mettra un terme à sa carrière en fin de saison, lors du Grand Prix des Nations, le même jour que Raymond Poulidor, de neuf ans son aîné. Sans regret apparent, mais cela ne durera pas.

L'après-carrière commence de façon idyllique. Fourmillant de projets, il s'investit comme un forcené dans la production d'armagnac et se détourne totalement du monde du vélo pendant toute une année où il ne quitte pas le domaine. Il y invite les Anquetil, s'amuse avec Jacques sur son tracteur et leur prépare des châtaignes – avec une poêle trouée par ses soins avec une arme à feu ! Ses proches décrivent unanimement cette période comme l'une des plus heureuses de sa vie. Mais très vite le démon du cyclisme revient à lui, avec son lot de maléfices. « Durant toute sa carrière, malgré ses chutes si fréquentes, Luis ne s'était pas cassé un seul os. Et à partir du Tour 1979 jusqu'à sa mort, il se les est tous cassés. Absolument tous. J'ai fini par croire en une malédiction parce qu'en plus, à chaque fois, ce n'était pas de sa faute », se souvient Josiane qui le crut plusieurs fois mort. Elle assiste à son effroyable accident de voiture lors d'une journée de repos du Tour aux Menuires. Revenu en tant que commentateur pour Antenne 2, il avait participé à une course qu'il devait disputer à moto. À la demande de Jean

Sarrazin, son chauffeur, il était finalement monté dans une voiture et, quelques minutes plus tard, il était emporté par une chute de 250 mètres dans un ravin. Il en sortira vivant par miracle, mais les multiples fractures le laisseront longtemps diminué. Quatre ans plus tard, en 1983, sa voiture était passée sous un camion et il restera cloué quatre mois sur un lit d'hôpital, les jambes et le crâne brisés. La même année, un déluge de grêle, le premier d'une longue série, avait détruit son exploitation alors que, jugeant exorbitante la police d'assurance qui lui était demandée, il avait refusé d'y souscrire.

Privé de trois années de production, il s'était vu obligé de multiplier les engagements comme consultant à la télévision. Dans les années quatre-vingt, il avait aussi été engagé comme directeur sportif par Fagor, sa première équipe, puis par la sélection nationale de Colombie et quelques formations de seconde zone, mais toutes ces expériences s'étaient soldées par des échecs. Tour à tour mutique ou vitupérant comme un possédé, il décontenançait ses coureurs à qui il demandait ce que seuls des champions d'exception comme lui sont capables de faire. Tous pourtant reconnaissaient à quel point l'homme pouvait être formidablement généreux et attachant, mais lorsqu'il était remplacé, ils étaient unanimement soulagés. Sa réputation ombrageuse le poursuivra et, peu à peu, le milieu lui tourna le dos. Il en concevra une immense amertume.

Au même moment, sa vie familiale est également traversée par de nombreuses tensions. Les relations avec Jean-Louis sont particulièrement conflictuelles. Luis Ocaña avait souffert de la dureté de son père mais suivait son modèle éducatif à l'ancienne. Il était notamment allergique aux cheveux longs, un autre trait partagé avec René Vietto qui promettait à son fils de le « déporter en Sibérie » s'il adoptait les coupes androgynes de ses chanteurs préférés. Chez les Ocaña, le conflit atteindra un point de non-retour. Un soir, après une énième discussion houleuse sur le sujet, Luis s'était emparé d'une paire de ciseaux et, sans prévenir, avait coupé tout ce qui dépassait.

Cette intransigeance et le ressentiment qu'avaient nourri ses échecs, il les trimballait sur tous les terrains, y compris politiques. En 1988, il avait semé la consternation dans son entourage en apparaissant dans le comité de soutien de Jean-Marie Le Pen, lui, l'immigré, dont les parents républicains avaient fui l'Espagne franquiste. Certains de ses amis voudront y voir un dernier compte à régler avec son pays d'origine. Lui qui, à l'adolescence, tenait à se faire appeler Louis n'a jamais résolu une crise d'identité exacerbée par sa naturalisation avortée. « Je suis espagnol mais mon pays, c'est la France et ma région, le Gers », avait-il déclaré au quotidien de gauche *El País*, à qui il avait expliqué sans se démonter : « Tout le monde répète que Le Pen est synonyme de dictature, mais ce sont des conneries. Il veut juste nettoyer le pays et il a raison. Pour quelqu'un qui ne fait pas de politique, Le Pen, c'est la tranquillité. »

Mais pour cette âme révoltée, l'espoir d'une vie tranquille était de toute façon une chimère. Seules ses victoires, du moins lorsqu'elles étaient totales, l'avaient apaisé momentanément et l'arrêt de sa carrière, au-delà de ses impasses professionnelles, avait été pour lui plus qu'une petite mort. Au fil du temps et des déconvenues, il s'était mis à douter qu'une autre existence fût possible et il finira par décider qu'elle n'était plus souhaitable. Dans les années quatre-vingt, alors qu'il se débattait dans ses tourments, il avait fait cet aveu glaçant à un journaliste : « Si c'était à refaire, si je pouvais repartir dans le Tour et mourir à la fin, si quelqu'un pouvait me proposer ce contrat-là, je signerais des deux mains. » Au printemps 1994, il s'était réconcilié avec son fils et il avait trouvé un accord avec le Crédit Agricole pour rééchelonner ses dettes. Il paraissait être parti le cœur plus léger commenter la Vuelta pour une radio espagnole. « Mais à son retour, je ne l'ai plus reconnu, témoigna son ami notaire Maurice Chavassa. Il semblait absent, ne répondait plus à mes questions, et j'ai très vite eu le sentiment qu'il n'allait pas fort. »

Depuis l'hiver précédent, il se savait condamné à brève échéance. Lors d'un examen trop tardif, il avait appris que son hépatite, probablement contractée lors d'une transfusion consécutive à ses accidents, avait dégénéré en cancer métastasé, et « à partir de là, ce fut la descente aux enfers », confie sa femme. Les ressorts intimes d'un homme aussi torturé sont difficiles à percer, mais nul doute qu'il lui était difficile de concevoir la mort en d'autres termes que les siens. Il avait déjà prévenu Josiane et ses meilleurs amis, notamment Pierre Cescutti : « Si j'ai une maladie grave, je ne veux pas souffrir comme mon père. Je me supprime. »

Le 19 mai, en début d'après-midi, il s'était retiré dans son bureau. C'est dans cette pièce qu'il conservait un maillot jaune, mais pas celui qui avait récompensé sa victoire dans le Tour en 1973 : « C'est le maillot que je portais lors de l'étape Revel-Luchon. Et tout est resté en l'état. Le sang séché dans les plis et les traces de ciseau que les infirmières de l'hôpital de Saint-Gaudens durent employer pour libérer les meurtrissures de mon corps. Quand bien même je vivrais cent ans, il ne me quitterait pas. » C'est aussi là qu'il avait dissimulé le pistolet avec lequel il se logera une balle dans la tête. Il n'avait pas vécu cent ans, ni même cinquante. Il allait en avoir quarante-neuf.

Sous le choc, Eddy Merckx lui avait rendu un vibrant hommage : « Je ne pouvais pas apprendre pire nouvelle. J'en suis tout retourné. Je n'aurais jamais pensé qu'il ferait une chose pareille, qu'il en viendrait à cette extrémité. C'était un lutteur, un homme vrai et courageux qui allait jusqu'au bout de ses engagements, j'avais payé pour le savoir car personne ne m'avait fait aussi mal que lui sur la route d'Orcières. C'est le souvenir de cette étape qui reste le plus fort. Paradoxalement, notre rivalité, parfois très aiguë, nous avait rapprochés. » Les deux rivaux avaient même fini par devenir amis, sur le tard. Ocaña avait été très touché lorsque, au plus fort de ses difficultés, sa bête noire s'était démenée pour lui trouver des distributeurs pour ses productions en Belgique. « Je suis sûr qu'il en a même payé de sa poche » confie Angel Soria. Depuis, ils s'appelaient régulièrement. À ses obsèques, Merckx, épaulé par quelques anciens frères d'armes, avait porté son cercueil hors de la chapelle Notre-Dame-des-Cyclistes, aux abords du village de Labastide-d'Armagnac. En cet instant, le vent glacé, inhabituel pour la saison, et les nuages noirs qui s'étaient amoncelés le temps de la cérémonie rappelaient le titre de la chronique d'Antoine Blondin dans *L'Équipe*, le 13 juillet 1971 : « Quand le soleil nous quitte deux fois ».

PERSONNE NE BAT VITAS GERULAITIS DIX-SEPT FOIS D'AFFILÉE

Il a traversé la vie à deux cents à l'heure. Comme un de ses nombreux bolides. Comme une étoile filante scintillant nuit et jour. Dans ses embardées sur les terrains de tennis et sur les dancefloors de tous les clubs du monde, il a entraîné derrière lui une nuée de jupons subjugués par son magnétisme, mais aussi les légendes du jeu qui le battaient le plus souvent sur le court pour mieux s'incliner face à sa grandeur en dehors. Il était le seul lien véritable entre les plus grands joueurs de son temps, Björn Borg, John McEnroe et Jimmy Connors, tous trois inconsolables au moment de porter son cercueil hors de l'église Saint-Dominique d'Oyster Bay, sur Long Island. Son amie d'enfance, l'ancienne joueuse Mary Carillo, ne revient toujours pas de l'exploit : « John ne pouvait pas supporter Jimmy, Jimmy n'aimait pas John, et personne n'était proche de Björn. Vitas était la seule personne au monde qui pouvait être ami avec les trois en même temps. »

Si on n'aurait pas pu imaginer un nom plus flamboyant, la personnalité de Vitas Gerulaitis l'était encore bien davantage. Plus flashy que sa Rolls Royce jaune, sa luxueuse villa et sa piscine en forme de raquette. Plus glamour que le mythique *Studio 54*, dont il était le roi incontesté, et que les top-modèles qui défilaient dans sa chambre à coucher. Il a incarné la révolution du jeu et le virage rock and roll du tennis sans en être le meilleur joueur. Avec 25 victoires sur le circuit ATP, dont un Open d'Australie et deux tournois de Rome, son palmarès est loin d'être insignifiant. Il lui a juste manqué un meilleur second service et un coup fort pour gagner les matchs qui ont forgé sa légende de loser magnifique et se hisser plus haut qu'à la troisième place mondiale. Pour tout le reste, pour la vie, il était le numéro un. Sa classe, sa générosité sans borne et son hédonisme échevelé aimantaient tous ceux qui l'approchaient. Jusqu'à ce que ses excès mettent fin prématurément à sa carrière et l'entraînent dans la spirale de la dépendance. Et jusqu'à ce que la mort le sépare de tous ceux qui l'ont aimé, à l'âge de quarante ans.

Issu d'une famille d'immigrés lituaniens, Vytautas Kevin Gerulaitis est né le 26 juillet 1954 à New York. Ses parents, Vitas Sr. et Aldona, se sont rencontrés dans une ferme de la région de Ratisbonne après avoir erré dans une Allemagne nazie crépusculaire au gré des bombardements alliés. Ils s'y étaient réfugiés en juin 1940 avec leurs familles respectives. Le grand-père maternel étant chef de la police et le père haut fonctionnaire, leurs chances de survie auraient été quasi nulles s'ils n'avaient pas fui à la hâte l'occupation soviétique des pays baltes. À la fin de la guerre, sans argent ni perspectives de retour dans leur mère-patrie, et ayant dû vendre tous leurs bijoux pour acheter des tickets de rationnement, les deux jeunes mariés attendent de longs mois un visa pour les États-Unis dans un camp d'internement à Augsbourg. Ils débarquent à New York en 1949 et s'y installent dans le quartier de Brooklyn, puis dans le Queens où vit une importante communauté lituanienne. Leurs deux enfants naissent à treize mois d'intervalle, et malgré la perte du statut social dont ils jouissaient dans leur pays d'origine, les Gerulaitis sont heureux au milieu de leur famille qui s'est reconstituée outre-Atlantique : « Après tout ce que nous avions vécu, se souviendra Aldona, se retrouver en Amérique était merveilleux. Nous avons tous trouvé du travail et la nourriture n'a plus jamais manqué. »

Dans cette atmosphère très communautaire, l'intégration des enfants ne se fait pas sans difficulté. Lorsqu'ils débarquent à l'école maternelle, ils ne parlent pas un mot d'anglais. Pour se présenter, Vitas est sommé d'exécuter une danse traditionnelle balte devant ses camarades. « Mon frère l'a vécu comme une humiliation, se souviendra sa sœur, comme s'il était un animal. » Très attaché à sa famille, le jeune garçon se sent néanmoins à l'étroit au milieu des siens, de leurs traditions et de la discipline de fer paternelle. Très vite, il aspire à l'*american way of life*, et c'est le tennis qui sera son ticket d'entrée. Avant son exil, son père avait été sacré champion de Lituanie, et dès qu'ils furent en âge de jouer, c'est lui qui initiera Vitas et sa cadette, Ruta, sur les courts publics de Forest Park, à deux pas du West Side Tennis Club de Forest Hills et de Flushing Meadows, les deux temples de l'US Open.

À l'âge de treize ans, il intègre la prestigieuse Académie de Port Washington où officie Harry Hopman, le légendaire capitaine de Coupe Davis australien. « Il avait déjà les cheveux longs, se remémore Dick Zausner, le directeur de l'école, son père lui répétait constamment d'aller chez le coiffeur. » Pastiché quelques années plus tard dans un spot publicitaire (on y voit Gerulaitis Sr. tancer son rejeton avec un fort accent est-européen – « À quoi ça te sert d'avoir cette tignasse ? »), le conflit capillaire finira par devenir iconique. Cette crinière blonde et la personnalité bouillonnante du jeune Vitas en font déjà un être à part. Mary Carillo se souvient encore de la première fois qu'elle l'a aperçu : « C'était impossible de le quitter des yeux. Il était si vif, si gracieux avec ses longs cheveux bouclés. Je n'avais jamais rien vu d'aussi éblouissant. » Avec son visage anguleux, son nez pointu et ses yeux rapprochés, presque collés l'un à l'autre, il n'a pourtant rien d'une gravure de mode. Mais son énergie et son charisme hypnotisent déjà la gent féminine.

Personne n'échappe à son magnétisme, y compris ses congénères masculins les plus réfractaires à la soumission à autrui. L'irascible John McEnroe débarque à Port Washington l'année de ses douze ans. Il est immédiatement happé par son aîné : « Il était déjà la star. Il avait l'air d'être destiné à être immensément célèbre. Je l'admirais comme un fou, mais il ne m'accordait pas beaucoup de temps lorsque j'avais quatorze ou quinze ans. Et pourquoi aurait-il dû ? Il était déjà "Broadway Vitas", celui qui sortait avec des filles du calibre de Cheryl Tiegs ! » Prototype du mâle alpha se tenant à distance de ses semblables, Jimmy Connors se liera lui aussi d'une amitié indéfectible avec Gerulaitis, alors même que le bougre avait eu une aventure avec son ex-fiancée, Chris Evert, juste après leur rupture. Plus tard, le futur mari de la championne, John Lloyd, n'échappera pas au sortilège.

Le pouvoir de séduction qu'il exerce sur tous ceux qui l'approchent évoque l'aura mystérieuse du visiteur joué par Terence Stamp dans le *Théorème* de Pasolini, un personnage habité confusément par la grâce céleste et par la luxure. Et effectivement, même si à l'Académie, son éthique de travail et son attention aux autres sont citées en exemple, les rumeurs les plus folles commencent à courir sur ses frasques nocturnes et il ne fait pas grand-chose pour les démentir. Un matin de départ pour une compétition par équipes, les nouveaux paniquent à l'idée d'avoir négligé le *dress code* lorsqu'ils le voient débarquer à l'aéroport dans un magnifique costume blanc, jusqu'à ce que leur entraîneur, Fred Stolle, les rassure : « Ce ne sont pas les habits du club, il n'est juste pas encore allé se coucher. »

Durant toutes ces années à Port Washington, Vitas Gerulaitis bénéficie d'une immunité acquise grâce à sa gentillesse proverbiale, son travail acharné quelle que soit l'heure à laquelle il est rentré et son statut de meilleur joueur du club new-yorkais. Les qualités tennistiques qui feront de lui l'un des meilleurs tennismen du monde sont déjà en place, mais à l'époque, il est difficile d'imaginer qu'il fera bientôt partie du gratin planétaire. Chez les juniors, il ne se hissera jamais plus haut qu'une seizième place dans la hiérarchie américaine. Les failles dans son jeu, notamment un deuxième service faiblard, et l'absence de coups forts dans son répertoire semblent rédhibitoires pour le très haut niveau et on l'imagine davantage dans les compétitions universitaires. Il effectuera d'ailleurs une année à Columbia avant de tenter l'aventure sur le circuit professionnel en 1971.

Son éclosion sera tardive pour les standards de l'époque. Trois ans après ses débuts dans les tournois ATP, il navigue toujours autour de la cent cinquantième place mondiale. Mais progressivement, son tennis va se mettre en place. Il apprend à jouer avec ses armes : une vitesse de déplacement phénoménale, des réflexes et un coup d'œil hors norme, et une condition physique qui le rend impossible à déborder. Malgré sa vie nocturne trépidante, il est toujours le premier à l'entraînement et s'y impose des charges de travail expiatoires. À partir de 1974, sa progression est rapide et elle étonne le monde du tennis américain qui ne voyait en lui qu'un second couteau. Brian Teacher, le meilleur junior américain de sa génération, l'admet : « J'ai été étonné par ses succès. » Mais en jouant contre lui, il comprend : « S'il parvenait à arriver jusqu'à la balle, il la renvoyait à chaque fois, puis il vous coinçait dans un coin du court jusqu'à ce qu'il puisse se saisir d'une balle courte. »

Cette année-là, celle de ses vingt ans, Gerulaitis joue ses deux premières finales sur le circuit. Il s'incline à Salt Lake City contre le numéro un mondial, Jimmy Connors (le début d'une longue série), mais remporte le tournoi de Vienne aux dépens d'Andrew Pattison et, à l'issue de la saison, il a gagné plus de cent places au classement ATP. Avec l'argent amassé, il remplace sa Datsun 240Z par une Lamborghini à laquelle se joindront dans le garage familial une Mercedes, une Porsche 911, une Ferrari Dino 308 GT et deux Rolls Royce, dont le légendaire modèle décapotable jaune immatriculé « Vitas G. »

En 1975, il intègre le top 20 mondial et atteint sept fois la finale d'un tournoi, mais n'en gagne que deux, et en Grand Chelem, même s'il gagne cette année-là le double à Wimbledon associé à Sandy Mayer, en simple, il n'est toujours pas allé plus loin qu'un deuxième tour. Ce sera chose faite l'année suivante lorsqu'il atteint les quarts de finale à Londres grâce à sa victoire en cinq sets contre le tenant du titre Arthur Ashe, après avoir été mené deux manches à zéro. Mais sa défaite contre le Mexicain Raul Ramirez au tour suivant, puis celle en trois sets secs (6-4, 6-3, 6-1) face à Jimmy Connors en huitième de l'US Open indiquent qu'il lui manque toujours quelque chose pour faire partie du gotha.

C'est en 1977 que son talent va réellement exploser à la face du monde. Grâce à un début de saison très consistant, il intègre le top 10 au classement ATP, puis il gagne à Rome sur terre battue en se défaisant des spécialistes Jan Kodes et Adriano Panatta. Cette victoire de prestige dans un tournoi à l'époque considéré par les spécialistes comme « le cinquième Grand Chelem » semble agir comme un déclic. Alors qu'il avait perdu treize des dix-sept finales qu'il avait jouées jusqu'ici, à partir de ce triomphe romain il en gagne cinq sans en perdre une seule. Désormais, quand il s'incline le dernier jour d'un tournoi, c'est uniquement contre Borg, Connors ou McEnroe. Aucun autre que ces trois-là n'en viendra à bout dans une finale entre 1977 et 1981 : « Pour le battre, il fallait être capable de le passer ou de le lober cinquante fois dans le match. Björn pouvait faire ça. Jimmy aussi. John aussi, dans une moindre mesure », décrypte son partenaire d'entraînement, le Néo-Zélandais Chris Lewis, finaliste de Wimbledon en 1983. Compagnon des années de disette, Trey Waltke a vu la métamorphose s'opérer et la difficulté à le battre devenir insurmontable : « Il vous asphyxiait. Rien de ce qu'il faisait n'était au-dessus des autres. Il n'était pas le meilleur au service, ni en coup droit, ni en revers. Mais il comprenait très vite ce qui se passait pendant un point, pressentait lorsqu'une balle courte allait lui arriver. Il réagissait au quart de tour. C'est comme ça qu'il vous battait. C'était un joueur très intelligent. Il ne donnait jamais un match. Il lui a juste manqué le ou les deux coups forts pour être le meilleur. »

Deux mois plus tard, à Wimbledon, il atteint pour la première fois le stade des demi-finales en Grand Chelem. Il y retrouve Björn Borg, le vainqueur de l'édition précédente, qui n'a pas concédé un seul set depuis le début de la quinzaine. L'affrontement s'annonce comme une formalité pour le Suédois, un simple entraînement avant la finale tant attendue contre Jimmy Connors, qui vient de se débarrasser d'un invité surprise surgi des qualifications, un junior nommé John McEnroe. Le premier set semble confirmer les pronostics. Borg l'emporte 6-4 sans coup férir. Mais dans les minutes qui suivent, les débats s'équilibrent et l'opposition de style plaisante va basculer dans un *mano a mano* enchanteur. En état de grâce, Gerulaitis égalise à une manche partout. Ses montées tranchantes et son agilité à la volée prennent de vitesse le tenant du titre qui, au début du troisième set, doit réaliser des miracles pour rester dans le match. Le niveau de jeu est alors incroyable. Pour se prendre en défaut, les deux grands blonds aux airs de faux jumeaux doivent jouer très près des lignes et réussir à chaque point le coup parfait. Quatre décennies plus tard, les échanges de fond de court avec des raquettes en bois peuvent apparaître lents, voire un peu empruntés, mais le toucher de balle et le jeu au filet n'ont plus d'équivalent aujourd'hui.

Gerulaitis multiplie les volées amorties miraculeuses. Borg passe et lobe avec la régularité d'un métronome, et à 4-3 il fait le break un peu comme un voleur tant il est malmené, puis il empoche le set dans la foulée avec ce sang-froid qui questionnait parfois son humanité. Mais le New-Yorkais n'abdique pas. Il continue de se ruer vers l'avant à la moindre occasion. Sous pression, Borg, trahi par sa première balle, permet à son adversaire de recoller à deux manches partout.

Au début du cinquième, toujours en délicatesse avec son service, il paraît en perdition face à un Gerulaitis survolté, qui fait le break au cinquième jeu et a une balle de 4-2 sur son engagement. Sans solution face à la tempête Vitas, il paraît avoir abdiqué. Fait rarissime, l'impassible Suédois se laisse même aller à un mouvement d'humeur après s'être fait transpercer par un revers croisé. Voilé par l'ombre du doute, son regard paraît subitement moins métallique qu'à l'accoutumée. Mais à 40-30, il fait simplement ce que les grands champions font dans ces moments-là : il enchaîne trois points gagnants. Trois défenses monstrueuses conclues par des passing-shots chirurgicaux. 3-3, tout est à refaire.

Le *Centre Court* irradié de lumière quelques heures plus tôt n'est alors plus éclairé que par une lueur crépusculaire. Le tie-break n'est pas encore le juge de paix des fins de parties interminables et on se demande ce qui pourra départager les deux siamois avant que l'obscurité les sépare. Mais suspendre un tel chef-d'œuvre pour l'achever le lendemain à l'heure du déjeuner aurait été un sacrilège, et le scénario du match sera fidèle à sa grandeur jusqu'au bout, en scellant le sort de Gerulaitis avant la tombée de la nuit. Le match bascule à 7-6. Rattrapé par la fatigue après plus de trois heures de jeu, l'Américain rate deux volées faciles, puis concède un lob sur la ligne. À 15-40, Borg lui claque un énième retour dans les pieds et cette fois, sa balle meurt dans le couloir. C'est terminé. « Ice Borg » lève les bras comme s'il avait remporté la plus grande finale de sa vie. Les quinze mille spectateurs sont debout pour applaudir à tout rompre et Dan Maskell, le légendaire commentateur de la BBC, laisse transparaître son émotion au moment de quitter les deux protagonistes : « Quel match fabuleux, vraiment fabuleux !

Je crois que c'est l'un des plus grands matchs auxquels j'ai assisté à Wimbledon, si ce n'est le plus grand. Incroyable. » Il en avait pourtant vu d'autres depuis 1929 quand il débuta comme ramasseur de balles, avant d'y jouer, puis de s'installer au micro vingt ans plus tard.

En dépit de sa défaite, Vitas Gerulaitis venait de montrer à la face du monde sa grandeur sur le court. Mais ce n'était rien à côté de l'homme qu'il pouvait être en dehors. En conférence de presse, les journalistes s'attendent à voir arriver un joueur abattu après être passé si près de la plus belle victoire de sa carrière. Au contraire, il enchaîne les bons mots et déclenche l'hilarité générale. À un moment, un reporter anglais lui demande comment il fait pour prendre son élimination avec autant de détachement. La réponse fait encore rire ses amis aujourd'hui : « J'étais tellement sûr que j'allais gagner que j'avais préparé tout ce que j'allais dire. Et je ne voulais pas gâcher toutes ces super réponses ! »

Le lendemain matin, Björn Borg est allé préparer sa finale au Cumberland Club au nord de Londres. Au loin, il voit un type s'approcher. Il ressemble à Gerulaitis, se dit-il. Quand il arrive, il n'en croit pas ses yeux. C'est lui. Son adversaire malheureux est venu lui proposer de l'entraîner. Introverti et secret, le Suédois ne s'est jamais lié à quiconque sur le circuit, mais à partir de ce jour, les deux champions à la crinière blonde deviendront inséparables. D'ailleurs, on les confondait souvent et le brave Vitas ne refusait jamais un autographe ou un simple sourire à un fan qui le prenait pour son rival : « Des gens me croisaient dans la rue et me lançaient "Salut Björn !" Je leur répondais en lituanien avant de continuer mon chemin. Ils pensaient que c'était du suédois. » Un jour, Connors assiste à l'immuable scène incrédule et lui demande pourquoi il a signé Borg sur le papier tendu par une dame dans leur hôtel au fin fond de l'Alabama. L'explication est simple : « Il faut toujours donner aux gens quelque chose qui va les rendre heureux. »

En 1978, le même irascible Jimbo qui fête son titre à l'US Open dans un restaurant de Manhattan verra débarquer celui qui a été éliminé la veille en demi-finale. Arrivé dans sa Rolls, escorté par deux top-modèles, « Broadway Vitas » voulait le féliciter en personne. Et régler l'addition, comme toujours. Le jour de ses 21 ans à Pittsburgh, il avait fini un match tard dans la nuit et avait invité tous les spectateurs qui étaient restés jusqu'au bout à venir faire la fête dans sa suite. Sa générosité désarmait même les plus récalcitrants. Pendant des années, il traînera le gotha du tennis aux quatre coins des quartiers les plus mal famés de New York pour distribuer des raquettes et taper la balle avec les enfants défavorisés sans compter ses heures. Il prenait les gamins de Harlem et du Bronx un par un et les encourageait avec son habituelle autodérision : « On va reprendre ce coup ensemble, et peut-être que ça nous aidera tous les deux à le faire correctement. »

Avec sa fondation, il lèvera 40 000 dollars en une seule soirée au *Studio 54*, temple du disco et de l'hédonisme de la fin des années soixante-dix. Cette boîte de nuit, il en connaissait chaque recoin, il y était accueilli avec les mêmes égards que Michael Jackson, Liza Minnelli ou Mick Jagger avec qui il inventa un jeu qui devint une coutume des lieux : gonfler un ballon rempli de cocaïne, le faire monter jusqu'au plafond et l'éclater pour faire tomber la poudre blanche sur les convives. Il y introduira Borg et McEnroe, s'y fera tirer le portrait par Andy Warhol et en repartira aux bras d'innombrables pin-up de l'époque dont Jennifer O'Neill, Cheryl Tiegs ou Janet Jones. On le verra aussi danser lascivement avec Margaret Trudeau, l'épouse du Premier ministre canadien (et mère de Justin, l'actuel titulaire du poste) avant de se retirer derrière les rideaux de l'ancien théâtre reconverti en club. Durant ces soirées, il ne buvait quasiment pas d'alcool, mais il commandait du Dom Pérignon pour ses amis et les amis de ses amis. Lorsque Björn Borg s'est marié avec Mariana Simionescu en 1980, c'est lui qui fut mandaté pour organiser l'enterrement de vie de garçon. La fête s'éternisera pendant quatre jours sur un yacht au large de Miami. Ilie Nastase a un jour rapporté que le toujours très attentionné Vitas y avait convié toutes les ex du champion suédois. À chaque instant, il s'assurait que tout le monde autour de lui passait du bon temps et, à la fin des soirées, il dégainait invariablement en premier sa carte de crédit. « Quelqu'un qui travaillait chez American Express m'a dit qu'une année, il figurait dans ses registres comme le troisième plus gros client dépensier au monde », témoigna l'ancien joueur australien Paul McNamee. Lors de sa deuxième victoire à Rome après un combat acharné de plus de cinq heures contre Guillermo Vilas, la légende dit qu'il avait claqué en une seule nuit au *Jackie O* les 21 000 dollars attribués au vainqueur.

Son train de vie avait suivi la courbe exponentielle de ses résultats et sa famille n'avait pas été oubliée. Ses parents et sa sœur, elle aussi joueuse de tennis professionnelle[1], ont

1. Huitième-de-finaliste à Wimbledon en 1978 et quart-de-finaliste à Roland-Garros en 1979, Ruta Gerulaitis a navigué quelques années autour de la 50e place mondiale.

quitté leur petit appartement du quartier ouvrier d'Howard Beach pour s'installer avec lui dans une luxueuse villa de Long Island sur les contreforts cossus de New York où il a fait construire une piscine en forme de raquette, sept chambres, trois garages et un studio d'enregistrement ultramoderne. La musique est sa nouvelle passion et il s'y adonne avec une telle énergie qu'il entraînera dans son sillage rock and roll toute une génération de joueurs. Les McEnroe, Wilander, Cash ou Noah qu'on retrouve encore aujourd'hui régulièrement sur scène avec une guitare ou au micro, c'est son héritage. À ses côtés, ses contemporains les plus titrés constataient que ses nuits étaient plus belles que leurs journées de forçat. Les grands champions de son temps enviaient son insouciance, son aisance en toutes circonstances, mais ils savaient aussi que s'ils n'avaient pas été des angoissés égoïstes et monomaniaques, ils n'auraient rien gagné.

Vitas Gerulaitis n'aura jamais leur palmarès, mais en cette fin d'année 1977, il intègre la caste des vainqueurs en Grand Chelem en remportant l'Open d'Australie. Il s'y était présenté en favori car, à l'époque, les cadors du circuit faisaient l'impasse sur le tournoi, organisé pendant les fêtes de Noël. En finale, il avait battu son ami John Lloyd en cinq sets malgré les crampes qui l'avaient saisi au début du quatrième. Chose inimaginable aujourd'hui, le matin de leur duel, les deux prétendants avaient pris le petit déjeuner en tête-à-tête, puis étaient partis s'échauffer ensemble : « Qu'est-ce que je pourrais bien apprendre sur ton jeu ? Et qu'est-ce que tu vas savoir de plus sur moi ? Bien sûr qu'on va s'entraîner tous les deux ! », avait plaidé Gerulaitis.

Après cette année faste, il pointe au quatrième rang mondial. Pendant deux semaines au printemps 1978, il se hissera même à la troisième place juste derrière Connors et Borg. Avec McEnroe, ces deux-là seront son plafond de verre. À chaque fois qu'il atteindra le dernier carré d'un Grand Chelem avant ou après sa victoire en Australie (cela arrivera à six reprises), son parcours prendra fin face à l'un de ces trois géants du jeu. En 1979, en finale de l'US Open, c'est contre son ancien jeune camarade à Port Washington qu'il s'incline en finale en trois sets – et bien sûr, il ne manquera pas la célébration du premier titre en Grand Chelem de son vainqueur. C'est même lui qui l'organisera : « À la fin du match, Vitas m'a demandé ce que j'avais prévu après. Sa soirée s'annonçait bien plus exaltante que la mienne, alors je l'ai suivi et ça a été une immense bringue », rapportera McEnroe dans le documentaire éponyme[1]. Neuf mois plus tard, il sera expédié au même stade par Björn Borg à Roland-Garros après avoir battu Jimmy Connors en demi-finale au bout de cinq sets acharnés. Ce fut sa seule victoire contre l'une de ses bêtes noires dans un Majeur et c'était la deuxième consécutive face à son ami Jimbo après une interminable série d'échecs. Il avait arrêté l'hémorragie au début de l'année 1980, au Masters, et en conférence de presse, il avait lâché devant un parterre de journalistes hilares : « Et que cela vous serve de leçon à tous. Personne ne bat Vitas Gerulaitis dix-sept fois d'affilée ! » Sauf Björn Borg, aurait-il pu ajouter, car ironiquement, sa série de défaites contre le Suédois s'arrêtera à dix-sept, au moment où celui-ci décide de prendre sa retraite.

Malgré les opportunités qui s'ouvraient à lui avec l'abdication de celui qu'il n'avait jamais réussi à battre,

1. *McEnroe*, documentaire de Barney Douglas, 105 min, 2022.

il ne parviendra pas à se réjouir. Il n'ira pas jusqu'à faire une dépression comme John McEnroe, mais il perdait son meilleur ami sur le circuit et un mètre étalon. Depuis leur bataille homérique en demi-finale de Wimbledon, les deux protagonistes s'entraînaient constamment ensemble dans la villa de Gerulaitis, où Borg était traité par Aldona comme un second fils – elle lui faisait même sa lessive. « Avant Roland-Garros et l'US Open, ils s'enfermaient pendant quinze jours ensemble à Long Island. Il n'y avait plus de *Studio 54*, plus rien d'autre que le tennis. Pendant quatre ou cinq heures, ils bataillaient torses nus sous le cagnard. Vitas a énormément progressé grâce à ces marathons avec Björn et il arrivait sur les tournois du Grand Chelem en très grande forme », se remémore leur agent commun, Bob Kain. Ami de la famille, le photographe Melchior Di Giacomo qui a immortalisé bon nombre de ces sessions royales l'assure : « Vitas gagnait souvent. » Mais en compétition, la glace qui irriguait les veines de Borg aura toujours raison de la nervosité de son rival qui faisait resurgir ses failles dans les moments chauds : « Nous avions pris l'habitude de passer quatre-vingt-dix minutes à frapper des seconds services. Tout allait bien jusqu'à ce que les choses se tendent au cours d'un grand match. Dans ces moments-là, il revenait à son ancien geste, comme si la mémoire du corps reprenait le dessus, et il faisait beaucoup de doubles fautes », se souvient son coach de toujours Fred Stolle. Borg a une explication additionnelle à son immuable supériorité : « Son jeu de jambes et sa vitesse étaient ses plus grandes forces, et il avait un coup d'œil extraordinaire. Il était l'un des tout meilleurs volleyeurs – en coup droit comme en revers – et il était toujours très agressif. C'est juste que son jeu me convenait à merveille. J'adorais les joueurs qui se ruaient au filet, je n'étais jamais aussi bon que quand je devais passer ou lober. »

Vitas Gerulaitis restera ainsi pour toujours le quatrième homme de la première génération dorée de l'ère moderne, la meilleure avant que, trente ans plus tard, celle de Federer, Nadal et Djokovic se mette à survoler tous les sommets du jeu. Celle aussi qui aura fait passer le tennis dans une autre dimension, en le sortant de son confort bourgeois pour le porter dans la culture populaire. Par ses excès, cette volonté de casser les codes apparaît à l'époque comme un prolongement de la déferlante punk qui est en train de renverser tous les codes musicaux et vestimentaires. Lorsque Nastase, à force d'outrances, déclenche une émeute à l'US Open 1979, lorsque McEnroe hurle des insanités à l'arbitre sous la loge royale du *Centre Court* de Wimbledon, ou lorsque Gerulaitis débarque sur un tournoi avec du rouge à lèvres sur son col et des prostituées pendues à ses bras, c'est le vieux monde qui s'effondre sous nos yeux. En surgissant en 1973 telle une divinité viking dans le carcan étriqué du *All England Lawn Tennis and Croquet Club*, Björn Borg avait sexualisé le jeu. Chacune des apparitions londoniennes du jeune et timide éphèbe suédois provoquait l'hystérie de hordes d'adolescentes. « Broadway Vitas » s'engouffrera dans cette brèche au-delà du raisonnable avant d'y introduire une pincée de drogue et de rock and roll. C'est lui qui a incarné cette révolution culturelle ralliée par toute une génération de grands joueurs, mais aussi par les médias et le public. C'est l'époque où les audiences des retransmissions explosent et les clubs ne désemplissent pas. Tout le monde veut jouer au tennis parce que c'est alors le sport le plus cool de la planète.

Pourtant dès 1981, les héros semblent fatigués. Harassé par son obsession de la victoire et par les estocades sur son trône, Borg abdique fin 1981, au bord du burn-out, à l'âge de 25 ans. Même si elle lui ouvrait le chemin d'une gloire sans partage, sa retraite plonge John McEnroe dans un profond désarroi : « Je pensais qu'on allait se tirer l'un et l'autre à un niveau irréel, puis un jour il s'est levé et il est parti, juste comme ça. » Le duel avec son idole était son moteur et il errera toute l'année 1982 sans gagner un Grand Chelem. Désormais trentenaire, père de famille et privé de titre majeur depuis 1978, Jimmy Connors apparaissait quant à lui sur le déclin – une opinion qu'il ne tardera pas à faire mentir. Vitas Gerulaitis connut lui aussi un trou d'air au début de l'année 1981. Lassé de la monotonie du circuit, il fait une pause d'un mois. À son retour, il constate que, à 27 ans, la remise en route n'est plus le même jeu d'enfant qu'à ses débuts. La tournée sur terre battue est un désastre. Le point d'orgue sera son élimination au premier tour à Hambourg contre « un petit espagnol qu'il avait pris pour un ramasseur de balles », se souviendra son entraîneur du moment, Robert Lansdorp. Pris de crampes, il sera sorti du court à l'aide d'une civière. Les premières critiques qui s'abattent lui font mal. Il décide de boycotter la presse quitte à payer des amendes et tient des propos inhabituellement teintés d'amertume sur le milieu du tennis : « Pas mal de gens qui me tournaient autour et qui me tapaient dans le dos pour devenir mes copains ont commencé à changer dès que je me suis mis à mal jouer. » Cette période sera un avant-goût de ce qu'il découvrira à la fin de sa carrière. Il a beau être entouré par des foules d'admirateurs et de jolies filles, il est essentiellement un homme seul. « Il était toujours sur le devant de la scène. Quand vous tombiez sur lui dehors, il était invariablement accompagné par au moins deux femmes, mais il ne m'a jamais donné l'impression d'être vraiment proche de quelqu'un », confiera Peter Fleming, son coéquipier en équipe américaine de Coupe Davis.

Gerulaitis arrive à l'US Open sans repère, mais pendant dix jours, il s'est entraîné comme un forcené avec Borg chez lui à Long Island. En huitième, il est opposé à Ivan Lendl, un jeune Tchécoslovaque au visage sinistre, récent finaliste de Roland-Garros et déjà troisième mondial. Ce sont deux époques qui s'affrontent sur le court Louis-Armstrong, celle de l'insouciance potache et du toucher de balle d'un côté et de l'autre, la préparation scientifique et la puissance métallique. Personne ne donne cher de sa peau, mais pour une fois, le public est à fond derrière le gars du coin. Bizarrement, McEnroe et Gerulaitis n'ont jamais été soutenus par les travées versatiles de Flushing Meadows. Tous deux se sont toujours totalement identifiés à leur ville de naissance, une métropole frénétique, surpeuplée et insomniaque. Mais au caractère irascible du premier et au dilettantisme du second, les New-Yorkais ont toujours préféré le *fighting spirit* de Connors, pourtant originaire de l'Illinois. Cette fois, un peu à la surprise générale, Vitas l'emporte au bout de cinq sets d'anthologie dans une ambiance indescriptible, et la résurrection se poursuit en quarts de finale avec une victoire en quatre sets sur son compatriote Bruce Manson.

En demi-finale, c'est John McEnroe qui se profile. Il n'était pas aussi proche de lui que de Borg – question de génération – mais son ancien congénère de Port Washington lui a toujours voué une admiration sans borne : « C'est le grand frère que je n'ai jamais eu, dira "Big Mac", il aimait jouer de la guitare et il m'a appris. C'est lui qui m'a guidé vers à peu près tout ce que j'ai fait. Je me suis aperçu qu'il a eu une influence sur tous les aspects de ma vie. » Il l'avait aussi initié à l'art contemporain, l'une des grandes passions du champion caractériel, et c'est lui qui lui avait présenté sa première femme, l'actrice Tatum O'Neal. Mais Gerulaitis le constatera vite, les sentiments fraternels de son adversaire n'ont jamais franchi les portes d'un vestiaire. D'ailleurs, même contre son vrai frère, Patrick, McEnroe n'a jamais fait de sentiments. En finale du tournoi de Chicago en 1991, il ne s'était pas laissé attendrir le moins du monde par l'opportunité qu'avait son cadet de gagner son premier titre sur le circuit. Au contraire, il s'était battu comme un forcené sur chaque point et avait vitupéré toute la partie comme si un Grand Chelem avait été en jeu.

L'affrontement entre les deux New-Yorkais durera 3 h 47 min et il sera de toute beauté, même si, à cause du vent tourbillonnant, ils jouèrent leur meilleur tennis par intermittence. Avant le duel de fond de court entre Borg et Connors, le public a droit à un festival de jeu offensif vif, inspiré et souvent génial. Vitas Gerulaitis prend son adversaire à son propre jeu et l'agresse sans répit. Il se procure quinze balles de break mais n'en convertira que deux. Le match tourne à 2-1 au cinquième set. Après une controverse à cause d'une balle jetée sur le court en plein milieu d'un point, McEnroe fit son habituelle crise de nerfs, ponctuée par un coup de poing sur un micro de NBC. Débarrassé de sa tension, le tenant du titre enchaîna les points gagnants, et quelques minutes plus tard, il menait 4-1. Sur la balle de match à 5-3, sa volée de coup droit semble mourir derrière la ligne, mais comme personne ne l'a signalé, l'arbitre de chaise, Leon Lipp, qui n'a rien vu, n'a pas d'autre choix que de proclamer « jeu, set et match ». Gerulaitis qui était le mieux placé devient fou : « La balle était trente centimètres derrière cette putain de ligne ! » En désespoir de cause, il ira serrer la main de McEnroe qui l'attendait au filet avec un air contrit, comme un garnement qui sait qu'il n'a pas mérité son cadeau, puis il quittera le court précipitamment sans saluer personne. Au moment où il s'engouffrait dans le tunnel menant au vestiaire, Lipp lancera un « *Goodbye, Mister Gerulaitis* ». La formule de politesse se voulait sarcastique, elle s'avérera prémonitoire. Ce fut la dernière fois qu'il fit partie du dernier carré d'un Grand Chelem.

Pourtant, début 1982, au Masters, il joue tellement bien que les observateurs commencent à murmurer que ce pourrait bien être son année. Avec la retraite de Borg, la dépression de McEnroe consécutive à la désertion de son rival admiré et la trentaine moins rugissante de Connors, la voie semble enfin libre pour leur éternel challenger. En finale, il retrouve Ivan Lendl, son antithèse, l'un des très rares joueurs qu'il déteste tellement il incarne l'inverse de tous ses principes, dans la vie comme sur les courts. Pendant deux sets et demi, il joue comme dans un rêve. Au début du troisième set, à 2-0, il a deux balles de double break. Sur sa montée au filet, Lendl l'allume. Une balle dans la tête, littéralement. C'est un premier tournant. Le second intervient sur la balle de match que s'est procurée Gerulaitis à 6-5 au tie-break. Trente ans plus tard, son entraîneur, Fred Stolle, ne s'en était toujours pas remis : « Sur le deuxième service de Lendl, Vitas a fait un pas en avant et joué un retour de revers. On aurait dit qu'il allait faire un *chip and charge* et se ruer au filet, pour le forcer à tirer un passing. Mais Vitas a fait deux pas en avant, puis quatre pas en arrière... » Le match vient de basculer. Il s'inclinera finalement en cinq sets face à celui qui s'apprête à dominer la décennie tennistique. Quatre mois plus tard, à Roland-Garros, c'est contre Mats Wilander, autre étoile montante âgée de dix-sept ans et clone de Borg, qu'il perd en quart de finale alors que le tableau semblait plus dégagé que jamais. Plus qu'une défaite, c'est une transition entre deux ères qui vient de se produire.

En 1983, après six années consécutives dans les dix premiers mondiaux, Gerulaitis amorce un irréversible déclin. Rattrapé par ses frasques, il n'est plus que l'ombre de lui-même. Sa principale qualité, la vitesse de pied, s'est usée sur les dancefloors du monde entier. Dans le milieu, son addiction à la cocaïne est un secret de polichinelle : « Dans ces années-là, il a fait secrètement deux cures de désintoxication mais à chaque fois il a replongé et, même s'il continuait à jouer au tennis à un niveau honorable, ce n'était plus le même joueur », se souvient Bob Kain. Pour « Broadway Vitas » comme pour toute une génération rattrapée par ses propres excès et par l'émergence du sida, la fête est finie. Acculé par les descentes de police, le *Studio 54* a fermé, et Gerulaitis lui-même sera inquiété par le FBI dans une affaire de trafic de stupéfiants. Le journaliste Richard Evans exprimera en 1984 le goût d'inachevé laissé par une carrière en plein délitement : « Il donne l'impression de glisser sur la surface des choses en laissant sa marque, mais jamais assez profondément pour rendre justice à son talent. C'est un homme attentionné, mais qui se comporte comme si rien n'avait d'importance, une personne drôle qui se fourre souvent dans des situations beaucoup moins drôles, sur les courts comme en dehors, et un athlète extrêmement talentueux dont les performances sont trop régulièrement en dessous de ses véritables capacités. » Tombé au-delà de la centième place mondiale, il raccroche en mars 1986 à l'âge de trente et un ans après deux énièmes défaites au premier tour à Milan puis Bruxelles.

Il avait aimé le jeu sans doute beaucoup plus qu'il n'avait voulu l'admettre. Sans le tennis qui, malgré ses frasques, avait structuré sa vie pendant vingt ans, il s'engouffre dans une longue nuit où les plaisirs ne seront plus qu'artificiels. C'est un homme déserté par son appétit de vie et par ses amis des années fastes qui erre de club en club et de dealer en dealer dans le New York interlope de la fin des années quatre-vingt. « Sa chute a été déchirante, confiera sa sœur. Durant sa période la plus sombre, il n'était plus le même. Il ressentait une culpabilité terrible à l'idée d'avoir fait de la peine à ses parents. » Lassée de son addiction, Janet Jones, sa fiancée, finira par le quitter pour fonder une famille avec la star de hockey sur glace Wayne Gretzky. Peu avant leur rupture, elle lui avait tendu la perche lors d'un dîner devant tous leurs convives : « D'ici mes quarante ans, j'aimerais avoir quatre enfants. » Il avait répondu : « D'ici mes quarante ans, j'aimerais avoir eu six femmes. » Jones sera pourtant l'une des seules à ne jamais le lâcher. Soutenue par Jimmy Connors qui avait retrouvé son vieux rival en Floride dans un appartement miteux, elle lui avait posé un ultimatum : « C'est la cocaïne ou notre amitié. » John Beddington se souvient de la chaîne de solidarité qui s'organisa pour le maintenir à flot : « On était quelques-uns à l'aider. Je lui donnais de l'argent, régulièrement. Mais jamais en une fois, car il aurait tout dépensé immédiatement. » Ébranlé par les marques d'affection, il avait fini par écouter ses proches et il était parti plusieurs semaines en cure de désintoxication où on lui fit écrire des lettres à toutes les personnes qu'il avait déçues. Puis Connors l'avait amené avec lui en tournée en Europe au printemps 1989. Ils avaient même joué le double ensemble à Roland-Garros, où les deux facétieux vétérans avaient débarqué sur des béquilles devant un public hilare.

Peu à peu, le vieux « lion lituanien » (son autre surnom) remonte la pente. Il est engagé par une chaîne de télévision comme consultant. Son sens de la formule et son humour donnent satisfaction à Gordon Beck, le PDG d'America Network, qui avait pris un risque en l'engageant. Parallèlement, pour assouvir ses pulsions addictives, il se jette à corps perdu dans la pratique du golf. Au début des années quatre-vingt-dix, il se met à y jouer tous les jours, compulsivement, et il finira aussi par renouer avec la balle jaune après avoir donné son accord pour participer au Tour Senior créé par Connors. À Seattle, à la fin de l'été 1994, lors d'un tournoi d'anciens où il retrouve tous ses vieux compères, c'est le retour de « Broadway Vitas », le showman espiègle et charismatique. Quelques jours plus tôt, à l'US Open, il s'était rapproché de Pete Sampras, la nouvelle figure dominante du tennis mondial, et les deux hommes avaient évoqué une collaboration. « Mon garçon avait à nouveau des projets », dira Aldona, sa mère.

Blessé au dos pour avoir présumé de ses forces sur un smash en extension, il rentrera précipitamment à New York pour se soigner et participer à une réception chez des amis dans leur propriété des Hamptons. Il arrive chez eux le 14 septembre dans l'après-midi et, fatigué par le voyage, il demande à se reposer dans la *pool house* avant la fête. Lorsqu'ils iront le réveiller en début de soirée, ses hôtes retrouveront son corps sans vie. Compte tenu de ses antécédents, tout le monde pensera à une overdose. Il s'avérera qu'il était mort asphyxié par le système de chauffage d'une piscine que son propriétaire ne voulait jamais en dessous de 35 degrés. La pièce défectueuse qui n'avait pas été changée coûtait 1,44 dollar.

À ses obsèques, il ne manquera aucun de ses vieux rivaux. Seul Jimmy Connors trouvera la force de prononcer un éloge funèbre aux côtés de Mary Carillo. Trop dévastés pour parler, John McEnroe et Björn Borg pleureront dans les bras l'un de l'autre avant de s'incliner une dernière fois devant son cercueil. En voyant le Suédois accablé par le chagrin, on ne pouvait s'empêcher de repenser à une phrase que Gerulaitis avait prononcée après une énième défaite contre lui : « Quand on me demande jusqu'à quand j'ai l'intention de vivre, je réponds : jusqu'à ce que j'aie un jour battu Borg. » Deux jours plus tôt, à Seattle, il avait disputé son dernier match de tennis, un double remporté aux côtés de Jimmy Connors. De l'autre côté du filet, il y avait John Lloyd, celui qu'il avait battu pour s'adjuger son seul titre du Grand Chelem, et Björn Borg, celui qui l'avait privé de quelques autres. Ainsi, jusqu'à sa mort, personne n'aura jamais battu Vitas Gerulaitis plus de dix-sept fois d'affilée.

SÓCRATES ET LE BRÉSIL 1982, LA SYMPHONIE INACHEVÉE

Pour nous, Français, la Coupe du monde 1982 reste associée au drame de Séville et il n'y aura jamais plus beau perdant que ces Bleus en cette soirée maudite du 8 juillet. Mais l'honnêteté commande d'admettre que, hormis cette demi-finale d'anthologie que les deux titres conquis depuis n'exorciseront jamais, il vient rarement à l'idée de quiconque de regarder des vidéos des autres matchs du parcours de l'équipe de France en Espagne. Le premier tour avait été poussif avec une défaite logique concédée à l'Angleterre, une victoire baroque face à une faible équipe du Koweït et un nul irrespirable contre la Tchécoslovaquie. Le deuxième tour fut nettement plus convaincant mais le tirage (Autriche et Irlande du Nord) était inespéré pour un qualifié au forceps au regard de la composition des autres poules de trois, en particulier la C qui réunissait l'Argentine, l'Italie et le Brésil. Celle dont on dit qu'il s'y est joué le destin du football. Celle où, pour la dernière fois dans l'histoire, la beauté du jeu a éclipsé l'importance du résultat.

Fidèles à leur instinct de survie et à leur rituelle montée en puissance dans les phases finales, ce sont les Italiens qui sortiront de ce groupe de la mort avant d'être sacrés une semaine plus tard. Mais l'équipe qui est restée dans les cœurs et les mémoires, celle dont on visionne encore et encore sur Internet le déluge de passes redoublées et de buts venus d'ailleurs, ce sont bien les victimes brésiliennes du revenant Paolo Rossi et de la tenaille défensive des *Azzurri*. Jamais une équipe n'avait aussi bien joué dans un Mondial sans le gagner. Pas même la Hongrie maudite de 1954. Pas même les Oranges mécaniques de Johan Cruyff. Jamais peut-être une équipe n'a-t-elle tout simplement aussi bien joué au football, ni avant ni après. Les quinze buts marqués en cinq matchs, tous plus splendides les uns que les autres en attestent. Mais ils ne disent pas tout de la fluidité symphonique du jeu de passes, des déplacements et du tempo imprimé par le milieu de terrain. L'entente quasi télépathique dans ce cinq majeur et l'apparence de simplicité qui en découlait dégageaient une pureté enfantine dont les excès commandaient le pardon immédiat.

Même l'intransigeant peuple *auriverde* qui crucifia le meilleur gardien du Mondial 1950, Moacir Barbosa, paria à perpétuité pour un but encaissé à douze minutes du titre, n'eut pas le cœur à condamner. Comme pour les *All Blacks* en rugby, toute défaite de la *Seleção* en Coupe du monde est d'ordinaire considérée comme une irréparable anomalie, mais ils étaient plusieurs milliers à attendre le retour des héros déchus à l'aéroport de Rio de Janeiro pour montrer que, cette fois, l'amour était plus fort que la déception. Lors de la conférence de presse d'après match, journalistes brésiliens et correspondants étrangers se levèrent comme un seul homme pour saluer l'arrivée du sélectionneur Telê Santana par une longue standing ovation.

La reconnaissance était à la hauteur de l'audace de l'architecte du retour aux sources du football brésilien et de la qualité de jeu obtenu en dix-huit mois. Ancien ailier droit, souvent remplaçant en équipe nationale où il était barré par le grand Garrincha, Santana avait commencé à entraîner une fois sa carrière de joueur achevée en prenant en main les jeunes de Fluminense avant de remporter en 1970 le premier championnat national du Brésil avec l'Atlético Mineiro. Partout où il était passé, il avait gagné des titres et marqué les esprits par la qualité du jeu de ses équipes. Sa philosophie, fondée sur la fluidité des passes et des déplacements, laissait s'exprimer pleinement la créativité des joueurs et il n'allait pas faire d'exception avec les tout meilleurs techniciens du pays. Les premiers mots qu'il leur adressa lors de son intronisation au printemps 1980 furent : « Jouez, vous devez apprendre à vous connaître. » Interrogé sur les exigences du football moderne, il répondait invariablement : « Le football moderne, je ne sais pas ce que c'est. Il n'y a qu'un seul football. » Pour les joueurs, brimés par le précédent sélectionneur, mais aussi pour les supporters, le retour aux sources eut un effet libérateur.

Au-delà des retrouvailles avec le *jogo bonito*, le peuple se reconnaissait dans l'aspiration démocratique que reflétait la prise de distance de Santana et ses hommes avec le culte de l'efficacité, justification suprême de la junte au pouvoir depuis 1964, mais aussi avec les choix de son prédécesseur, nommé arbitrairement par le régime pour préparer la Coupe du monde de 1978. Officier de l'armée brésilienne, sans réelle référence footballistique, Claudio Coutinho avait décrété qu'il était devenu impossible de gagner au niveau international avec la même insouciance que la génération de Pelé, qui avait conquis trois titres mondiaux entre 1958 et 1970. Selon ses préceptes, c'est en établissant une supériorité physique et une discipline collective que la *Seleção* rivaliserait à nouveau avec les meilleures nations et serait capable de pratiquer le « football total » des Hollandais qui l'avaient surclassée aux portes de la finale mondiale en 1974. La négation des racines génétiques du jeu brésilien allait jusqu'à une allergie aux dribbles, considérés comme « une perte de temps et une preuve de faiblesse ». En Argentine, malgré une campagne honorable, ces conceptions ne se montrèrent pas plus victorieuses que la dictature militaire n'avait été capable de sortir le pays du sous-développement, et lorsque Santana fut nommé à la place de Coutinho, l'événement et ses premiers choix furent ressentis comme précurseurs de la gestation démocratique de tout le pays.

Ce mouvement de libération, nul ne pouvait mieux l'incarner que Sócrates, homme de gauche et footballeur épris de liberté, prénommé comme ses frères, Sophocles et Sosthenes, en référence aux philosophes grecs par son père, autodidacte anticonformiste, et nommé capitaine par Santana, qui sera son autre figure paternelle. Habité par son rôle et par la reconquête du titre mondial, au début de l'année 1982, Sócrates arrêta complètement de fumer et de boire de l'alcool. Ce qui apparaît comme des règles de vie élémentaires pour n'importe quel sportif professionnel était pour lui le sacrifice ultime et la preuve de sa dévotion à la *Seleção*. Pour couronner le tout, il s'était mis à s'entraîner sérieusement pour la première fois de sa vie et s'était même astreint à des exercices supplémentaires sous les ordres du préparateur de la sélection, Gilberto Tim.

Joueur au génie reconnu, sa condition physique a toujours été l'objet des suspicions les plus légitimes. À ses débuts pros au Botafogo de Ribeirão Prato, accaparé par ses études de médecine menées en parallèle, il avait obtenu d'être exempté de la plupart des entraînements collectifs et, s'il affirmait mollement s'entretenir en solitaire, il n'y a jamais eu aucun témoin. À la fois footballeur et docteur, il s'est avéré très vite qu'il avait une façon bien à lui de concevoir le sport de haut niveau et sa propre santé, mais son talent était tel qu'il fut rapidement convoité par les plus grands clubs du pays. Son diplôme en poche, il prit la décision de reporter l'exercice de sa véritable vocation pour signer avec les Corinthians un contrat sans commune mesure avec son salaire d'interne.

Mais à São Paulo, il ne renonça à aucune de ses prérogatives étudiantes. Dans les tavernes des quartiers bohèmes de la mégapole, il enchaînait cigarettes, demis pression et nuits blanches à deviser sur la politique et la vie aussi allègrement qu'il empilait les buts et les gestes soyeux sur le terrain. « J'aime la médecine et le football presque autant que la bière », avait-il déclaré un jour en évoquant ses passions sans convaincre qu'il s'agissait d'une plaisanterie. Immunisé par son aisance technique, son sens du but et son charisme, il surmonta des débuts difficiles pour façonner progressivement le club à son image. Il fut aidé en cela par Adilson Monteiro Alves, jeune sociologue catapulté directeur sportif par le nouveau président du club.

La promotion de ce fils de dirigeant sans expérience du football apparaissait comme du népotisme caractérisé. Elle fut au contraire le point de départ d'un élan révolutionnaire. Ancien meneur de la contestation étudiante, emprisonné par le régime militaire, Monteiro Alves appliqua ses conceptions subversives à l'organisation des Corinthians. Étant donné qu'il ne connaissait rien au football, il prit la décision immédiate de déléguer son pouvoir aux joueurs et aux salariés du club, à commencer par la répartition des revenus. La « démocratie corinthiane » était née et Sócrates sera son étendard au même titre que les banderoles réclamant des élections libres et les maillots floqués *Democracia*. Elle rencontrera le succès sportif avec deux titres de l'État de São Paulo et ses transgressions mettront à nu la dictature agonisante devant le peuple brésilien. Au quotidien, le contenu des entraînements, des stages et des repas étaient décidés par le vote de tous les employés du club, sans distinction. Mais le talent oratoire du démiurge de ce monde alternatif emportait le plus souvent l'adhésion, et autant dire que la préparation physique ne comptait pas parmi les priorités socratiques.

Il faut donc imaginer la mine éberluée de ses coéquipiers lorsque, dès le début de la préparation au Mondial 1982, Sócrates prit le commandement des footings matinaux. Lors des tests physiques, personne ne sautait plus haut, ne tirait plus fort et ne courait plus vite que lui sur trente mètres. Depuis la nomination de Santana, ses efforts étaient perceptibles. Son implication à l'entraînement était montée d'un cran et, face aux supplications du staff technique, à l'été 1980, il avait déjà réduit sa consommation de tabac de deux paquets à dix cigarettes par jour. Mais personne n'avait anticipé qu'il puisse renoncer totalement à ses excès et encore moins atteindre un tel niveau athlétique.

Métamorphosé en capitaine exemplaire et dans la forme de sa vie, il eut néanmoins la délicatesse de ne pas prendre toute la place pour maintenir la cohésion du groupe. Face à la presse qui cherchait à entretenir une rivalité entre les deux stars de la sélection, il affirmait invariablement que Zico était le meilleur joueur de l'équipe. Tout, pourtant, aurait dû opposer les deux hommes, interchangeables sur le terrain mais étoiles contraires dans leur rapport au football et à la vie. Celui qu'on appelait « le Pelé blanc », surnom qui disait tout de son talent mais aussi de la pression sur ses épaules, était aussi taciturne et absorbé par son métier que Sócrates était solaire et désinvolte. Comme Michel Hidalgo, son alter ego français, qui ne voyait aucun inconvénient à jouer avec trois meneurs de jeu, Telê Santana eut l'audace de les associer alors qu'ils auraient dû être en concurrence et, sans qu'ils soient proches, leur intégrité et leur amour du jeu ont noué une complicité naturelle et un respect profond entre eux. Peu évidente à l'origine, leur complémentarité sautait aux yeux et rejaillissait sur l'ensemble de l'équipe.

Après un rodage anodin (une victoire poussive sur le Mexique sous les sifflets du Maracanã et une défaite contre l'URSS), le Brésil de Santana s'était progressivement mis à affoler les compteurs tout autant que l'imaginaire de ses supporters, en abolissant la frontière entre la quête du résultat et la qualité de jeu. C'est à la fin de l'année 1980, au Mundialito, que se manifestèrent les premiers signes de ce qui allait suivre. Pour célébrer le cinquantenaire de la Coupe Jules-Rimet, ce tournoi réunissait en Uruguay les six pays champions du monde, à l'exception de l'Angleterre, remplacée par les Pays-Bas, pour cause de calendrier embouteillé pendant les vacances de Noël. Malgré l'absence de Zico, blessé au mollet, et la défaite en finale contre le pays hôte, les Brésiliens avaient marqué les esprits par leurs intentions offensives et leur maîtrise technique diabolique. Ils avaient notamment passé quatre buts aux Allemands de l'Ouest, récents champions d'Europe, et l'impression laissée ce jour-là fut confirmée par une invincibilité de dix-huit mois aux allures de déferlante.

Au printemps 1981, leur tournée européenne, clôturée par la première victoire brésilienne à Wembley, était entrée en résonance avec le triomphe de la Hongrie de Puskás vingt-huit ans plus tôt. En une semaine, ils avaient vaincu la République fédérale d'Allemagne (2-1), la France (3-1) et l'Angleterre (1-0) sur leurs terrains. Au Parc des Princes, la démonstration avait été éblouissante et implacable. Le troisième but, une passe lobée au millimètre de Zico répondant à un appel de Sócrates, conclue par un coup du sombrero du divin barbu aux dépens de Jean Castaneda, avait déclenché les applaudissements admiratifs du public parisien. Un mois plus tard, c'est l'Espagne, pays hôte du prochain Mondial, qui tombait à son tour, et en fin d'année ce renouveau du football brésilien fut confirmé par la démonstration de Flamengo, porté par un Zico phénoménal contre Liverpool en finale de la Coupe intercontinentale des clubs.

À six mois de l'échéance, la reconquête du titre suprême semblait moins relever du rêve que de l'évidence et les derniers matchs de préparation avaient renforcé ce statut de grand favori. La RFA avait été vaincue pour la troisième fois en quatorze mois et, à deux semaines de la cérémonie d'ouverture, le tout dernier rodage contre l'Irlande avait tourné à la démonstration avec sept buts marqués en quarante-six minutes. La seule contrariété avait été la blessure de Careca, quatre jours seulement avant le premier match de poule lors duquel il aurait été titulaire sur le front de l'attaque. Son indisponibilité s'ajoutait à celle de Reinaldo, dont les raisons étaient plus nébuleuses. Pour justifier sa non-sélection, Santana avait invoqué la fragilité récurrente de ses genoux. Les neuf opérations subies par l'avant-centre au cours de sa carrière plaident en faveur de la bonne foi du sélectionneur, mais Reinaldo a toujours assuré qu'il était en pleine forme au printemps 1982. Il était par ailleurs tenu en grande estime par ses coéquipiers, Zico et Sócrates en tête. Lui attribue son éviction à ses prises de position hostiles à la dictature et, plus encore, à son amitié avec des personnalités ouvertement homosexuelles, notamment l'animateur de radio Tutti Maravilha, qui hérissait le sélectionneur, chantre de la liberté retrouvée sur le terrain mais conservateur sur le plan des mœurs. Le numéro 9 titulaire en Espagne fut donc Serginho, redoutable buteur, mais considéré comme un déménageur de surface peu compatible avec le style de jeu ultra-technique des autres attaquants.

Pour le début de la compétition, l'équipe avait pris ses quartiers à Carmona, à proximité de Séville où elle devait jouer ses trois matchs de la première phase de groupe. Il régnait dans la ville une atmosphère de fête perpétuelle, notamment aux entraînements ouverts au public et aux enfants, que Sócrates, le plus illustre pédiatre du monde, adorait divertir. Il est difficile aujourd'hui d'imaginer l'excitation suscitée par l'entrée en lice des magiciens brésiliens, bien au-delà des frontières de leur patrie. Ils étaient arrivés en Espagne parés d'une aura d'invincibilité, mais en dehors d'une poignée de pays européens où ils avaient joué un match amical, la magnificence de leur jeu relevait de la simple rumeur. À l'époque, mis à part Paulo Roberto Falcão (AS Rome) et Dirceu (Atlético Madrid), tous les joueurs de la *Seleção* évoluaient dans leur pays, et quasiment aucune image des championnats sud-américains n'était diffusée en Europe. Considéré comme le meilleur joueur de la planète, Zico aurait pu se promener anonymement dans les rues de Paris, Londres ou Milan.

Pour ce premier match, le Brésil affrontait l'URSS, redoutable collectif invaincu depuis deux ans et demi, où cohabitaient le stratège du Dynamo Kiev et Ballon d'or 1975, Oleg Blokhine, l'artificier du Dinamo Tbilissi Ramaz Shengelia surnommé « l'homme-but » et l'infranchissable Rinat Dasaev, présenté comme le successeur du grand Lev Yachine. Âgé de sept ans, j'avais saisi l'importance de l'événement car nous étions allés voir le match chez le voisin qui possédait le plus grand téléviseur couleur de l'immeuble. La beauté des images d'époque est conforme aux souvenirs. Cette Coupe du monde 1982 était extraordinairement télégénique. Tout concourait à une perfection esthétique : les couleurs des retransmissions, les logos officiels, les stades espagnols gorgés de soleil et le ballon Adidas Tango, en cuir, fantasme de toute une génération d'enfants à travers les continents. Pas encore devenus le refuge des designers ratés (le funeste virage interviendra à l'Euro 1988), les maillots de foot sont essentiels dans cette nostalgie visuelle. Celui du Brésil, d'un jaune épuré légèrement orangé, associé au short bleu ciel, était sans doute l'un des plus réussis de l'histoire.

Inconnus du grand public européen, les joueurs *auriverde* avaient également eu la bonne idée d'être quasiment tous immédiatement identifiables. Dans la plupart des autres sélections, mis à part la star de l'équipe et, de temps à autre, un défenseur central hirsute, il n'était pas toujours simple de distinguer les joueurs entre eux. Pour monter leur sélection, c'est comme si la fédération brésilienne avait eu recours à un casting. Il y avait Sócrates le barbu longiligne, Zico et ses cheveux longs surplombant ses petits yeux mélancoliques, Falcão le blond frisé, Cerezo le moustachu, Serginho le grand noir baraqué, Junior et sa coupe afro, Éder le beau brun ténébreux... Le gardien Waldir Peres avait l'air pour sa part d'être le seul type du pays à s'être résigné à jouer dans les cages. Son crâne dégarni, sa carrure spectaculairement peu athlétique et ses mouvements mal assurés lui donnaient par moments des airs de souffreteux.

L'appréhension visuelle se trouva corroborée à la 33e minute du match contre l'URSS lorsque, sur une frappe anodine d'Andreï Bal, le portier brésilien laissa inexplicablement rebondir le ballon sur son tibia et, comme paralysé, l'avait accompagné du regard alors qu'il franchissait sa ligne. International depuis 1975, Waldir Peres avait mis du temps à s'imposer dans les cages brésiliennes. C'est faute de concurrence sérieuse et sur la foi de deux arrêts sur des penaltys de Paul Breitner lors d'une rencontre amicale contre la RFA au printemps 1981 que Santana avait fini par en faire le titulaire du poste. Mais son début de match emprunté avait une nouvelle fois relancé le débat, d'autant plus qu'il tranchait singulièrement avec la majesté de Dasaev qui avait jusque-là découragé toutes les tentatives brésiliennes avec une facilité déconcertante.

Cette énorme bourde et l'inexpérience de la plupart des joueurs brésiliens à ce niveau les avaient crispés face à la défense en zone et au pressing étouffant d'une superbe équipe soviétique. L'absence de Toninho Cerezo, qui purgeait un match de suspension, paraissait en outre déséquilibrer l'équipe, d'autant que son remplaçant, Dirceu, avait été transparent. Seul profil défensif d'un milieu qui comptait trois meneurs de jeu, le rugueux moustachu était un homme de base du onze majeur de Santana qui répétait souvent que c'était son nom qu'il couchait en premier sur la feuille de match. Mais petit à petit, l'armada jaune avait retrouvé sa fluidité collective et posé son emprise sur le match, accompagnée par les airs de samba qui descendaient de plus en plus nerveusement des tribunes pour commander la mise à mort de l'organisation défensive soviétique, harassée par les vagues brésiliennes et les courses dans le vide. La délivrance intervint à un quart d'heure de la fin lorsque, sur un dégagement en catastrophe d'une défense adverse aux abois, Sócrates récupéra le ballon à 35 mètres du but. Il enchaîna deux crochets et une feinte de corps pour éliminer trois adversaires avant de déclencher une frappe de mule dans la lucarne opposée.

Ce but libérateur fut le premier d'un déluge enchanteur que plus personne ne voulait voir s'interrompre. Battu à deux minutes de la fin du temps réglementaire, habituellement l'issue la plus difficile à avaler pour un joueur de foot, le capitaine soviétique Alexandre Chivadze n'avait exprimé aucun regret : « Il n'y a rien que nous aurions pu faire différemment. » Il faut dire que le but de la victoire avait été somptueux et aucune défense au monde n'aurait pu l'empêcher. Rentré à la place de Dirceu, Paulo

Isidoro avait hérité sur l'aile droite d'un ballon repoussé par Bessonov et avait passé en retrait pour Falcão, positionné à l'entrée de la surface. Sans que l'on comprenne pourquoi, ce dernier avait écarté les jambes pour laisser passer l'offrande jusqu'à ce que surgisse Éder à l'écran. Tout le monde anticipa alors une frappe de trente mètres de celui qui était surnommé *O Canhão* (« le canon »), mais au lieu d'armer son tir, il leva le ballon d'une petite pichenette avant de le reprendre d'une volée cristalline qui laissa le grand Dasaev paralysé sur sa ligne. Tout simplement l'un des plus beaux buts jamais marqués en Coupe du monde à l'issue d'un match d'une intensité extraordinaire. « J'ai fait partie de l'histoire et je suis vraiment heureux d'avoir participé à ce moment », conclura Chivadze.

Leur deuxième adversaire, l'Écosse, était une équipe tout aussi redoutable que les Soviétiques. En qualification, ils étaient arrivés en tête d'un groupe très relevé comprenant le Portugal, la Suède et l'Irlande du Nord. L'ossature de l'équipe était composée de joueurs majeurs du grand Liverpool (Graeme Souness, Alan Hansen, Kenny Dalglish), d'autres récents et futurs vainqueurs de coupes européennes avec Ipswich Town (Alan Brazil, John Wark, George Burley), Aberdeen (Gordon Strachan, George Wood, Alex McLeish, Jim Leighton), et Nottingham Forest (John Robertson), ainsi que Steve Archibald, le meilleur buteur du championnat anglais la saison précédente avec Tottenham.

Dans la touffeur sévillane, les Écossais avaient profité d'une nouvelle mise en route laborieuse des Brésiliens en ouvrant le score par une magnifique frappe de David

Narey, sans se faire beaucoup d'illusions sur ce qui allait suivre. « Ah, bravo ! maintenant tu les as énervés ! », avait ricané Gordon Strachan en félicitant le buteur. Et l'impitoyable sarabande se mit effectivement en route face à des adversaires réduits au rang de figurants au fil des minutes. L'impuissance des Écossais était symbolisée par leur gardien de but, Alan Rough, qui ne put esquisser le moindre geste sur les trois premiers buts *auriverde*, un coup franc en pleine lucarne de Zico, une tête piquée d'Oscar et un sublime lob en feuille morte d'Éder. Lorsque Falcão paracheva le score d'un tir croisé imparable à quatre minutes de la fin, les joueurs de Jock Stein, accablés par la chaleur et la vitesse d'exécution brésilienne, avaient abdiqué depuis longtemps. « On n'aurait pas pu mieux jouer qu'en deuxième mi-temps », avait admis Santana.

Trente ans plus tard, devenu commentateur pour la BBC, le défenseur Alan Hansen était encore subjugué par la démonstration : « Je n'arrivais même pas à m'approcher de Zico, qui était un joueur phénoménal. Dans toutes leurs lignes, la maîtrise du ballon, la façon de jouer était absolument incroyable. Leur habileté, leur toucher de balle, leur technique – tout. On ne pouvait pas s'empêcher de les regarder les yeux écarquillés tellement ils étaient bons. » Son sélectionneur, Jock Stein, dont le palmarès long comme le bras disait tout de sa soif de vaincre, s'inclinait cette fois sans rechigner, appelant même de ses vœux une victoire finale du Brésil : « Ce serait bien pour le football s'il la gagnait. Ce n'est jamais facile d'accepter la défaite, mais celle-ci est différente. »

La qualification assurée, Telê Santana ne songea pas une seule seconde à reposer les titulaires pour le dernier match de poule face aux modestes Néo-Zélandais. La gestion de l'effectif, qui sera plus tard la marque de fabrique de Didier Deschamps lors des phases finales, ne pesait pas lourd face à la joie de jouer de son onze majeur. Pour remercier leur sélectionneur, cette fois, les joueurs brésiliens n'avaient pas encaissé de but dans les premières minutes. La suite avait été annoncée à ses joueurs par John Adshead, le sélectionneur néo-zélandais : « Les deux seuls qui vont se tenir tranquilles sont Waldir Peres et Serginho, tous les autres sont tellement mobiles qu'ils peuvent être n'importe où, n'importe quand. » Il exagérait à peine. Les deux défenseurs centraux, Oscar et Luizinho, restaient généralement très prudents dans leur placement, mais le positionnement très avancé des deux latéraux, Junior et Leandro, créait un surnombre offensif très difficile à gérer pour les défenses adverses, d'autant que ce type de polyvalence était rare à l'époque. « C'était une équipe du XXIe siècle », jugera Adshead avec près de quarante ans de recul. Le journaliste Stuart Horsfield se souvient avec émoi d'un contrôle chirurgical de Junior à la réception d'un long dégagement aérien du défenseur Ricki Herbert : « C'était comme regarder Ronaldinho en 2002. Comme si le ballon était parti de la surface néo-zélandaise en 1982 et parvenu à Junior vingt ans plus tard. » L'ouverture du score de Zico à la 28e minute, d'un ciseau retourné en lévitation, semblait aussi venue d'ailleurs. Le meneur de jeu de Flamengo poursuivra la master class par un autre but trois minutes plus tard, suivi de deux passes décisives pour Falcão et Serginho. L'ouverture du compteur de l'avant-centre qui avait jusqu'ici manqué tous ses derniers gestes restera, selon l'aveu du gardien des *All Whites*, « la plus grosse déception ». Pour le reste, à 4-0 au coup de sifflet final, les joueurs kiwis avaient l'air presque soulagés, comme des victimes d'un ouragan conscientes que leur sort aurait pu être encore bien pire.

Ces trois succès enchanteurs portaient le bilan des hommes de Santana à des hauteurs stratosphériques. Sur leurs vingt-deux derniers matchs, les *Auriverde* avaient enchaîné vingt victoires et deux nuls, une série qui les avait fait entrer en communion avec toute une nation. Au-delà de la fierté retrouvée et du bonheur partagé, Sócrates et les siens redonnaient de l'espoir à une population résignée et insufflaient un élan patriotique unitaire dans un pays profondément divisé par dix-huit ans de dictature. Pour toute une génération qui n'avait connu que le régime militaire, leur insouciance sur le terrain semblait prophétiser une issue heureuse aux années de plomb, et leurs dix buts venus d'ailleurs étaient autant de revanches sur la grisaille de la vie.

Ces sentiments et leur matérialisation dans les tribunes ont un nom, la *torcida*, qui n'a pas vraiment de traduction en français – et pour cause. Il désigne les orchestres bariolés qui animent les tribunes des stades brésiliens et, au-delà, la joie festive qu'ils manifestent. Avec cette équipe du Brésil se dégageait une contagiosité mutuelle de ce sentiment d'allégresse entre le tempo des tambours descendant des gradins et la musicalité du jeu *auriverde*, sorte de symphonie sans cesse réimprovisée. « C'est comme si nos pieds entendaient la musique et s'étaient mis à suivre le rythme », se souviendra Oscar, des années plus tard. Le mouvement perpétuel et les permutations des milieux et des deux latéraux entre les lignes adverses ressemblaient au ballet hypnotisant d'oiseaux migrateurs où chacun connaît sa place et le sens de chaque geste. Nulle complexité pourtant dans les partitions de Santana et de ses hommes dont les intentions étaient d'une parfaite limpidité : passer le ballon, se démarquer pour le recevoir à nouveau et le repasser jusqu'à ce qu'une brèche ouvre le chemin du but.

Ce plaisir de jouer encore et toujours et ce génie de la simplicité redonnaient au football sa vocation originelle : un jeu d'enfant, qui transmet des sentiments universels, jusqu'à abolir les frontières et les réflexes nationalistes. Partout où ils promenaient leur sourire et leurs accessoires colorés, de la place d'Espagne à Séville aux Ramblas de Barcelone, les supporters brésiliens étaient rejoints spontanément par les Écossais, les Belges, les Français, les Espagnols et tous les autres. Même les rares supporters polonais qui avaient pu franchir le rideau de fer avaient communié en voisin, eux dont l'équipe jouait son second tour au Camp Nou dans un stade aux deux tiers vide alors que plus de cent cinquante mille demandes de billets n'avaient pu être satisfaites pour les matchs de la *Seleção* dans l'autre stade de la capitale catalane. Cette équipe était devenue la sélection nationale des amoureux du beau jeu et offrait une seconde chance à ceux dont le pays avait été éliminé prématurément.

« Honneur au Brésil qui aura, quoi qu'il arrive désormais, sauvé cette Coupe du monde en réhabilitant le football d'attaque et d'allégresse », s'était exclamée *L'Équipe* dans un éditorial déplorant par ailleurs la qualité moyenne du début de la compétition. Déjà auréolée du statut de favori, la *Seleção* avait vu sa cote exploser après ses démonstrations du premier tour, d'autant que les autres grandes nations avaient quasiment toutes été en difficulté, à l'exception de l'Angleterre, qui avait facilement disposé de la France et de la Tchécoslovaquie. Tenante du titre, l'Argentine avait été battue par la Belgique en match d'ouverture et s'était qualifiée en laissant une impression mitigée. Avec trois matchs nuls, l'Italie n'avait évité l'élimination qu'au nombre de buts marqués – un de plus que le Cameroun – tout comme l'Espagne aux dépens de la Yougoslavie. Pourtant bien aidé par une série de penaltys rocambolesques, le pays organisateur avait déçu dans un groupe a priori facile où il avait été devancé par l'Irlande du Nord après un match nul humiliant contre le Honduras. Quant à la République fédérale d'Allemagne, défaite par l'Algérie lors de son entrée en lice, elle n'avait dû sa survie qu'à une victoire contre l'Autriche, entrée immédiatement dans les annales comme « le match de la honte ». La presse espagnole évoqua même un « Anschluss footballistique ». Connaissant le résultat d'Algérie-Chili, joué la veille, les deux équipes savaient qu'une courte victoire de la RFA les qualifiait l'une et l'autre et c'est exactement le scénario qui s'est produit, sans que personne ne cherche à masquer la supercherie. Après l'ouverture du score de Horst Hrubesch à la dixième minute, les vingt-deux protagonistes se contentèrent de faire mollement circuler la balle dans leurs camps respectifs sous une pluie de quolibets et de canettes de bière, qui escorta la *Mannschaft* jusqu'à son hôtel. Tard dans la soirée, les joueurs allemands finiront par répliquer en canardant les protestataires avec des bombes à eau. Depuis ce scandale retentissant, la FIFA fait jouer les derniers matchs de poule simultanément.

Passée de seize à vingt-quatre nations participantes, la Coupe du monde inaugurait une formule inédite avec un deuxième tour regroupant quatre poules de trois équipes dont celle arrivée en tête accédait aux demi-finales. Conséquence d'un tirage qui avait été conçu pour protéger autant que possible les hôtes espagnols, le Brésil avait hérité de deux prestigieux rescapés, l'Argentine et l'Italie. Respectivement désignées première, deuxième et quatrième tête de série, ces trois nations avaient raflé six des onze coupes Jules-Rimet mises en jeu depuis 1930, mais jusqu'ici, seule la *Seleção* avait été à la hauteur de son glorieux passé et de son statut.

Les trois matchs de ce « groupe de la mort » étaient programmés au stade Sarrià de Barcelone, celui de l'Espanyol, deux fois plus petit que le Camp Nou mais véritable cocotte-minute, propice aux ambiances sud-américaines. La *Seleção* devait attendre l'issue de l'affrontement inaugural entre ses deux concurrents pour connaître son premier adversaire. Afin que le suspense soit maintenu jusqu'au bout, l'équipe qui n'avait pas encore joué devait rencontrer le perdant de la première rencontre. Anesthésiée par le faux rythme de la *Squadra Azzurra* et par le marquage inflexible et souvent brutal de Claudio Gentile sur son étoile montante, Diego Maradona, l'*Albiceleste* s'était fait cueillir par deux contres meurtriers en seconde période et avait réagi trop tardivement par un coup franc de Passarella.

Le deuxième acte de la trilogie allait donc opposer les deux géants sud-américains et il promettait d'être particulièrement ouvert. Au pied du mur, les Argentins n'avaient pas d'autre choix que d'attaquer sans calcul, une philosophie qui, quoi qu'il advienne, était une seconde nature pour leurs adversaires. Une fois encore, leur début de match cotonneux faillit coûter cher aux Brésiliens et nul doute que derrière ses lunettes fumées, Enzo Bearzot, le roublard sélectionneur italien, n'avait pas raté une miette de ce dilettantisme dans leur mise en route. Les champions du monde en titre s'étaient procuré deux occasions mais pour une fois Waldir Peres avait été décisif, et c'est contre le cours du jeu que Zico ouvrit la marque à la douzième minute. La réalisation n'en était pas moins une nouvelle fois superbe. Tout était parti d'un contre supersonique stoppé irrégulièrement à 35 mètres de son but par Daniel Passarella, le capitaine argentin. La distance n'avait pas effrayé Éder qui, propulsé par une course d'élan démarrée quasiment sur la ligne médiane, décocha une frappe sublime de l'extérieur du gauche. Le ballon rebondit sur la barre transversale puis devant la cage de Fillol, et c'est le meneur de jeu carioca qui fut le plus prompt à reprendre l'offrande.

La suite avait été une démonstration de jeu offensif. Plus que jamais dos au mur, les Argentins continuaient d'attaquer crânement mais leurs velléités s'étiolaient au fil du match, à l'image d'un Maradona éteint par la tenaille défensive mise en place par Santana. À chaque prise de balle, le génie argentin était encerclé par trois joueurs adverses, le plus souvent Oscar, Cerezo et Junior. Une seule fois, il échappa à leur vigilance, et le latéral gauche brésilien n'eut d'autre choix que de le faucher à l'entrée de la surface. Hormis ce raid qui aurait dû se solder par un penalty, et une reprise de la tête de Passarella qui filait sous la barre, Waldir Peres fut très peu mis à contribution en première période. A contrario, les incursions brésiliennes étaient de plus en plus tranchantes, à l'image d'un omniprésent Falcão dont les reprises de volée avaient par deux fois frôlé les montants de Fillol. Après la pause, l'entrée de Ramon Diaz à la place d'un Mario Kempes fantomatique avait un peu revigoré l'attaque *albiceleste*, mais les espaces laissés aux Brésiliens faisaient planer un parfum de K.-O. La sentence finira par tomber à la 67e minute, après un mouvement d'école parti d'un extérieur du gauche d'Éder, relayé par une passe entre les lignes de Zico pour décaler Falcão qui, d'un centre soyeux déposa littéralement le ballon sur la tête de Serginho posté seul au second poteau. Le match tourna ensuite à la démonstration et le troisième but, un une-deux de quarante mètres conclu par Junior, intervint quasiment dans la foulée. Abandonnés à leur impuissance, les Argentins laissèrent exploser leur frustration par une série de règlements de compte et le match s'acheva dans une atmosphère empoisonnée. Dans les dernières minutes, Passarella avait blessé Zico, et Maradona avait essuyé ses crampons sur le ventre de Batista, entré en jeu quelques minutes plus tôt. Logiquement expulsé, le *Pibe de Oro* sortait de son premier Mondial par la petite porte, à l'image de son équipe, globalement très décevante. La réduction du score de Diaz à une minute de la fin du temps réglementaire ne changea rien à l'affaire.

La place en demi-finale contre une équipe de Pologne décimée allait donc se jouer dans un affrontement à contresens où, grâce à leur différence de buts favorable, les attaquants flamboyants de la *Seleção* pouvaient se contenter d'un match nul, alors que les machines à calculer italiennes devaient cette fois vaincre à tout prix. L'opposition de style ne pourrait de toute façon être contrariée outre mesure tant elle était profonde. Elle reflétait deux approches philosophiques qui dépassaient le football tout en y trouvant son incarnation. Au Brésil, le dribble et le *jogo bonito* épousaient l'histoire du pays. Pour éloigner le souvenir de la colonisation, la volonté de se réapproprier le football, jeu aux racines européennes, s'est traduite par une alternative au jeu physique et stéréotypé des inventeurs anglais. Dès sa naissance, la presse sportive a mis l'accent sur le spectacle, d'autant plus facilement qu'elle couvrait aussi les concours de samba lors de l'intersaison estivale. D'autre part, pour les joueurs noirs, peu protégés par les arbitres, l'art de l'esquive, célébré par Olivier Guez, était le seul moyen de préserver leur intégrité physique. Échapper au marquage de l'adversaire est devenu en quelque sorte une résurgence de l'aspiration des esclaves à l'émancipation.

En Italie, au contraire, le poids politique et religieux du football a fait du résultat un impératif. Comme l'a montré l'historien Fabien Archambault, après la Seconde Guerre mondiale, l'Église catholique a massivement investi dans le sport pour encadrer la jeunesse, en construisant des milliers de stades à travers le pays. Le rachat de la *Gazzetta dello Sport* par le Vatican a institué une vision chrétienne du football où discipline, rigueur et don de soi devaient l'emporter sur le talent et les aspirations individuelles. Cette mainmise cléricale a été contestée par le parti communiste mais à partir de la même philosophie érigeant la victoire en nécessité impérieuse. Comme l'illustre la partie de foot dans *Don Camillo,* où le curé et Peppone, le maire communiste, menacent à tour de rôle leurs joueurs de représailles en cas de défaite, il fallait gagner pour sa commune, pour le parti ou pour Dieu. Pour ce faire, dans un pays ravagé par la pauvreté jusqu'à ce que survienne le miracle économique des années soixante, les moyens privilégiés étaient les armes des petits : la ruse et la solidarité. « Le football italien a appris aux perdants à gagner », a un jour théorisé l'écrivain Alessandro Piperno.

C'est à partir de cette vision misérabiliste et machiavélienne d'elle-même que l'Italie a enfanté le *catenaccio*, verrouillage du jeu adverse théorisé par le journaliste et écrivain Gianni Brera, et la figure du renoncement qu'est le *marcatore*. Dans *Les Barbares*, essai sur les mutations de la culture populaire, Alessandro Baricco évoque avec nostalgie cette vision du jeu sacrificielle : « Dans ce football-là, le défenseur défendait. C'était un genre de jeu où, si vous aviez un numéro 3 dans le dos, vous pouviez passer des dizaines de matchs sans jamais franchir la ligne médiane [...] À l'époque, on pratiquait le marquage individuel. Ce qui veut dire que pendant toute la partie, vous jouiez collé à un joueur adverse. La seule chose qu'on vous demandait, c'était de l'étouffer. Cet impératif conduisait à des situations d'intimité presque embarrassantes. »

Ce choc des cultures s'est incarné jusqu'à la caricature dans le duel Zico-Gentile, l'artiste muselé par son cerbère, surnommé « le Libyen » parce qu'il était né à Tripoli mais aussi pour son épaisse moustache noire qui lui donnait l'air d'un homme de main de Mouammar Kadhafi. Tout le match a été l'illustration de cette dimension et, au-delà, de la qualité de jeu démentielle, c'est ce qui explique sans doute que cet affrontement ait laissé une trace si profonde, quasi existentielle, dans l'histoire du jeu. Évoluant depuis deux ans dans le *Calcio*, Falcão implora ses coéquipiers et le staff technique de ne pas sous-estimer la soif de vaincre et la science tactique italiennes. Anticipant la mise sous camisole de Zico par un marquage intraitable du bourreau de Maradona, il plaida en vain pour que le stratège se décale sur la droite afin de déséquilibrer le milieu adverse et de ne pas laisser le champ libre aux montées d'Antonio Cabrini, l'arrière gauche qui avait mis au supplice la défense *albiceleste*. Le visionnage d'Italie-Argentine donna un écho à ses mises en garde mais Telê Santana opta pour le maintien d'un système qu'il avait conçu pour ne pas avoir à s'adapter à l'adversaire.

La sanction tomba dès la cinquième minute d'une rencontre démarrée en trombe par les deux équipes. Sans opposition sur son chemin, Cabrini profita, comme prévu, de la distanciation sociale pratiquée avant l'heure par la défense brésilienne pour ajuster un centre millimétré sur la tête de Paolo Rossi qui ouvrait son compteur au meilleur moment, après quatre matchs traversés comme une ombre. Une minute plus tôt, toute l'Italie avait pesté contre la décision du sélectionneur Enzo Bearzot de lui maintenir sa confiance après qu'il eut raté sa reprise sur un centre en retrait impeccable de Marco Tardelli. Joueur le plus cher du monde à la suite d'une enchère entre la Juventus et Vicence qui s'étaient disputé la propriété de son contrat en 1978, à l'issue d'une Coupe du monde très réussie, Rossi revenait à peine d'une longue absence et sa sélection avait dérouté. En avril 1980, le buteur avait été condamné à trois ans de suspension, finalement ramenés à deux en appel, pour son implication présumée dans le scandale des paris truqués du *Totonero*.

Il n'avait joué que trois matchs avec la Juventus avant de s'envoler pour l'Espagne, et ses prestations fantomatiques lors du premier tour, puis contre l'Argentine, n'avaient en rien apaisé le scepticisme initial des tifosi et les critiques des journalistes. Le plus illustre d'entre eux, Gianni Brera, avait écrit dans *La Repubblica* qu'il n'était plus que « l'ectoplasme de lui-même », et les quotidiens sportifs réclamaient la titularisation du vétéran Franco Causio. La relation entre la sélection et la presse s'en trouvera envenimée et atteindra un point de non-retour lorsque sera relayée une rumeur faisant de Paolo Rossi et Marco Tardelli un couple homosexuel. Longtemps après, le futur meilleur buteur de la compétition admettra sa confiance émiettée avant d'affronter les artistes brésiliens : « Ils avaient l'air de venir d'une autre planète. Cette équipe du Brésil est la meilleure que j'aie jamais vue. Ils auraient pu avoir des bandeaux sur les yeux et savoir où les autres se trouvaient. Pour ma part, j'avais le sentiment que j'apprenais de nouveau à jouer au football après avoir été suspendu deux ans. »

Avec cette ouverture du score précoce, la nature avait repris assez subitement ses droits. Libéré de tout calcul par son indolence défensive, la *Seleção* devait désormais attaquer pour égaliser, et la *Squadra Azzurra* pouvait renouer avec son instinct de survie défensif. Avec l'ambiance électrique du stade de Sarrià, qui accueillait ce jour-là sans doute bien plus que les quarante-trois mille spectateurs autorisés, tous les ingrédients étaient réunis pour une opposition de style épique dans la fournaise catalane. Il faut néanmoins souligner la belle maîtrise collective des Italiens qui ne se sont à aucun moment contentés de se regrouper dans leur surface. La qualité exceptionnelle de ce match doit beaucoup à la verticalité de leur jeu de passes qui exploitait brillamment les déséquilibres adverses. Juste après l'ouverture du score, ils eurent même l'occasion de doubler la mise par un contre subtil conclu par une frappe mal cadrée de Graziani.

Derrière, la furia *auriverde* s'était mise en marche. À la dixième minute, à la suite d'une série de contres favorables, Serginho se retrouva seul dans la surface face à Dino Zoff mais sa reprise écrasée échoua péniblement à droite du but et tout le Brésil avait pesté contre son numéro 9, souvent jugé indigne de conduire une telle attaque. Meilleur buteur du championnat brésilien l'année précédente, auteur du plus grand nombre de buts sur une seule saison depuis Pelé, ses qualités étaient indéniables mais il était de cette race d'attaquants dont on dit qu'ils pèsent sur les défenses, un peu à la manière des pivots qui font la loi sous les panneaux de basket. Puissant, agressif, excellent dans les airs, il était une bénédiction pour une équipe pratiquant un jeu direct, avec des ailiers capables de centrer. Mais au milieu des artistes de l'armada offensive *auriverde*, le colosse à la technique un peu fruste apparaissait comme une anomalie. Lorsqu'il avait été remplacé contre la Nouvelle-Zélande, l'ancien sélectionneur devenu commentateur João Saldanha s'était exclamé « maintenant, le ballon est rond à nouveau ». Une sentence sévère, s'agissant d'un joueur qui avait marqué deux buts et qui, par ses remises, ses déplacements, ses récupérations de balle et les brèches qu'il créait pour ses partenaires, avait été à l'origine de nombreuses actions décisives tout au long du tournoi, mais une injustice, que ce loupé contre la *Squadra Azzurra* a imposée à jamais comme une vérité.

Une minute plus tard, le gardien italien, déjà finaliste en 1970 face au Brésil de Pelé et doyen de cette Coupe du monde du haut de ses quarante printemps, dut s'employer pour arrêter sous sa barre transversale un centre-tir vicieux de Leandro. Sur l'action suivante, parti de sa moitié de terrain, Sócrates trouva Zico en relais. Par une talonnade géniale, le meneur de jeu se débarrassa de l'étreinte de Gentile et répondit à la course d'appel croisée du Docteur par une passe millimétrée entre trois défenseurs. Dans un angle fermé, le tir de Sócrates trouva un trou de souris entre Zoff et le poteau. Simultanément, le ballon fusant sur la ligne de but et le tacle désespéré de Gaetano Scirea sur celle des six mètres firent jaillir deux nuages de fumée blanche qui ressemblaient à des feux de joie célébrant la perfection technique du mouvement des deux maîtres à jouer.

Redoublant d'intensité, les vagues de *torcida* qui descendaient des tribunes traduisaient le soulagement général, et, comme à la maison, la *Seleção* s'installa confortablement dans le match avec le sentiment que le plus dur était fait. Confisqué par la maîtrise technique diabolique du milieu brésilien, le ballon devint alors une proie inaccessible, jusqu'à la 25e minute lorsque Paolo Rossi surgit au milieu de trois défenseurs aussi attentifs que des collégiens à la sortie de 17 heures pour exploiter une passe en retrait mal ajustée de Toninho Cerezo. L'avant-centre italien conserva son temps d'avance pour fusiller Waldir Peres et redonner l'avantage à son camp.

Le poids de ces nouveaux errements défensifs aurait pu être partagé mais Cerezo l'endossa sur ses seules épaules et joua le reste de la première mi-temps en pleurant. À tel point que Junior dut menacer de le frapper s'il n'arrêtait pas et ce n'est qu'après un long échange avec Sócrates à la mi-temps que ses sanglots cessèrent enfin. La deuxième période commença comme la première s'était terminée, par une succession d'attaques brésiliennes butant sur le sang-froid de l'arrière-garde italienne. Mais à la 67e minute, une brèche s'ouvrit enfin. C'est Cerezo qui en était l'auteur. En un appel habité de toute sa frustration, il embarqua la moitié de la défense italienne sur la droite de la surface. En possession du ballon, Falcão s'engouffra dans l'espace béant créé par son comparse et décocha un tir imparable, avant d'exulter dans un état second rendu encore plus spectaculaire par l'absence d'oxygène dans sa trachée obstruée par le chewing-gum que, tout à sa joie, il venait d'avaler.

En 1982, les célébrations des buteurs n'étaient pas encore chorégraphiées à l'entraînement. Pas la moindre référence à un nouveau-né, un jeu vidéo ou un clip de rap. Marquer un but important en Coupe du monde faisait juste éclater une joie spontanée et cristalline. Même Sócrates qui, à la manière des *Black Panthers*, exhibait habituellement un poing levé et un visage impassible après avoir fait trembler les filets adverses, s'était abandonné à la plénitude du moment – « un orgasme sans fin », dira-t-il de son égalisation contre l'URSS. Quatre décennies plus tard, trois de ces célébrations sont restées iconiques : le cri primal et les hochements de tête incrédules de Marco Tardelli après qu'il eut scellé la victoire de l'Italie en finale ; la joie d'Alain Giresse, extatique, enfantine, après le but du 3-1 qui aurait dû définitivement terrasser l'ogre ouest-allemand ; et le bonheur tout aussi illusoire de Falcão après cette égalisation.

Virtuellement qualifiés, les Brésiliens continuèrent néanmoins à jouer de la seule façon qu'ils connaissaient : en attaquant à huit. Cette orgie jamais rassasiée de jeu offensif, sans considération pour le score ou l'adversaire, est toujours chérie par les puristes mais aussi regrettée pour sa naïveté, voire sa suffisance, deux défauts rédhibitoires face au cynisme italien. « Nous n'avons pas eu l'humilité de défendre le résultat », regrettera Luizinho des années plus tard. Pourtant, le troisième but des *Azzurri* fut marqué après un corner sur lequel les onze joueurs brésiliens étaient regroupés dans leur surface de réparation. Cela n'a pas empêché Rossi d'être seul sur la ligne des six mètres et immunisé contre le hors-jeu par l'immobilisme de Junior. On jouait alors la 75ᵉ minute, et cette fois la négligence défensive fut fatale. Les derniers assauts brésiliens ressemblaient à un feu sacré touchant à une fin aussi magnifique qu'inexorable. La sentence avait été retardée par un hors-jeu imaginaire qui avait privé les Italiens d'un quatrième but synonyme de libération anticipée. Mais sur l'action suivante, à la 89ᵉ minute, un ultime arrêt de Zoff littéralement sur sa ligne scella le sort de ce quart de finale officieux et sans doute aussi d'une certaine idée du football qui ne survécut pas à ce qui, au Brésil, restera à jamais « le drame de Sarrià ».

L'onde de choc s'étendra bien au-delà des frontières nationales. Les images des joueurs *auriverde* se dirigeant vers les vestiaires tête basse, comme hébétés, donnaient l'impression d'avoir assisté à une profanation en mondovision. « Comme si la mère de Bambi venait d'être abattue », écrira le journaliste britannique Tom Adams. C'était aussi la fin d'une histoire. Plus jamais ce onze de rêve ne rejouerait ensemble, si ce n'est sept ans plus tard pour un match de vétérans contre la *Squadra Azzurra* championne du monde, une revanche tardive et anecdotique remportée 8 à 2. Très marqué par son échec malgré le cortège d'hommages planétaires, Telê Santana partira entraîner en Arabie saoudite. Pas moins de sept joueurs prendront eux aussi le chemin de l'exil, tous en Italie. Après avoir été sollicité par les plus grands clubs de Serie A, Zico s'était donné au plus offrant, qui avait été l'Udinese, modeste club où il laissera une empreinte indélébile. En dépit de son fervent patriotisme, même Sócrates avait fini par céder aux sirènes italiennes. À l'issue du Mondial 1982, il avait refusé un pont d'or de l'AS Rome, une offre supérieure à un million de dollars par an, afin de poursuivre l'épopée communautaire des Corinthians. Mais deux ans plus tard, la Fiorentina était revenue à la charge avec une offre similaire et il approchait alors de la trentaine. La rumeur d'un accord avait été confirmée et avait semé la désolation au sein du peuple pauliste. Pourtant, lors d'une manifestation pro-démocratie rassemblant plus d'un million de personnes, Sócrates était monté sur la tribune et, emporté par la solennité du moment, il s'était engagé à rester au Brésil si une élection présidentielle au suffrage universel direct était organisée. Mais il n'en fut rien, le régime militaire vacillant ne s'était résolu qu'à quelques concessions mineures. Il partit alors jouer une saison à Florence avant de revenir à São Paulo, miné par le mal du pays et la corruption qui régnait dans le *Calcio* : « Les résultats sont manipulés, tout le système est corrompu. Les joueurs, les arbitres, tous ! C'est une mafia. Une mafia très bien organisée. » Il évoquera un avant-match où le capitaine de la Viola de l'époque, Eraldo Pecci, avait débarqué dans le vestiaire et annoncé : « Ce sera match nul, les gars. » Refusant de tremper dans la combine, Sócrates fut purement et simplement ignoré par ses coéquipiers avant d'être remplacé à la mi-temps. Comme prévu, le match s'était soldé par un 0-0, et le divin barbu était rentré au pays.

En 1986, Santana sortit de sa retraite dorée dans le Golfe persique pour reprendre en main la sélection en s'appuyant sur une philosophie inchangée et sur les figures emblématiques de l'épopée de 1981-1982, Zico, Sócrates et Falcão. Mais en dépit de l'apport de nouveaux talents, Muller, Branco, Julio César et surtout Careca qui fit la démonstration de ce qu'avait coûté son absence en Espagne, la *Seleção* ne dégageait plus tout à fait la même harmonie collective. En huitième de finale du Mondial mexicain, contre la Pologne, la démonstration (4-0) avait par moments retrouvé des accents sublimes, mais au tour suivant, ils furent éliminés par la France de Platini, à l'issue de cent vingt minutes d'anthologie dans la fournaise de Guadalajara. En dépit du spectacle offert, l'un des plus grandioses de l'histoire de la Coupe du monde, ces deux équipes, qui avaient été les plus marquantes de la première moitié des années quatre-vingt, apparaissaient vieillissantes. Comme Alain Giresse et Michel Platini, tous deux diminués depuis le début de la compétition, les stars brésiliennes n'étaient plus les mêmes joueurs que quatre ans auparavant. Blessé, Zico était entré en jeu en deuxième mi-temps et avait manqué un penalty dans la foulée, alors que Sócrates, toujours capable de gestes prodigieux mais très loin de sa forme espagnole, avait buté sur Joël Bats lors de la séance fatale de tirs au but. Platini, qui fêtait ses trente et un ans ce jour-là, avait également manqué le sien. Que ces trois joueurs d'exception échouent le même soir dans le même exercice qui pour eux relevait habituellement de la simple formalité était une abyssale anomalie statistique, mais aussi et surtout le signe que le temps passe trop vite. « Les grands joueurs ne devraient jamais vieillir », avait joliment soupiré le président madrilène Florentino Pérez face à l'imminence de la retraite de Zinédine Zidane. Cela n'a jamais été aussi vrai qu'en ce mois de juin 1986.

Le Brésil a depuis gagné deux Coupes du monde, en 1994 – avec Raí, le petit frère de Sócrates – et en 2002, mais n'a plus jamais développé un jeu collectif aussi abouti et spectaculaire que la génération 82, dont les échecs ont conduit à une remise en question des conceptions romantiques de Santana. « Nous avons été la dernière équipe du Brésil qui a réellement incarné le pays. Nous étions irrévérencieux, joyeux, créatifs, libres comme l'air. Celles qui ont suivi sont devenues semblables aux autres équipes nationales de premier rang », se lamentera Sócrates des années plus tard dans les colonnes de *FourFourTwo*. Incarnée par Dunga, capitaine besogneux et intransigeant durant toute la décennie quatre-vingt-dix, la *Seleção* s'est convertie au réalisme défensif d'autant plus facilement que la mondialisation a dilué l'identité des footballeurs brésiliens qui partent de plus en plus jeunes dans les clubs européens. Alors qu'au début des années quatre-vingt Falcão apparaissait comme une exception tout juste tolérée, depuis vingt-cinq ans, la majeure partie de la sélection est composée de joueurs évoluant à l'étranger.

Le football n'est pas mort à Sarrià, comme l'a affirmé Zico, mais une bonne partie de l'âme brésilienne qui habitait ses équipes nationales depuis l'origine s'est évaporée ce jour-là et demeure depuis un paradis perdu. C'est ce qui explique que, dans les mémoires et les cœurs des supporters, l'équipe de 1982 garde une place à part, au-dessus des détenteurs des quatrième et cinquième étoiles *auriverde*. En 2011, la vague d'émotion suscitée par la mort de Sócrates, victime de ses excès à l'âge de cinquante-sept ans, a rappelé combien cette affection était intacte, bien au-delà de son pays natal. Parmi les admirateurs du capitaine emblématique et de ses anciens coéquipiers figurait en bonne place un certain Pep Guardiola. Âgé de onze ans lorsque son pays a accueilli la Coupe du monde, l'entraîneur le plus vénéré du football moderne est tombé amoureux de cette *Seleção,* et depuis, la flamme ne s'est jamais éteinte : « Comme un bon film ou un bon livre, une équipe de foot peut vous marquer de son empreinte pour toute la vie. Pour moi, ça a été le Brésil 82. » Son mentor, Johan Cruyff, a lui aussi maintes fois exprimé son admiration pour ce onze de légende et pour Telê Santana contre lequel il s'était incliné avec le FC Barcelone en finale de la Coupe Intercontinentale lorsque le stratège brésilien entraînait le FC São Paulo : « C'est l'une des rares fois où je n'ai eu aucun problème avec la défaite », confiera-t-il dans son autobiographie.

Ces évocations touchent à une question philosophique. Que reste-t-il des matchs de football ? Les émotions ou les lignes dans les palmarès ? Le drame de Sarrià ne réside pas tant dans la défaite contre l'Italie que dans l'incapacité à abolir cette frontière entre deux représentations que ce Brésil avait l'opportunité de réunifier. Sócrates, pour sa part, a toujours revendiqué la dialectique existentielle de cette dichotomie : « Il existe une tendance à valoriser le succès et les résultats plutôt que l'art et la beauté. La victoire est trompeuse, celui qui gagne croit qu'il sera aimé comme un demi-dieu. C'est donc logique de vouloir gagner, mais moi je vois la défaite d'un point de vue positif, d'un point de vue humaniste. » Sa propre postérité lui aura donné raison. Mais on a beau porter le nom du plus illustre des philosophes grecs, la prise de hauteur avec les événements a toujours une limite. Peu avant sa disparition, Sócrates confessera qu'il n'avait jamais trouvé la force de revoir les images de ce 5 juillet 1982.

RAYMOND POULIDOR, SECOND ÉTERNEL

C'est à lui qu'on pense invariablement en premier lorsqu'on évoque les perdants magnifiques, même si les trous dans son palmarès sont dus presque autant à son manque d'audace qu'à sa malchance proverbiale. Antoine Blondin disait de lui qu'il « érigeait la malédiction en vertu rayonnante », mais d'autres qualités ont fait de lui le coureur cycliste le plus populaire de l'histoire : son humilité, sa droiture, son abnégation, sa gentillesse débordante, mais aussi son impressionnante longévité qui l'a conduit sur le podium du Tour de France à quarante ans et l'a amené à courir aux côtés de Louison Bobet ou Fausto Coppi à ses débuts et contre Bernard Hinault lors de sa dernière année. Entre-temps, il fut martyrisé par Jacques Anquetil, son rival admiré, puis par Eddy Merckx. Le mauvais sort avait assuré la régence entre les deux règnes.

Au départ, il y a ce patronyme flamboyant : Poulidor ! « Un nom en or », s'était exclamé Antonin Magne, son directeur sportif, lors de la signature de son premier contrat avec l'équipe Mercier. « Un nom de Premier ministre », avait renchéri le général de Gaulle. Un nom qui au fil du temps devint commun, une antonomase désignant les éternels deuxièmes, dans tous les domaines. Il y a eu Michel Rocard, Poulidor de la politique. Charles Gérard, cantonné aux seconds rôles, sera celui du cinéma. Puis, plus tard, Amélie Nothomb sera proclamée Poulidor du Goncourt, toujours placée, jamais gagnante. Il y en a eu des millions d'autres car on est toujours le Poulidor de quelqu'un. La première fois que j'ai entendu ce patronyme, c'est de la bouche de M. Orsini, mon instituteur. Après mon échec à devancer aux trois trimestres de CM1 l'éternelle première de la classe, Stéphanie Lottier, pour quelques dixièmes de points, il m'avait lancé : « Tu es le Poulidor de l'école Louis-Lepeltier ! »

Aucun de ces dérivés du poulidorisme ne compte, comme l'original, 189 victoires, dont un certain nombre de prestige : Tour d'Espagne, Milan-San Remo, Flèche wallonne, Paris-Nice, Dauphiné libéré, Championnats de France, Grand Prix des Nations, sept étapes du Tour de France… Il a quasiment tout gagné, mais ce sont les occasions manquées qui resteront associées à son nom. Il est sans doute le meilleur coureur à n'avoir jamais remporté la Grande Boucle, ni même porté le maillot jaune. Mais il a été beaucoup plus que cela. Il a été une icône populaire absolue sur laquelle a été projetée durant plus d'une décennie l'image qu'un pays tout entier avait de lui-même. Comme le notait avec justesse le journal *Libération* le jour de sa retraite sportive : « Toute la France résumée en un homme, ce n'est pas rien. »

Raymond Poulidor est né le 15 avril 1936 à Masbaraud-Mérignat dans la Creuse. Peu avant sa naissance, une vieille femme des environs se prétendant voyante s'était arrêtée devant la maison familiale et avait prophétisé « Ici viendra au monde quelqu'un de célèbre. » Rien n'était moins sûr. Ses parents, Martial et Maria, y étaient métayers avant de s'installer quelques kilomètres plus loin, au domaine de la Mazière dans la Haute-Vienne, un déménagement qui témoignait de la précarité extrême de leur condition. S'il a toujours affirmé que lui et ses frères n'avaient manqué de rien, c'est par excès de pudeur. Sa famille était très pauvre, et c'est contraint et forcé qu'il quitta l'école de Sauviat-sur-Vige après son certificat d'études, obtenu haut la main avec – déjà – la deuxième note du canton. Il avait pleuré longtemps mais s'était résigné à affronter sans rechigner son destin de paysan. Toute sa vie, il nourrira un complexe de ce manque d'instruction. « Je souffre intérieurement de ne pas avoir fait d'études », avait-il confessé à Jacques Chancel dans *Radioscopie* où étaient reçues habituellement les personnalités du monde de la culture. D'ailleurs, l'émission avait été enregistrée lors d'une journée de repos du Tour 1972 à Biarritz parce que, quelques mois plus tôt, alors qu'il était attendu dans les studios de *France Inter*, le champion, venu à vélo, avait rebroussé chemin au dernier moment, tétanisé par l'angoisse de ne pas être digne de ce programme jugé élitiste.

À la ferme, Raymond était cantonné à des travaux féminins car ses parents l'avaient conçu dans l'espoir d'avoir une fille après avoir donné le jour à quatre garçons. Il était notamment chargé des commissions, qu'il effectuait avec la bicyclette rudimentaire de sa mère, seul véhicule dont disposait la famille. Sur le chemin, il rencontrait souvent des camarades plus vieux que lui, qui s'entraînaient sur leur vélo de compétition et il avait noté qu'ils avaient toutes les peines du monde à prendre sa roue dès que la pente s'élevait. Il commença alors à économiser l'argent gagné comme coiffeur occasionnel dans les fermes alentour pour s'acheter le demi-course à trois vitesses qu'il convoitait. Touché par son abnégation et confiant en sa capacité à le rembourser avec ses futurs gains, André Marquet, le vendeur de cycles, avait accepté de lui faire crédit. Il ne sera pas déçu. Quelques mois plus tard, en mars 1953, l'adolescent remportait le Grand Prix de Quasimodo à Saint-Léonard-de-Noblat doté de 25 000 francs et d'un bouquet de fleurs qu'il conservera de longs mois dans sa chambre. Il remboursa immédiatement M. Marquet et partit écumer les courses de la région sur lesquelles il se rendait à vélo, parcourant parfois plus de cinquante kilomètres avant de prendre le départ.

En 1956, devenu le meilleur coureur régional, il est sélectionné pour le Bol d'or des Monédières en Haute-Corrèze, où sont alignés les professionnels qui viennent de disputer le Tour de France. Dans le col de Lestards, Louison Bobet porte une attaque qu'il est le seul à pouvoir suivre. Survolté par les vivats de la foule qui le surnomme « la pouliche », le jeune amateur distancera même le triple vainqueur du Tour dans les dernières rampes de la montée ! Une semaine plus tard, à Peyrat-le-Château, il finit deuxième d'une autre course très relevée et empoche 120 000 francs. C'est plus que le salaire annuel de ses parents. Les équipes commencent à s'agiter autour du prodige mais, âgé de vingt ans, il doit effectuer son service militaire. Il est mobilisé en Algérie, où les combats s'intensifient de semaine en semaine, mais il mesure sa chance en comptant les sièges vides du camion au retour d'opérations. C'est ce qui lui permettra de toujours relativiser les coups du sort qui s'abattront sur lui à des moments cruciaux de sa carrière. Quand les journalistes évoquaient sa malédiction, lui pensait à ses camarades morts au combat. Il se souvenait aussi du 10 juin 1944 et de « l'odeur de chair brûlée » portée par la fumée en provenance du village martyr d'Oradour-sur-Glane, situé à quelques kilomètres de la ferme familiale.

Après vingt-huit mois de conscription, le petit monde cycliste, mais aussi son corps, lesté de quinze kilos, avait perdu de vue son coup de pédale. Tout l'hiver 1959, il roule comme un forcené dans le froid et retrouve peu à peu sa condition. Au printemps, il gagne sa première course avec huit minutes d'avance sur un peloton de professionnels. Par l'entremise du vétéran Bernard Gauthier, les exploits du phénomène arrivent aux oreilles d'Antonin Magne, champion du monde 1936, double vainqueur du Tour de France, désormais à la tête de la formation Mercier. Entre les deux fils de paysans, la négociation est rude mais le courant passe immédiatement. Magne est impressionné par cette force de la nature et le pendule qu'il agite autour du jeune coureur est formel sur ses aptitudes, même s'il décèle que « la période de juin-juillet lui sera toujours néfaste. »

Devenu professionnel, Poulidor accepte toutes les servitudes du métier. Il suit à la lettre le régime alimentaire et le programme d'entraînement spartiates imposés par son directeur sportif. Il rajoute même vingt kilomètres à chaque sortie pour se donner plus de chance de réussir. Habitué depuis l'enfance à des journées de travail de quinze heures, ce surcroît d'effort ne l'effraie pas le moins du monde. Au sein de l'équipe Mercier, il change de dimension mais il trouve un prolongement de sa vie à la ferme, rythmée par le cycle du soleil, la discipline et le labeur.

Fils de cultivateurs du Cantal arborant immuablement une blouse blanche et un béret basque, Antonin Magne érige ces valeurs en vertus cardinales. Dans un monde cycliste déjà gangrené par le dopage, il soigne ses coureurs à l'homéopathie. De toute façon, Poulidor n'en a pas vraiment besoin. Il n'est jamais malade et, si l'on excepte les stigmates de ses chutes, il connaîtra sa première blessure sérieuse, une sciatique, juste avant sa dernière course, à l'âge de quarante et un ans.

Il était à bien des égards le coureur cycliste idéal : une santé de fer, endurant, insensible au froid aussi bien qu'à la canicule, consciencieux dans sa préparation, grimpeur d'exception, bon rouleur... Il lui a manqué une meilleure pointe de vitesse au sprint pour remporter davantage de courses et, surtout, il avait des absences. Parfois, elles étaient physiques, et ces mauvais jours, il pouvait difficilement les cacher car son teint devenait gris-vert et ses adversaires avaient fini par en repérer les signaux. Mais le plus souvent, elles étaient mentales, et ces sautes de concentration lui ont souvent coûté cher.

En 1961, lors de Milan-San Remo, il avait reçu un avertissement sans frais. Seul échappé depuis la montée du Poggio, où personne n'avait pu suivre son accélération, il avait bifurqué sur une mauvaise route juste avant de s'engager sur la *via Roma*. Mais averti par les spectateurs, il avait pu rebrousser chemin et conserver trois secondes d'avance sur Rik Van Looy pour s'adjuger la *Primavera*. À sa décharge, c'était sa première participation. L'année précédente, en grande forme, il avait dû renoncer car il n'avait pas de carte d'identité pour passer la frontière. Il n'en avait jamais eu. Dans son village, où tout le monde le connaissait, et à l'armée, personne ne lui avait jamais demandée. Inconnu du grand public, il signait avec cette victoire majeure une entrée fracassante dans le grand bain du cyclisme, qu'il confirma quelques mois plus tard en devenant champion de France, sur les terres normandes de Jacques Anquetil, déjà double vainqueur du Tour.

Le jeune fermier limousin s'était déjà fait une place à part dans le cœur des supporters, qui se sont immédiatement reconnus dans sa simplicité et sa vitalité. « La gloire n'est jamais où la vertu n'est pas », affichait partout son mentor, Antonin Magne. Mais une grande rivalité est un ingrédient tout aussi indispensable, et pour entretenir leur légende, Anquetil et Poulidor trouvèrent l'un en l'autre à la fois un champion à leur mesure, une étoile contraire et un destin. La dissonance physique posait un décor adéquat. Tous les deux avaient été gâtés par la nature mais la beauté diaphane d'Anquetil évoquait une noblesse sans rapport avec ses origines paysannes alors que le corps mat et les traits saillants, presque sauvages, de Poulidor semblaient être sortis des entrailles de la terre. Sur le vélo, cela se traduisait par l'opposition entre une grâce longiligne et une force de la nature.

Mais c'est sur leurs personnalités on ne peut plus dissemblables que s'est cristallisé un antagonisme qui dégénérera en passion française. Insouciant et affable, Poulidor était fait pour les bonheurs simples, que ce soit en pleine nature ou au milieu des gens. À l'inverse, Anquetil était un homme tourmenté par sa soif de perfection et mal à l'aise face aux inconnus. Son anticonformisme assumé, ses goûts de nouveau riche et ses excès étaient à mille lieues de la vie familiale rangée de Raymond et Gisèle dans une demeure sans luxe de Saint-Léonard-de-Noblat, tout près du bureau de poste où ils s'étaient rencontrés.

Leurs modes de vie étaient inscrits dans leurs surnoms : « Poupou » et « Maître Jacques ». Quand l'un se complaisait dans un environnement rustique, entre jardinage et cueillette de cèpes, l'autre affichait sa distance et ses goûts sophistiqués, symbolisés par son manoir, jadis propriété de Maupassant, où il menait grand train auprès de Janine, beauté platine arrachée dans des circonstances romanesques à son médecin. Épicurien impénitent, amateur de whisky, de grands crus et de fruits de mer, qu'il dévorait sans limite, il abhorrait l'eau claire « aux redoutables effets secondaires » mais aussi symbole à ses yeux de « l'hypocrisie » de la lutte antidopage. Disciple de Magne, Poulidor était au contraire connu pour son éthique et son hygiène de vie irréprochable. Ses fioles homéopathiques amusaient ses adversaires, mais son mode de vie ascétique l'a maintenu au sommet jusqu'à la quarantaine.

Le premier réflexe du fils de métayer satisfait de sa condition sera la soumission à ce champion hors norme et il ne réussira jamais à s'affranchir de la certitude de son infériorité. Lors de son premier Tour, parti trois minutes avant lui dans le dernier chrono entre Bourgoin et Lyon, il se fait doubler par un Anquetil au sommet de son art. Sur le moment, il est ébahi par la symbiose de son adversaire avec sa machine : « Son corps ne bouge pas, je n'ai même pas l'impression qu'il pédale. » Cet instinct de sujétion ne le quittera jamais vraiment, même lorsque la supériorité du Normand n'eut plus rien d'évident. Battu lors du Tour 1964 alors qu'il s'était montré le plus fort, devant les caméras, aux côtés de son vainqueur, Poulidor lui avait rendu hommage sans laisser deviner la moindre déception, presque reconnaissant d'avoir pu manger à la même table que son maître. Plus tard, il confessera sans peine : « Si je n'avais pas été coureur, je pense que j'aurais été anquetiliste. Je n'ai rien vu de plus beau que Jacques en plein effort contre la montre. »

Tout aurait dû s'arrêter à cette hiérarchie bien établie dans la tête des deux hommes. Oui mais voilà, la France s'entiche de Poulidor, d'autant plus passionnément que, au début, il ne l'a même pas cherché et encore moins compris : « Je n'étais pas plus gentil qu'un autre. » Signe précurseur, en 1962, il débute dans son premier Tour de France avec une main plâtrée, après avoir chuté à l'entraînement. Il est en difficulté toute la première semaine mais il anime de sa fougue la deuxième partie d'une course plongée dans l'ennui par la domination sans partage du Roi Anquetil. Sa remontée au classement, son courage et son humilité enthousiasment les foules. Il gagne l'étape reine de la Chartreuse après une échappée de plus de cent kilomètres, lâchant au passage deux des plus grands grimpeurs de l'histoire, Charly Gaul et Federico Bahamontes. À Paris, il est troisième, et dans les critériums qui suivent, il est encore plus demandé que celui qui est alors déjà triple vainqueur du Tour. L'argent qui, pour Anquetil, devait être un étalon de la valeur sportive, envenime la relation, et les règlements de compte qui s'ensuivent contre ce nouvel intrus vont renforcer la popularité de Poulidor, pris dans un cercle vicieux infernal.

La rivalité dépasse rapidement le cadre du sport. D'ailleurs, au début, il n'y a même pas de comparaison possible entre leurs performances. En 1962, malgré ses coups d'éclat, Poulidor est à plus de dix minutes au classement général. L'année suivante, victime d'une défaillance après une attaque suicidaire commanditée par son directeur sportif, il n'est que huitième du Tour et il est même sifflé au Parc des Princes pour la première et dernière fois de sa carrière. Mais une semaine plus tard, revanchard, il gagne le Grand Prix des Nations, l'épreuve reine des spécialistes du contre-la-montre, et dévoile l'étendue de ses progrès dans la discipline, talon d'Achille rédhibitoire à ses débuts. Sportivement, le match commence à ce moment-là alors que dans la culture populaire, le duel est déjà figé sur le terrain des valeurs.

Anquetil-Poulidor est alors devenu un conflit entre deux France. La malchance et la fidélité de Poupou à ses origines suscitent un attendrissement nostalgique pour une France rurale, dure au mal et qui sait se satisfaire de son sort. Anquetil a pour lui l'attrait de la modernité dans un pays en pleine mutation, mais le modèle d'une société technologique qu'il symbolise par son obsession de la performance, son goût pour les sciences et sa froideur apparaît dépourvu de l'humanité dont déborde son adversaire. Son refus des conventions et son mode de vie extravagant sont perçus comme une trahison de classe. L'historien Michel Winock voyait en lui « le symbole d'une économie de marché, spéculative » face à la figure du paysan résigné incarné par Poulidor.

Anquetil plaît à une France urbaine, à l'aise avec les bouleversements économiques et sociétaux des années soixante, qui va de la gauche progressiste, Mitterrand en tête, à la bourgeoisie libérale. Il est en quelque sorte une figure macroniste avant l'heure. Poulidor est aimé par tous les autres, beaucoup plus nombreux, ceux qu'on appelle aujourd'hui « la France d'en bas ». Il est célébré par les communistes (le surnom « Poupou » a été inventé par Émile Besson, journaliste à *L'Humanité*), qui voient dans son duel avec Anquetil un prolongement de la lutte des classes, comme par les gaullistes qui se reconnaissent dans son rapport au travail et au terroir. Sur un seul mot, « tocard » ou « prétentieux » en fonction du camp où on se trouvait, les déjeuners dominicaux pouvaient déraper inexorablement. Le schisme prendra une tournure malsaine à mesure de la frustration grandissante créée par la domination du quintuple vainqueur du Tour de France, de plus en plus régulièrement sifflé par les spectateurs : « J'avais mal pour lui », confiera Poulidor, conscient de l'injustice. Plusieurs fois par semaine, le Normand recevait des lettres de menace circonstanciées et il n'avait pas pu manquer les « À mort Anquetil » inscrits sur le bitume de la route du Tour 1964.

Cette édition sera l'apogée de la rivalité avec en point d'orgue le coude-à-coude haletant du puy de Dôme à quarante-huit heures de l'arrivée, sans doute l'étape de la Grande Boucle la plus ressassée avec l'épilogue tragique du duel LeMond-Fignon sur les Champs-Élysées. Ce jour-là, un demi-million de spectateurs s'étaient massés sur les pentes du volcan auvergnat pour assister au dénouement de l'affrontement qui coupait le pays en deux. C'était quasiment un second tour d'élection présidentielle, un an avant la lettre. « Votez Poulidor », avait d'ailleurs un jour titré *Le Monde*. La dramaturgie fut à la hauteur de la légende avec un interminable *mano a mano* immortalisé par le cliché des deux hommes épaule contre épaule et défigurés par la souffrance.

Tout a été dit sur l'accélération trop tardive de Poulidor, sur son braquet trop imposant, sur le bluff d'Anquetil. La vérité derrière le mythe, c'est que le Tour ne s'est pas joué à ce moment-là. Le Limousin était le premier à en convenir : « Ce n'est pas dans le puy de Dôme que j'ai perdu le Tour de France. Je l'ai perdu avant, quasiment le premier jour. » À vrai dire, sa supériorité était si évidente qu'il avait dû s'y reprendre à plusieurs reprises pour construire sa défaite, en s'empêtrant dans une invraisemblable série de gags tragicomiques. Cela avait commencé dès la première étape entre Rennes et Lisieux. Dans le dernier kilomètre, il avait été pris dans une chute collective, et quelques mètres lui avaient manqué pour finir avec le peloton et éviter de perdre bêtement vingt secondes. À Monaco, une semaine plus tard, il avait arrêté son effort après un tour du stade Louis-II alors qu'il fallait en effectuer un deuxième. Il avait ainsi offert une minute de bonification à Anquetil.

Entre Andorre et Toulouse, la course avait basculé dans le surréalisme, voire dans le mysticisme pour qui croit aux sortilèges occultes. Avant le départ du Tour, dans les colonnes de *France-Soir*, un mage nommé Belline avait prédit une chute mortelle d'Anquetil dans une descente de cette quatorzième étape. La veille, jour de repos, trop ébranlé pour aller se coucher ou désireux d'afficher son indifférence, le tenant du titre était resté jusqu'à une heure avancée à un méchoui organisé par une radio locale où il avait enchaîné les assiettes de mouton et les verres de sangria aux côtés de Dalida. Dès la première difficulté de la journée, il avait été lâché par les autres favoris. Au sommet du port d'Envalira, il accusait un retard de quatre minutes. Le truculent Raphaël Géminiani, son directeur sportif chez Ford, l'y attendait avec un verre de champagne et une injonction : « Bois ça ou tu ne termines pas l'étape. Si tu dois mourir, ne meurs pas devant la voiture-balai ! » Dans la descente où il était censé périr, aveuglé par le brouillard, il avait pris tous les risques et avait fini par rentrer sur le groupe de tête, bien aidé également par l'assistance irrégulière de la voiture de son équipe, ce qui, à la grande fureur de son dauphin, ne lui vaudra que quinze secondes de pénalité.

Le mauvais sort avait été conjuré, et c'est bien entendu Raymond Poulidor qui en hérita. Sommé par son directeur sportif de s'arrêter pour changer une roue voilée, il s'exécuta à contrecœur. En le poussant pour le relancer, Loulou, son mécanicien, le fit tomber à la renverse. Le temps de se relever et de remettre en état sa machine, le groupe de tête était parti, non sans oublier d'accélérer l'allure. À l'arrivée, le débours dépassait les deux minutes, que le Limousin, enragé, effaça dès le lendemain en s'envolant seul vers Luchon. Mais le retour à la normale fut de courte durée. Dans le contre-la-montre entre Peyrehorade et Bayonne, il faisait jeu égal avec Anquetil lorsqu'il creva un boyau. Victime du freinage brutal d'Antonin Magne qui n'était pas surnommé « semelle de plomb » par ses coureurs pour rien, Loulou, encore lui, était tombé en contrebas et s'était foulé la cheville, obligeant Poulidor à aller chercher lui-même son vélo de rechange dans le fossé.

Comparées aux 54 secondes de retard sur Anquetil à Paris, toutes ces péripéties irréelles avaient de quoi alimenter des nuits blanches à perpétuité, mais elles amenaient également à se poser des questions légitimes sur la gestion d'équipe archaïque d'Antonin Magne et sur les multiples fautes d'inattention de Poulidor. La clique anquetiliste ne ratait aucune occasion de mettre à profit ses bévues et son accent creusois pour le caricaturer en benêt. Comme « le pauv' paysan » de Fernand Raynaud, il était assez roublard pour ne pas les contredire, tout en menant sa carrière en homme d'affaires avisé. Ses cachets exponentiels dans les critériums suscitaient bien des jalousies. Ses contempteurs le disaient près de ses sous, notamment parce qu'il refusait de payer ses adversaires pour gagner des courses ou même pour s'assurer des alliances au sein du peloton. L'accusation n'était pas tout à fait infondée tant son rapport à l'argent a été marqué par la peur du manque héritée de son enfance, mais il a parfois forcé le trait pour cultiver le bon sens paysan de son personnage et en tirer des revenus publicitaires, à l'instar d'un Guy Roux deux décennies plus tard. « On ne peut pas être un grand joueur de poker et en même temps être radin », avait bien plus tard objecté Anquetil, régulièrement plumé par le Limousin. Il aurait pu ajouter qu'il fallait aussi avoir oublié d'être bête.

Avant ce type d'hommages tardifs, prélude d'une amitié profonde et sincère, la relation entre les deux hommes s'était dégradée et avait paradoxalement atteint des tréfonds en 1966 au moment où le déclin d'Anquetil estompait la rivalité sportive. Plus toujours capable d'imposer sa domination à la régulière, le Normand saisissait chaque occasion de barrer la route à son ennemi déclaré, parfois par des moyens inavouables. Le dernier jour de Paris-Nice, dans une atmosphère poisseuse, les Ford avaient fomenté un harcèlement en règle de Poulidor, invraisemblable vainqueur du contre-la-montre en Corse où il avait créé la stupeur en ravissant le maillot blanc au maître de la spécialité. Lors de cette ultime étape entre Antibes et Nice, ses équipiers avaient été victimes de multiples coups tordus. L'un d'eux, l'Anglais Barry Hoban, avait même fini dans le fossé. Harcelé de toutes parts par les Ford et les équipes italiennes coalisés contre lui par les manigances de Géminiani, Poulidor rendra les armes sur une ultime attaque de son rival déchaîné dans la montée vers Tourrettes-sur-Loup. À l'arrivée, écœuré par ce qu'il considère comme des actes de brigandage, il vide son sac au micro de Robert Chapatte : « Maintenant je sais qu'Anquetil est le patron du cyclisme. » La réplique fuse : « Poulidor est un pleurnichard. Cette interview n'était pas digne d'un champion, et j'aurai du mal à le lui pardonner. »

Au Tour de France, obsédés l'un par l'autre, ils se neutralisent au point d'oublier la course. Le néophyte Lucien Aimar en profite pour s'échapper avec Jan Janssen et leur prendre sept minutes lors de la première étape pyrénéenne. Le quintuple vainqueur du Tour s'étiole et finira par abandonner, mais il mettra un point d'honneur à ramener Aimar sur Poulidor dans le Galibier après avoir longtemps servi de leurre. Promis à être le véritable rival de Jacques Anquetil avant que sa carrière se brise dans une chute de 25 mètres lors du Tour 1960, Roger Rivière exprimait alors la jalousie moqueuse qui animait une partie du milieu cycliste : « Ça fait deux ans que Poulidor est plus fort qu'Anquetil et il est le seul à ne pas s'en être aperçu. »

Deux mois plus tard, sur le circuit du Nürburgring, théâtre des championnats du monde, se jouera le dernier acte de cette saga destructrice. Échappés avec Rudi Altig, les deux coéquipiers d'un jour sont incapables de collaborer et lorsque l'Allemand place un démarrage à quelques encablures de l'arrivée, craignant de favoriser l'autre, aucun des deux ne réagit. Fou de rage, Anquetil refusera de participer à la cérémonie protocolaire, laissant un vide sur la deuxième marche du podium. C'était sa dernière chance de conquérir le maillot arc-en-ciel et il le savait. L'année précédente, Géminiani avait eu l'idée de les associer dans la même équipe. Poulidor était enthousiasmé par l'idée, mais avait été pris de remords lorsqu'il avait su qu'en cas de départ de sa figure de proue, les cycles Mercier auraient arrêté de financer son équipe cycliste et mis tout le monde au chômage. « S'ils avaient collaboré, ils auraient dominé le cyclisme pendant dix ans. Poulidor aurait gagné le Tour et Anquetil aurait été champion du monde », regrettait souvent Marcel Bidot qui avait essayé de les rapprocher au sein de l'équipe de France. C'est sans doute vrai tant le Limousin a été victime de règlements de compte systématiques à la moindre manifestation de faiblesse. L'hostilité était telle que, lors du Giro 1967, un certain Giancarlo Polidori aperçut avec stupeur un peloton enragé revenir sur lui alors qu'il venait d'engager une échappée inoffensive. Il aura l'explication : Anquetil ne supportait pas son nom.

Mais les proportions délirantes de cet antagonisme n'expliquent pas tout. À la fin du règne du Normand, Raymond Poulidor a aussi pâti de son propre tempérament et de ses errements. Il avait tendance à subir la course, même lorsqu'il était le plus fort. Cet attentisme, exacerbé par le conservatisme de Magne, vestige d'une époque où le Tour se gagnait à l'usure, lui valut d'être qualifié de « champion du remettre-à-demain » par Antoine Blondin. « Poulidor a passé la moitié de sa carrière dans la roue d'Anquetil et l'autre moitié dans celle de Merckx », avait un jour lâché Raphaël Géminiani, jamais avare d'une vacherie au moment d'évoquer le cas de son souffre-douleur préféré.

« Il fallait déjà pouvoir suivre », avait répliqué « Poupou » avec sa repartie débonnaire. Mais il est vrai qu'il paraissait sans repère lorsqu'il était privé de l'étalon normand et qu'il devait prendre la course en main. Ce n'est qu'une fois battu qu'il semblait libéré. Il avait toutes les prédispositions physiques du grand grimpeur mais n'en avait pas retiré le même instinct de démesure que ses congénères, Vietto, Gaul, Ocaña ou, plus tard, Pantani. À l'issue de ses exploits en solitaire, accueillis avec la même placidité que ses revers, il semblait parfois s'être surpris lui-même d'avoir violenté sa nature précautionneuse.

En 1965, le quintuple vainqueur avait décidé de faire l'impasse sur le Tour de France. Favori logique, Raymond Poulidor attendait que le maillot jaune tombe dans son escarcelle et avait oublié de prendre l'initiative et de contrôler la course. Lors de la troisième étape, il avait laissé partir le jeune Italien Felice Gimondi, récent troisième du Giro, et lui avait concédé trois minutes à Rouen. Malgré une envolée mémorable dans le mont Ventoux, grâce à laquelle il avait refait une bonne partie de son retard, il demeurera impuissant lors des deux derniers contre-la-montre. L'année suivante, le même scénario se reproduira avec Lucien Aimar dans les habits du jeune trouble-fête qui conservera deux des sept minutes d'avance prises sur Poulidor lors de son échappée pyrénéenne. Ce sera aussi le dernier Tour de France de Jacques Anquetil qui, battu et malade, baissa pavillon avant le départ de la dix-neuvième étape, une fois assuré que le rival honni ne pouvait plus l'emporter.

Empreinte de complexité, tiraillée entre une secrète admiration mutuelle et un antagonisme exacerbé par les entourages et la presse, leur relation ne pouvait qu'évoluer après la retraite du Normand. Avec le temps, ils devinrent même amis et Poulidor séjournait en habitué dans le manoir de Jacques et Janine, toujours subjugué par la personnalité de son tourmenteur. Il se souvenait notamment avec admiration d'un trajet en voiture alors que son hôte était venu le chercher à la gare. Dans une grande ligne droite, Anquetil avait ralenti sensiblement l'allure et avait expliqué à son passager médusé que, de cette façon, il n'aurait pas à s'arrêter au feu rouge cinq cents mètres plus loin et gagnerait ainsi quelques secondes : « Jamais je n'aurais pensé à un truc comme ça. Il n'était plus coureur depuis dix ans, mais il avait toujours cette obsession du gain de temps, de la performance. » Un prisme qui fit dire à Anquetil « On a gaspillé quinze ans d'amitié. » À l'automne 1987, rongé par un cancer de l'estomac, le Normand avait reçu une dernière visite de son vieux complice et lui avait confié ses souffrances, « un puy de Dôme toutes les heures », dans le contre-jour de sa chambre d'hôpital et de leur ancienne rivalité. Il eut aussi ce trait d'humour noir célèbre : « Tu vas encore faire deux, Raymond », avant d'ajouter : « Remarque, c'est mieux pour toi, je t'ai toujours envié, tu sais. » Derrière sa froideur aristocratique, il avait sans doute souffert en silence d'être si mal aimé, bien plus que Poulidor ne prit ombrage de sa domination sans partage.

Vingt ans plus tôt, son meilleur ennemi retiré de la Grande Boucle, Raymond Poulidor était désormais engagé dans une course contre la montre. Âgé de trente et un ans en 1967, il ne lui restait plus beaucoup de temps pour concrétiser son statut de favori et les espoirs de tout un pays. Mais cette année-là, il fut encore victime d'une chute, à cinquante kilomètres du ballon d'Alsace. Il s'était ensuite consumé dans une poursuite solitaire vent de face avec le vélo d'un coéquipier trop grand pour lui et s'était effondré sur les pentes du col vosgien, où il avait perdu onze minutes et toute chance de victoire. Cette année-là, il était pourtant très fort. Lors du prologue, il avait longtemps été crédité du meilleur temps avant de céder le maillot jaune pour six secondes à l'Espagnol José Maria Errandonea. Après sa défaillance, il avait éclaboussé les étapes alpines de toute sa classe, dans tous les sens du terme, en contrant une par une toutes les attaques contre le maillot jaune, son équipier Roger Pingeon, dans le Galibier. Son sacrifice et son humilité avaient bouleversé la France poulidoriste qui l'avait ovationné comme jamais pour saluer sa victoire de prestige lors du dernier contre-la-montre entre Versailles et Paris.

Mais 1968 reste la plus grande injustice de sa carrière. Cette année-là, il n'y avait rien à lui reprocher. Il avait parfaitement géré un début de Tour sans relief et avait pris du temps à ses principaux adversaires. Impeccablement entouré par une équipe de France à son service, il était cinquième, devancé par quatre sprinteurs qu'il n'avait plus qu'à laisser s'évaporer sur les derniers cols alpins. Le 14 juillet, sur la route d'Albi, derrière Roger Pingeon échappé mais inoffensif au général, il fait partie d'une contre-attaque qui creuse l'écart avec les autres favoris. Autrement dit, il est en train de gagner le Tour. Mais à cinquante kilomètres de l'arrivée, il est emporté dans la glissade d'une moto de presse. Alors qu'il se relève, le visage couvert de sang, ses rivaux se déchaînent. Vexé d'avoir été relégué en équipe de France B, Lucien Aimar participe à la curée. À l'arrivée, Raymond Poulidor n'a concédé qu'une minute mais il fulmine : « On n'attaque pas un homme à terre ! Jacques, lui, n'aurait jamais fait ça. » Ce « Jacques », empreint de déférence et d'affection, n'était pas passé inaperçu et fut le véritable point de départ de l'amitié tardive entre les deux rivaux.

Le lendemain, il s'était présenté littéralement défiguré sur la ligne de départ place Sainte-Cécile. Son lobe frontal était fracturé à deux endroits, ainsi que son nez et son pouce. Perclus de douleurs, il n'avait pas pu dormir, ni s'alimenter. Avec un courage insensé, il avait résisté tant bien que mal aux nouveaux assauts de la meute de vautours emmenée par Aimar et Janssen. Mais le soir, au bien nommé hôtel Terminus d'Aurillac, incapable de respirer normalement et victime d'insupportables migraines, il s'était rangé à l'avis médical et avait renoncé à se présenter au départ de la dix-septième étape. Devant les journalistes, la rage albigeoise avait poliment rendu sa place à son fatalisme débonnaire : « Ce sont les risques du métier, et puis je ne vais pas me plaindre, je m'en sors plutôt bien. Surtout, ne me parlez pas de malchance. La malchance, c'est Roger Rivière qui ne peut plus monter sur un vélo. Moi, j'aurai toujours la possibilité de gagner l'année prochaine. »

Mais l'été suivant, le champ des possibles avait été réduit à néant par un jeune belge nommé Eddy Merckx. La démonstration du « Cannibale » en gestation dans le Tour 1969 avait rendu Poulidor à sa sujétion des années Anquetil. À trente-trois ans, le Limousin apparaissait dépassé par l'émergence du merckxisme triomphant et, dans son sillage, d'une nouvelle génération de coureurs dénués de ses complexes, à l'image de Bernard Thévenet ou de Luis Ocaña. Ringardisé et affaibli par un zona, il traversa comme une ombre les deux années suivantes. Mais, alors que son crépuscule s'étirait dans l'indifférence, sa résurrection dans Paris-Nice 1972 raviva la flamme avec une intensité inattendue.

Celui qui fut décrit comme « le champion des occasions ratées » signa cette année-là un impensable contre-pied, à l'aube de ses trente-six printemps. Devancé de seize secondes par un Merckx souverain avant le contre-la-montre du col d'Èze, traditionnel juge de paix de la Course au Soleil, il renversa la situation en battant le record de la montée, qui tiendra vingt ans, jusqu'à l'avènement de l'EPO. La prouesse sera rééditée l'année suivante, en comblant cette fois un retard de vingt-deux secondes sur le Belge. Cette seconde jeunesse trouva un écho immédiat qui dépassa la première vague de « poupoularité », au point que Gisèle, dépassée par cet engouement incontrôlable, avait menacé de quitter la maison s'il gagnait le Tour. Le brave type autrefois impuissant face aux coups du sort parvenait cette fois à contester les effets du temps et la domination d'un champion invincible. Son abnégation fut remboursée au centuple par l'affection du public, et il y trouva la force d'une autre improbable rébellion contre le règne merckxiste lors du Tour de France 1974.

Le 15 juillet, au pied du Pla d'Adet, dernière difficulté de la quatorzième étape d'une Grande Boucle jusqu'ici sans histoire pour le « Cannibale », il lança une attaque que personne ne put suivre et remporta l'étape en état de grâce, avec deux minutes d'avance sur Eddy Merckx. Il en restait six à rattraper mais devant la démesure de l'exploit, la France se mit à concevoir l'inimaginable. Sans protection rapprochée, il serait mort étouffé par ses propres supporters, Français moyens transformés en émeutiers par leur enthousiasme. Anquetil lui-même était passé dans sa chambre pour l'encourager et demander au passage une casquette pour sa fille, poulidoriste irascible qui avait dit « "Poupou" avant "papa" ». Las, Merckx resta Merckx et Poulidor, fidèle à sa destinée, retrouva la deuxième place du Tour, à trente-huit ans. Deux ans plus tard, devenu quadragénaire, il arrachera pour neuf secondes une troisième place à un autre Raymond (Delisle) à l'issue du dernier contre-la-montre sur les Champs-Élysées et se hissera une huitième et dernière fois sur le podium, un record toujours inégalé, sans pourtant avoir revêtu une seule fois le maillot jaune.

Lors du prologue 1973, il s'était refusé à lui pour 80 centièmes de seconde et c'est Joop Zoetemelk, le véritable recordman des deuxièmes places sur le Tour, qui l'avait endossé. Mais devant son incroyable longévité, la fierté avait depuis longtemps chassé les regrets et, de toute façon, Raymond Poulidor n'a jamais été du genre à se morfondre sur son sort. Avec malice, il concevait au contraire son éternelle déveine comme une bénédiction et l'assurance de ne pas sombrer dans l'oubli, sa seule véritable hantise : « Si j'avais gagné le Tour, personne ne se souviendrait de moi », répétait-il à l'envi. Son autodérision était sans limite sur le sujet, comme lorsque, pour le centième anniversaire du maillot jaune, il fut invité à rejoindre les trois quintuples vainqueurs, Merckx, Hinault et Indurain, sur le podium et qu'il lança : « À nous quatre, on a gagné quinze Tours de France ! » Il savait aussi prendre de la hauteur sur son propre destin : « Les chutes et les crevaisons font partie de la loi du sport. Mais il faut tenir compte des acquis. Sans le vélo, mon horizon aurait été limité à la haie d'un champ, dans le Limousin. »

Après s'être retiré des pelotons le 3 octobre 1977, il resta une figure de la Grande Boucle pour quatre autres décennies, en accumulant les engagements médiatiques et commerciaux. Comble de l'ironie, le dernier en date l'avait lié à LCL, partenaire historique du maillot jaune. Ces jobs d'été lui permettaient d'apaiser sa crainte perpétuelle de la relégation sociale et de s'accrocher à la mémoire nationale. Trois semaines durant, il ne boudait pas son plaisir en apercevant les immuables pancartes « Poupou, reviens ! » et en recevant les acclamations des spectateurs de tous âges sur le bord de la route du Tour. Le reste de l'année, quand il n'était pas engagé dans une séance de dédicace de ses Mémoires, il parcourait les quatre coins de la France pour répondre aux sollicitations qui le trimballaient joyeusement dans des foires au vin, des inaugurations de salles polyvalentes ou d'improbables fêtes familiales.

En juillet 2019, malgré une grande fatigue physique, il s'était laissé consumer une dernière fois par sa passion pour le Tour de France et avait suivi la caravane jusqu'au bout, en dépit des injonctions de ses proches. Quelques semaines plus tard, il s'était rendu seul à Orléans où il était attendu dans un centre Leclerc pour la promotion de sa dernière autobiographie. Il s'était perdu à l'entrée de la ville et avait cherché en vain son chemin toute la journée, épuisé et hagard. Il paya sa déraison par une hospitalisation pour ponctionner un œdème pulmonaire et reposer son cœur. La nouvelle de sa disparition, le 13 novembre, fut néanmoins un choc tant il était toujours apparu inoxydable face au passage du temps. Jeune ou vieux, sa santé éclatante était proverbiale et son appétit de vie était tel qu'on l'avait imaginé en centenaire pimpant. Mais il avait un jour prophétisé : « Le jour où je ne ferai plus le Tour, ce sera la fin », conscient que sa quête d'immortalité se jouerait alors sur un autre terrain. En 1970, il s'était soumis au questionnaire de Proust dans *Miroir du cyclisme*. À la question « Comment aimeriez-vous mourir ? », il avait répondu : « Je ne voudrais pas mourir » et lorsqu'il lui fut demandé quel don de la nature il aimerait avoir, il n'avait pas pensé une seconde au coup de pédale ou au mental d'acier d'Anquetil et de Merckx, juste à « être éternel ».

Trois jours après l'annonce de sa mort, son petit-fils, Mathieu van der Poel, accablé de chagrin, remportait une manche de la Coupe du monde de cyclo-cross. Invincible dans la discipline, le fils de Corinne et du champion néerlandais Adrie van der Poel a entamé avec fracas une carrière sur route, en signant notamment des victoires de classe au Tour des Flandres, Milan-San Remo et Paris-Roubaix. Dans ses dernières années de vie, le grand-père faisait souvent le même rêve : « Mathieu dispute le Tour de France. Et il gagne le maillot jaune. » Le 27 juin 2021, après avoir éparpillé tous ses adversaires sur les pentes de Mûr-de-Bretagne, le petit-fils, en larmes, l'index pointé vers le ciel, réalisait la prophétie du grand-père et brisait la malédiction familiale en endossant pour six jours la capricieuse tunique. Ce pied de nez à la légende constituait une formidable revanche posthume sur son destin, mais Raymond Poulidor n'avait plus besoin depuis longtemps de passeport pour la postérité dans le roman national. Sa part d'éternité, il l'a conquise seul par ses exploits, ses déboires et dans la ferveur démesurée d'un pays dont il est pour toujours un pan de l'histoire.

JEAN VAN DE VELDE ET LES FANTÔMES DE CARNOUSTIE

Pour relativiser, il a comparé son sort à celui de John Fitzgerald Kennedy, Jr. mort l'avant-veille de ce 18 juillet 1999 dans un crash d'avion au large de Martha's Vineyard. Il a aussi invoqué le temps qui, un jour, forcément, aura effacé les traces de son cauchemar : « Dans cent ans, plus personne n'aura la moindre idée de ce qui s'est passé et de qui a gagné. » Mais les fantômes de Carnoustie sont de ceux qui traversent les siècles, et jusqu'à la fin de ses jours, et même sans doute longtemps après, ils rôderont toujours autour de Jean Van de Velde. Près de vingt-cinq ans plus tard, il n'est pas un jour sans que quelqu'un lui parle de ce 72e trou et de cet enchaînement homérique qui l'a privé de la *Claret Jug*, le plus beau et le plus prestigieux des trophées de golf, qui récompense depuis 1873 le vainqueur du British Open.

Pourtant, si on lui avait annoncé avant le début de la compétition qu'il finirait deuxième à l'issue de play-off, son regard espiègle et un large sourire incrédule auraient illuminé le visage du 156e joueur mondial, déjà tout heureux de s'être qualifié pour l'un des quatre Majeurs. C'était seulement la cinquième fois de sa carrière professionnelle commencée huit ans plus tôt. Mais après 71 trous traversés en état de grâce, il s'est fait à l'idée d'être le successeur d'Arnaud Massy, dernier tricolore vainqueur de l'Open. C'était en 1907. À vrai dire, il ne peut plus perdre. Il a trois coups d'avance et la Grande-Bretagne le célèbre déjà. Lorsqu'il a réalisé un énième birdie au quatorze, le commentateur de la BBC a entonné *la Marseillaise* et le public s'est déjà entiché de cet outsider français venu de nulle part, qui se joue des éléments avec un panache débonnaire, si typiquement gaulois.

Alexandre Harvey, le graveur chargé d'inscrire le nom du vainqueur au bas de la célèbre carafe d'argent a, lui, attendu avant de se mettre à la tâche. Il connaît Carnoustie et ses maléfices. Il connaît le golf, tout simplement, ce sport si ingrat où tout peut vous échapper en une fraction de seconde, le temps d'une décision hasardeuse ou du plus léger des tremblements. Quelques minutes plus tard, l'ex-futur champion se retrouve les pieds dans un ruisseau, avec son pantalon retroussé jusqu'aux genoux, comme pour expier un rêve trop grand, et le monde entier assiste en direct à la plus iconique noyade sportive de l'histoire. Quelques minutes et la vie pour y penser.

Jean Van de Velde est né le 29 mai 1966 à Mont-de-Marsan. Cadet d'une fratrie de cinq garçons, son père, Jean, est un industriel spécialisé dans la fabrication de matériel de BTP et sa mère, Suzanne, gère la logistique de tout ce beau monde. Il est sociologiquement prédisposé au golf mais le père n'a jamais compris l'engouement de ses pairs pour ce jeu et le seul lien familial avec la petite balle blanche est une résidence d'été à Hossegor située au milieu d'un parcours. C'est une des ironies de l'histoire, mais le petit Jean n'a jamais aimé se mouiller les pieds, et pendant que ses quatre frères s'amusent sur la plage ou sur un voilier, il passe ses journées à la maison avec une nourrice et, du jardin, il observe les golfeurs taper la balle le plus loin possible. C'est d'abord un remède contre l'ennui, mais très vite, cela devient une idée fixe. Les préventions paternelles ne résisteront pas longtemps à son envie de jouer, et à six ans, il devient le plus jeune membre du club municipal de Mont-de-Marsan.

En bon Landais, il pratique aussi le rugby, joue un peu au foot, mais c'est le golf qui occupe toutes ses pensées. Il saisit chaque occasion de s'exercer, accompagne les adultes du club, force ses frères à s'inscrire pour ne pas s'entraîner seul. Pour nourrir son obsession et son talent naturel, son père fera même édifier un bunker et un green derrière la maison. À peine rentré de l'école, il y exerce jusqu'à la nuit tombée un jeu court qui sera toujours son point fort. Jean Garaïalde, le meilleur Français de l'époque, l'a déjà repéré et il suit sa progression de son Pays basque voisin. Adolescent, le phénomène écume le circuit amateur et devient champion de France en 1986. Mais ce n'est que l'année suivante, après un service militaire effectué au bataillon de Joinville, qu'il décide de passer professionnel, contre l'avis de ses parents qui le destinaient à des études aux États-Unis.

La prise de risque n'est pourtant pas inconsidérée. Le golf français est à l'époque en plein essor. Les parcours poussent comme des champignons, les sponsors affluent et le circuit national est très généreusement doté. Mais le jeune Van de Velde décide de sortir du cocon fédéral pour tenter sa chance à l'étranger. Dès sa deuxième année, il s'ouvre les portes du circuit européen, gagne l'Open de France des moins de vingt-cinq ans et pointe à la 61e place continentale, le meilleur classement obtenu par un Français. Il a toute la panoplie pour devenir le grand champion que le golf hexagonal attend depuis toujours mais, au niveau international, il tarde à confirmer les espoirs placés en lui, la faute à une maîtrise de ses nerfs pas au niveau de son talent. Douze ans après ses débuts dans le grand bain, il n'a glané qu'une victoire sur le circuit, à l'Open d'Italie de 1993 au bout d'un play-off remporté contre le Néo-Zélandais Greg Turner et une 34e place comme meilleur résultat dans un tournoi majeur. Il a beau collectionner les accessits (deux fois deuxième et cinq top 10 au cours des trois années précédentes), en juillet 1999, il pointe à la 156e place mondiale et doit passer par les qualifications pour participer au British Open.

Cette année-là, celui-ci fait son retour à Carnoustie, dans la région d'Angus sur la côte orientale écossaise. La construction d'un hôtel flambant neuf a convaincu le *Royal and Ancient Golf Club of St. Andrews* de revenir après vingt-quatre ans d'absence sur ce parcours ultra-piégeux, avec ses fairways étroits traversés par les vents marins et une multitude de petits ruisseaux. Quatre ans auparavant, Van de Velde y avait joué un Open d'Écosse balayé par des rafales inhumaines et s'était juré de ne plus jamais y mettre les pieds tant les lieux et les éléments lui étaient apparus hostiles : « J'avais dit à mon entourage : “Je ne retournerai jamais là-bas, je ne suis pas assez équipé, je ne suis pas assez fort, je ne joue pas assez bien au golf, c'est trop dur.” » Mais en cet été 1999, il se sent bien et il a réussi à se qualifier sans coup férir trois jours avant, avec une impressionnante carte de 67 sur le parcours voisin de Monifieth. C'est seulement la quatrième fois qu'il aura l'occasion de participer à un Majeur et cela ne se refuse pas.

Le premier jour, il pointe à la 24e place avec un score honorable de 75. De Tiger Woods à Severiano Ballesteros, en passant par Nick Faldo et Greg Norman, toutes les légendes du golf sont là mais personne n'a réussi à descendre sous le par[1] de 71. Les conditions sont humides, très venteuses et les organisateurs ont sadiquement rétréci les fairways[2] et laissé pousser les épaisses herbes du rough. Parmi les meilleurs joueurs du monde, certains ont déjà pris l'eau. Le numéro 2 mondial David Duval est à 8 au-dessus du par. Avec une carte cataclysmique de 89, Sergio Garcia, le prodige espagnol qui vient de remporter l'Open d'Irlande, n'a déjà plus aucun espoir de se qualifier pour les derniers tours. Un tiers des participants a fait plus de 80. Des légendes du jeu tels que Nick Faldo, José Maria Olazabal ou Tom Watson seront incapables de passer le cut[3] et rentreront chez eux dès le vendredi soir. Un à un, les cadors ramènent leur mine refroidie en conférence de presse pour se plaindre de la difficulté excessive du parcours qu'ils ont rebaptisé *Carnasty* (*nasty* pouvant se

1. Tirant son origine du monde de la Bourse où une action peut être au-dessus ou au-dessous de sa valeur au pair, qui se dit *par* en anglais ou, en d'autres mots, de sa valeur normale, le par est le score idéal théorique réalisable sur un parcours de golf.
2. Le fairway est la partie du parcours tondue entre le départ du trou et le green.
3. Score minimal imposé au terme de la deuxième journée d'un tournoi qui autorise environ les deux tiers des compétiteurs à participer aux deux journées suivantes.

traduire par « perfide »), et les organisateurs se mettent à prier pour que quelqu'un réussisse à dompter les éléments et leur donne tort.

À la surprise générale, ce quelqu'un s'appellera Jean Van de Velde. En ce deuxième jour, l'anonyme Frenchie joue le golf de sa vie. Déjà la veille, il s'était senti bien et avait longtemps rivalisé avec les tout meilleurs et même pointé en tête après un eagle[1] au quatorze, un par cinq de 430 mètres, mais il avait buté sur la difficulté harassante des derniers trous. Et cette fois, alors que la plupart des autres joueurs sont déroutés par les pièges du parcours et un vent qui oscille entre trente et cinquante kilomètres heure, il adopte une approche agressive et tout passe. Il drive bien, ses approches sont audacieuses et surtout, il putte comme jamais, à n'importe quelle distance. « Il était diabolique, c'était monstrueux ce qu'il rentrait », s'exclamera son ami Marc Farry, lui aussi éliminé mais bien décidé à rester car il pressent qu'il va se passer quelque chose d'extraordinaire. Avec un putt de plus de huit mètres au seize et un autre de cinq au trou suivant, il creuse l'écart là où la veille il avait fini par trébucher et où le grand Greg Norman, après avoir aligné quatre birdies, venait de s'effondrer. Au bout du dix-huit, au-dessus des tribunes pleines qui l'ovationnent, il peut contempler sur le gigantesque tableau d'affichage un rêve d'enfant qui vient de se réaliser. Avec une carte de 68, il pointe seul en tête devant l'Argentin Cabrera, le Suédois Parnevik et,

1. L'*eagle* est le terme employé pour qualifier un trou réalisé deux coups en dessous du par. Il se distingue de l'*albatros* (trois coups sous le par), du *birdie* (un coup en dessous), du *bogey* (un coup au-dessus), *double-bogey* (deux au-dessus) et ainsi de suite…

à quatre coups, une meute dans laquelle figurent Woods et Norman. Il est le premier Français à occuper la tête d'un British Open depuis Jean Garaïalde en 1964. Mais comme l'avertissait déjà Pierre-Michel Bonnot dans *L'Équipe* : « Le tournoi n'en est qu'à mi-pente mais Jean Van de Velde, il le sait, est encore loin d'avoir fait la moitié de la route. » Les mésaventures de Garaïalde, finalement treizième, ou du leader de la veille, l'Australien Rodney Pampling, qui a déjà explosé en vol avec un quinze au-dessus du par, pouvaient lui rappeler avec quelle facilité, le ciel de Carnoustie pouvait balayer les étoiles filantes.

Sa maîtrise des éléments et de lui-même le lendemain n'en sera que plus impressionnante. Il commence la journée par un bogey poussif et, déjà à l'affût, Woods et Norman ne sont qu'à deux coups derrière lui. Cela ne fait plus aucun doute pour personne, la terre va se remettre à tourner rond, ce n'est qu'une question de minutes. Mais le Montois refuse de se rendre. Au trou suivant, il dépose une approche de 80 mètres au pied du drapeau : birdie. Son drive, un peu moins sûr que la veille, l'envoie sur quelques roughs mais il rattrape tous les coups avec un putting phénoménal. À ce jour, personne n'a fait mieux que son total de putts sur un Open (120), ni avant, ni après. Il rentre tout, même à huit mètres pour un nouveau birdie au sept, même à dix mètres au suivant. Au treize, un par trois de 150 mètres, il manque de justesse le trou en un. Il est en état de grâce, tout simplement. Lui qu'on a souvent présenté comme trop nerveux, voire sauvage dans les moments clés, fait preuve d'un sang-froid souverain pendant que les légendes du jeu s'embourbent une à une dans la lande. Il termine au dix-huit par un birdie, pour la deuxième journée consécutive, sous les ovations des tribunes. Le public est sous le charme de ce beau Français qui brandit son putter avec la fougue d'un mousquetaire gascon, conquérant et sûr de sa force. Son charme et son génie désinvolte leur rappellent le tennisman Henri Leconte, gaucher imprévisible chéri par les gradins de Wimbledon. Duncan Weir, l'un des organisateurs de l'Open, se souvient de ce coup de foudre : « Personne n'avait réussi à faire main basse sur le tournoi jusqu'à ce que ce Français inconnu surgisse de nulle part. On a commencé à le suivre et tout dans son attitude était extraordinaire. Il n'arrêtait pas de plaisanter et c'est comme si la foule avait choisi ce gars. Tout le monde voulait le voir gagner. »

Avec sa carte de 70, la nouvelle coqueluche lévite à une altitude restée inaccessible même aux dieux du golf. À respectivement sept et huit coups derrière, Woods et Norman, qui lui avaient un moment fait sentir leur souffle sur sa nuque, sont définitivement largués. Les plus proches, l'Australien Craig Parry et le Texan Justin Leonard, vainqueur de l'Open deux ans plus tôt, sont à plus cinq. Autant dire que lendemain, il sera seul face à son destin et au parcours. C'est en somme un retour à l'essence même de ce sport, où le plus redoutable adversaire est toujours soi-même. « Qu'est-ce qu'il peut m'arriver ? Je peux perdre, c'est tout ce qui peut m'arriver », lança comme pour se rassurer le héros du jour aux deux cents journalistes massés face à lui, sans se douter de tout ce dont Carnoustie était encore capable.

La nuit sera courte, forcément, mais il a réussi à dormir quatre heures, ce qui n'est déjà pas si mal lorsque le poids de l'histoire leste votre oreiller. La veille de son premier triomphe en Masters, le grand Tiger Woods, comme beaucoup avant lui, n'avait pas fermé l'œil de la nuit. Et il avait neuf coups d'avance. Le champion américain avait prévenu le néophyte : sur un tel parcours, « même dix ne suffiraient pas pour être tranquille ». Le début poussif du Montois lui donne raison. Les conditions ont changé : le vent a faibli et il souffle dans l'autre sens. Alors qu'il peine à s'acclimater, son dauphin et partenaire du jour, Craig Parry, est en feu. Il enchaîne les birdies et, à mi-parcours, il a déjà refait son retard. Au onzième, la belle aventure semble avoir touché à sa fin. L'Australien a pris les commandes et les murmures de regret s'inclinent vite face à l'implacable logique du passage de témoin. Mais au trou suivant, le nouveau leader prend le rough. Une mauvaise herbe épaisse comme le brouillard écossais et comme la pression qui s'est soudainement abattu sur ses épaules. Il ne s'en dépêtre qu'au bout d'un triple bogey. Pour lui, c'est déjà terminé. Pour Van de Velde, tout recommence.

Le Montois fait un birdie au quatorze grâce à un putt plein d'autorité. Au quinze, il réussit le par « un peu comme un voleur » après s'être retrouvé dans le bunker du trou voisin. Il en sort d'un coup de sandwedge à trois mètres du drapeau. Les cinq mille personnes qui l'attendent exultent dans une atmosphère de stade de foot. Nouveau par au suivant devant une foule de plus en plus dense, puis birdie au dix-sept. Il a trois coups d'avance sur l'Écossais Paul Lawrie, auteur d'une inattendue carte de 67, et sur l'Américain Justin Leonard qui, en prenant tous les risques pour préserver une mince chance de l'emporter, s'est mis à la faute avec un bogey final qu'il pense inexpiable.

Au tee du dernier trou, le Français aperçoit 400 mètres plus loin quatre-vingt mille personnes et un nouveau destin qui l'attendent. En conférence de presse, il avait confié avoir déjà imaginé ce moment et sa remontée de la haie d'honneur du dix-huit avec la casquette à la main pour répondre aux ovations du public. Jouer petit bras ne fait pas partie du scénario échafaudé dans son rêve d'enfant. Alors, il sort son driver[1].

En temps normal, sur un par quatre de 425 mètres face au vent, la question ne se poserait pas, mais il ne s'agit plus pour Van de Velde de maintenir son avance comme il s'évertue à le faire depuis deux jours, mais juste d'assurer le coup. « Je ne suis pas sûr que ce soit le bon choix », objecta immédiatement Peter Alliss, ancienne gloire du golf anglais devenue commentateur de la BBC. L'éditorialiste de *Sports Illustrated* écrira que s'il avait été Christophe Angiolini, son jeune caddie, il aurait brisé le manche de son driver plutôt que de le laisser jouer avec. Pourtant, parmi les joueurs en activité ce jour-là, aucun ne remit en question cette option, à l'instar de Craig Parry : « Il devait jouer le driver au tee parce que s'il ne l'avait pas fait, toutes les herbes épaisses du rough qui se trouvaient juste après seraient entrées dans l'équation. Et même s'il avait envoyé la balle dans l'eau, il aurait eu encore quatre coups à jouer, ce qui n'était pas si mal. »

Le coup est dévissé mais le lie n'est pas si mauvais et, à vrai dire, il est même un peu inespéré. La balle a atterri

1. Le driver est le club appelé aussi « bois n° 1 ». Club le plus long et doté de la plus grosse tête, il est essentiellement utilisé au départ de chaque trou pour effectuer un coup puissant le plus long possible. C'est donc aussi le plus risqué…

sur le dix-sept voisin, là où le Barry Burn, le ruisseau qui serpente tout au long des derniers trous, forme quasiment un cercle fermé. Elle a miraculeusement évité l'eau et la mauvaise herbe. Mais ce qui aurait dû être reçu comme un dernier avertissement est pris par Van de Velde comme un nouveau signe de sa bonne étoile. Il en sort conforté dans sa résolution initiale : ne pas changer ce qui marche depuis quatre jours. Angiolini tente bien de le ramener à une gestion de bon père de famille : « Moi, je pense qu'un trois, y a aucun risque », l'entend-on suggérer sur une fascinante archive audio exhumée par le documentaire *Presque parfait* de Vincent Alix. Mais il s'incline face aux certitudes du champion, à sa volonté d'un triomphe complet et à ses frustrations trop longtemps contenues. Il veut un fer deux, plus difficile à contrôler, pour aller directement sur le green plutôt que recentrer la balle sur le fairway du dix-huit, le chemin le plus sûr vers la victoire, à défaut d'être le plus audacieux. Le risque est calculé selon lui et il a sans doute raison. Mais la trajectoire de la balle va complètement échapper aux lois ordinaires de la gravité et l'Open s'apprête alors à basculer dans le surréalisme.

Son coup est « magnifique » dira Angiolini, sur le green ou très proche, selon toute vraisemblance. Mais les deux hommes sont interloqués par la double clameur des tribunes qui a accueilli le lie. Ils s'approchent à pas pressés et ne comprennent pas tout de suite ce qui a pu se passer. Il s'avère que la balle a touché l'extrémité de la tribune qui jouxte le green, mais elle n'a pas simplement rebondi avant de retomber dans l'herbe. Elle a touché un croisillon en fer censé porter une décoration, qui l'a propulsé en hauteur, a entamé une inconcevable marche arrière de trente mètres pour finir par ricocher sur le muret qui borde le Barry Burn et repasser de l'autre côté du ruisseau dans un tas d'herbes hautes totalement impraticables. Craig Parry, qui est son partenaire du jour et qui une heure plus tôt était encore à la lutte pour la victoire, a plus mal pour Van de Velde que pour lui-même : « Jean est le golfeur le plus malchanceux que ce sport ait connu. Vous pouvez frapper un million de balles à cet endroit, une telle chose n'arrivera qu'une seule fois. »

Deux choix s'offrent alors au Français. Tenter de se recentrer, mais c'est sans garantie tant ce rough est difficile à manœuvrer. Ou jouer droit devant, directement vers le green, avec le risque de ne pas réussir à passer le cours d'eau, ou pire d'envoyer la balle dedans. Il optera pour la seconde option, la plus périlleuse. Avec le temps, ce manque de lucidité sera le seul regret qu'il concédera : « Toutes ces années, plein de gens m'ont demandé si je ferais quelque chose différemment si je le pouvais. Oui, je jouerais le troisième coup autrement. » Pas plus qu'avant les deux précédents, Angiolini, qui le suit depuis quelques mois seulement, ne saura le préserver de lui-même. « Je ne blâme pas le caddie. C'était encore un gamin et il ne semblait pas avoir conscience de ce qui était en train de se passer. Jean était suffisamment expérimenté pour prendre les bonnes décisions », estimera Peter Alliss des années plus tard. Van de Velde avait, il est vrai, déjà plus d'une décennie de carrière professionnelle au compteur, mais le cerveau d'un 156e mondial n'est en rien accoutumé à cette altitude.

Comme de bien entendu, sa balle finira dans le Barry Burn. En dix minutes, une série de décisions hasardeuses et une petite pièce métallique l'ont plongé dans une spirale cauchemardesque. « Comme tout amateur de base, on avait reconnu dans sa catastrophique série l'enchaînement familier et cruel qui consiste à tenter de réparer une sottise par une sottise plus grosse encore », écrira l'envoyé spécial de *L'Équipe* dans son compte-rendu. Mais tout n'est pas encore perdu. Sa balle repose sur un tas de sable et, il en est convaincu, il peut la jouer, et s'il la sort, il gagne. Il s'approche, descend prudemment le muret pour évaluer ses chances et revient sur le rivage pour enlever ses chaussures et ses chaussettes. « Qu'est-ce que tu fais ? s'exclame Peter Alliss sur la BBC. Oh non ! Jean, s'il te plaît ! Est-ce que quelqu'un peut lui dire d'arrêter ? » La condescendance bien anglaise de l'interpellation gravera dans les mémoires l'image d'un joueur qui a perdu les pédales à l'approche d'un triomphe trop grand pour lui. La scène d'un quasi-champion avec les pieds dans la vase et son pantalon retroussé jusqu'aux genoux colle bien à l'idée qu'on se fait outre-Manche du sportif français délicieusement inconsistant. Mais vingt ans après, Van de Velde n'en démordait pas. Cette balle, il l'aurait sortie « cent fois sur cent ». Parry, qui était aux premières loges, confirme : « Elle était suffisamment éloignée du mur, il aurait pu facilement la jouer. » Seulement la pluie vient de redoubler et le temps qu'il se déchausse, la marée est montée : « Elle a coulé lentement comme pour me dire : "Voilà, espèce d'idiot, ça n'est pas pour toi, pas aujourd'hui, c'est fini !" »

Il reste un long moment immobile, à contempler le ciel noir de Carnoustie ensevelir la capricieuse petite sphère blanche en même temps que ses espoirs. Un court instant, il parvient même à sourire, amusé par le burlesque de la situation. Lui, les pieds dans l'eau face à trente journalistes agglutinés au bord d'un muret qui ne demande qu'à s'effondrer sous leur poids : « Ce qui m'a fait rigoler, c'est que si un brin d'herbe s'était posé sur celui qui était au sommet de cette pyramide humaine, ils auraient tous fini dans l'eau. » Au même moment, Paul Lawrie, qui vient de s'entraîner au putter pour la forme, est revenu au clubhouse pour prendre une pomme. « Viens voir ça ! » lui intime Dougie Donnelly, un journaliste de la BBC. Il n'en croit pas ses yeux. Personne ne peut y croire. L'image qui est en train d'hypnotiser plusieurs centaines de millions de téléspectateurs à travers le monde est déjà rentrée dans la légende.

Pour sortir de l'eau, Van de Velde s'est résigné à prendre un point de pénalité et il doit encore se dépêtrer du rough. Son avance n'est alors plus qu'une peau de chagrin. Il lui reste deux coups pour gagner, trois pour survivre en accrochant un play-off avec Lawrie et Leonard. Dans un silence de cathédrale, il fauche autant d'herbe que possible pour propulser la balle jusqu'au green, mais il échoue à un mètre, dans le bunker et il n'y a alors plus grand monde pour miser sur une rémission, même partielle. À ce moment-là, Parry, qui a bien senti que son partenaire du jour avait besoin de se remettre les idées en place, lui propose gentiment de prendre son tour et de jouer avant lui. Le deuxième coup de l'Australien a atterri dans le sable juste à côté de sa balle maudite et ainsi, il lui dégagera le chemin. Débarrassé de la pression qui l'a tétanisé lorsqu'il a pris la tête de la compétition, il réussit une sortie parfaite, à tel point que sa balle va directement mourir dans le trou. Le coup dont Jean Van de Velde avait désormais besoin pour gagner, il l'a réussi juste avant lui. Le Français commence à croire à une conspiration divine : « À ce moment-là, je me souviens avoir regardé le ciel en me demandant ce qu'il allait encore pouvoir m'envoyer sur la tête. »

Sa sortie de bunker n'est pourtant pas celle d'un homme abattu face à l'adversité. Propre techniquement, bien dosée, elle atterrit à 2,50 mètres du drapeau, la distance qui le sépare désormais d'un play-off. Le coup n'a rien d'évident et dans les circonstances, il apparaît presque surhumain. Sur la BBC, Peter Alliss implore une hypothétique miséricorde céleste : « S'il vous plaît, donnez-lui un bon putt. » Mais le Landais n'en a pas besoin, il est toujours incroyablement sûr de lui et son bras ne tremble pas. Il l'annonce à Angiolini : « Je vais le rentrer. » Et il le rentre, avant de lancer un poing rageur et un immense cri de soulagement comme pour défier les forces obscures qui le tourmentent depuis maintenant une bonne demi-heure. « Incroyable ! Je l'ai vu, mais je ne suis pas sûr que j'y croie », conclut Alliss.

Avec ce putt bravache, Jean Van de Velde s'est offert une mort lente plutôt que l'espoir d'une rédemption immédiate. Le crépuscule et le crachin écossais donnent à ce play-off des allures de procession funéraire. Il n'a que quarante-cinq minutes pour se délester du poids de l'injustice et regrouper ses forces avant d'aller défier Justin Leonard et Paul Lawrie pour une lutte finale en quatre trous. « C'était beaucoup trop long et pas assez », dira le héros malheureux. Il n'a pas eu le temps de reprendre ses esprits, mais il a pu déjà se repasser cent fois le film de l'incroyable enchaînement qui l'a mené jusqu'ici. Lorsqu'il arrive au départ du quinze, ses adversaires sont déjà prêts. Leonard n'est pas dans un état d'esprit bien meilleur que le sien. Il ne se pardonne toujours pas son bogey final, il est lessivé mentalement et face à deux adversaires très loin de son standing, il ne se donne pas le droit de perdre. Le seul qui est heureux d'être là, c'est Lawrie.

Treizième la veille à dix coups derrière Van de Velde, l'Écossais s'était fixé pour objectif d'obtenir une place dans les quatre premiers, synonyme de qualification directe pour le Masters, un de ses vieux rêves inassouvis. La victoire, il n'y pensait même pas. Jamais personne n'a refait un tel retard le dernier jour d'un Majeur et il n'est qu'un anonyme joueur du circuit européen, à peine mieux classé que son adversaire français. Mais ce fils de la lande calédonienne connaît chaque recoin de Carnoustie comme sa poche. Il habite à une heure de route et n'ayant pas trouvé de chambre d'hôtel après sa qualification de dernière minute, il dort chez lui, à Aberdeen, depuis le début de l'Open. Lorsque le poids de l'événement l'avait rattrapé sur le chemin menant au play-off, son entraîneur, Adam Hunter, lui avait donné pour seul conseil de bien regarder ses deux rivaux en arrivant sur l'aire de départ. La vision d'un Justin Leonard livide et d'un Jean Van de Velde plaisantant avec la foule pour masquer son désarroi l'avait galvanisé.

Le Français a oublié sa visière, alors il fait mine d'emprunter le casque d'un des bobbies de faction. « Sa tête était ailleurs », l'excusera Angiolini. L'ex-futur vainqueur commence par un double bogey, enchaîne avec un bogey, mais le niveau technique de ce play-off est tellement faible qu'avec un birdie au dix-sept, il est toujours en course, à un point de Lawrie, avant un retour sur ce maudit dix-huitième trou. Ses derniers espoirs sont douchés par une approche parfaite et un putt facile de l'Écossais, improbable lauréat de ce dernier Open du siècle devant Van de Velde et Leonard, deuxièmes ex aequo. L'histoire du joueur anonyme qui revient du diable Vauvert pour remporter le plus prestigieux trophée de golf à deux pas de chez lui avait tout du conte de fées. Mais passées la remise de la *Claret Jug* et une ovation à faire trembler les murs à son arrivée dans son restaurant préféré, sa victoire sera éclipsée par le tour du monde des images de son adversaire malheureux, les deux pieds dans le ruisseau devant sa balle en train de couler, comme si son exploit avait été entaché par le mauvais œil.

L'autre ironie de l'histoire est que Paul Lawrie, qui a appris le golf sur le tard, a été le disciple de Doug Sanders, le plus illustre des grands brûlés du British Open jusqu'à ce 18 juillet 1999. Le flamboyant Américain, amateur de play-mates, de vodka tonic et de tenues flashy, avait déjà perdu quatre Majeurs pour un ou deux points avant l'édition 1970 disputée sur le parcours de Saint Andrews. Cette année-là, après trois jours de coude à coude, il est enfin venu à bout de sa bête noire, Jack Nicklaus, le plus grand golfeur de tous les temps. Sur le green du 72e trou, le dernier, il n'a plus qu'à rentrer un putt de 90 centimètres. Une formalité. Mais dans son ensemble du même violet que le maillot Mercier de Poulidor, son alter ego cycliste, il tourne autour de la balle et inspecte chaque brin de gazon, comme pétrifié. Et, la main chancelante, il ratera l'immanquable, avant de s'incliner le lendemain en play-off.

On imaginait pour Jean Van de Velde la même vie de regrets ressassés dans des brumes de verres d'alcool triste, des réveils nocturnes et des éclairs d'humour noir. « Parfois, il peut se passer trente minutes sans que j'y pense », avait confié Sanders de longues années après son naufrage, et jusqu'à sa mort, en avril 2020, il n'est jamais parvenu à se délivrer de son chagrin. Son héritier français assure, lui, qu'après quarante-huit heures passées à pleurer dans les bras de sa femme, Brigitte, il avait décidé de s'affranchir de ce poids pour ne pas avoir à le porter à perpétuité : « C'était atroce mais ce furent les deux seules nuits blanches de toute ma vie. » Le jour d'après, il organise un barbecue géant avec tous ses amis et recommence à sourire à la vie sans se retourner.

Son quasi-exploit lui offre une sélection en Ryder Cup, un accès au circuit américain et une qualification au Masters où il est fait citoyen d'honneur par la ville d'Augusta. Quelques années plus tard, il sera nommé Ambassadeur de l'Unicef. Partout, il est célébré comme une légende du jeu, mais la chance de gagner un grand tournoi ne se représentera jamais à lui. Ses meilleurs résultats dans un Majeur se limiteront à deux dix-neuvièmes places à Augusta en 2000 et au British Open 2008. Pourtant, les dix-huit mois qui suivent son épopée écossaise, il joue bien et accumule les places d'honneur. Mais une mauvaise chute à ski lui ruine un genou. La première opération est ratée, il doit repasser sur le billard onze mois plus tard. Au bout du compte, il a perdu presque trois ans. Il peine à retrouver son niveau jusqu'à l'Open de France 2005 qu'il mène jusqu'au 72e trou avec un coup d'avance sur Jean-François Remesy. Un bogey malvenu envoie les deux Français en play-off. Au dix-huit, ils envoient tous les deux leur balle dans l'eau. Malgré les acclamations du public qui veut autant que lui le voir exorciser Carnoustie, c'est Van de Velde qui sombre. « Il ne s'autorise pas à gagner. Les forces négatives se mettent en place, et il s'autodétruit », se souvient Remesy, vainqueur pour un petit point. Sa déception sera encore plus vive que six ans auparavant, mais il repart et gagne quelques mois plus tard l'Open de Madère, sa deuxième victoire sur le circuit européen qui sera aussi la dernière. Il raccroche en 2008, lâché par son genou et par son envie. Mais sans regret.

C'est peut-être une façon de dissimuler ses cicatrices, mais le détachement qu'il affiche depuis ne manquera jamais de susciter l'étonnement et une certaine admiration. Quelques mois après son cauchemar, il sera capable de tourner sur ce maudit dix-huitième trou une publicité pleine d'humour pour faire la promotion de son nouveau putter. À chaque retour à Carnoustie du British Open, qu'il commente pour la télévision, il accepte de poser devant le Barry Burn sans jamais se départir de son sourire, signe de bon cœur des photos de lui les deux pieds dans l'eau avec toujours la même dédicace : « Ne faites pas comme moi ! » Et il répond encore et encore aux mêmes questions sur son naufrage avec un fatalisme presque héroïque. Oui, il pensait sérieusement pouvoir jouer la balle échouée dans le Barry Burn. Non, il n'est pas réveillé toutes les nuits par le bruit du croisillon sur l'échafaudage de la tribune. À chaque date anniversaire, ça recommence et plus de vingt ans après, la fascination pour la malédiction qui l'a foudroyé ne s'est pas essoufflée. « Trois cents millions de personnes à travers le monde m'ont regardé ce jour-là. Je pense que j'ai dû parler à chacune d'entre elles depuis. » Récemment, Canal + et Netflix ont pris le relais en lui consacrant chacun un documentaire.

On dit souvent que l'histoire ne retient que les vainqueurs. C'est tout le contraire qui s'est passé pour Jean Van de Velde. Son nom reste pour toujours associé au British Open 1999, à tel point que Paul Lawrie n'a jamais réussi à se sentir champion à part entière. Aujourd'hui encore, lorsqu'il est interrogé sur cette injustice, le lauréat baisse la tête comme un réprouvé. « Nous sommes amis, maintenant. Mais les gens ont retenu que j'avais perdu plus qu'il n'avait gagné et il m'en a voulu pour ça. Il a eu le sentiment que je lui avais volé sa victoire. Et il n'avait pas tort », concède le Montois, qui dispose, comme les huit vainqueurs à Carnoustie, d'une suite à son nom à l'hôtel du club. Le temps a consacré l'empreinte romantique plutôt qu'une gravure sur un trophée. Et dans cent ans, ne lui en déplaise, des hommes longeront le Barry Burn et ils parleront encore de ce Français qui allait gagner *The Open* avant de finir dans le ruisseau.

THOMAS HEARNS, LE TROISIÈME HOMME

Entre les catégories de poids, la multiplication des fédérations mondiales et les intérêts divergents des promoteurs et des chaînes de télévision, il y a aujourd'hui mille façons pour une star de la boxe d'éviter de combattre un adversaire aussi dangereux que lui. Et de fait, les combats opposant à leur apogée les deux plus grands champions du moment sont très rares. Des duels de l'envergure de Louis-Schmeling, Robinson-LaMotta, Ali-Frazier ou Mayweather-Pacquiao, s'il avait été organisé à temps, il n'y en a plus eu depuis bientôt quatre décennies, et peu de boxeurs peuvent s'enorgueillir d'en avoir vécu un seul. Thomas Hearns, lui, en a disputé deux et il a été très proche d'en sortir vainqueur, mais il les a perdus.

Ces défaites, au terme d'affrontements inoubliables où il n'avait plus qu'à rester debout pour l'emporter, l'ont empêché de prendre sa juste place dans l'histoire de la boxe. En même temps, écrire sur Thomas Hearns par le prisme de ces batailles perdues est forcément une injure à une carrière ornée de titres mondiaux acquis dans cinq catégories différentes, un record à ce jour jamais dépassé, et à ses victoires sur des boxeurs du calibre de Wilfred Benitez, de Pipino Cuevas ou du grand Roberto Durán, jamais mis K.-O. jusqu'alors et littéralement assommé par un crochet létal au deuxième round après un déluge de coups de quatre minutes.

Ce championnat du monde des super-welters contre celui qu'on surnommait *Manos de Piedra* (« mains de pierre ») restera le sommet de la carrière de Hearns et sa seule victoire contre l'un de ses acolytes des *Fabulous Four*, dernière grande génération qui a navigué entre les poids welters et les moyens. Entre le crépuscule de Mohamed Ali et l'avènement de Mike Tyson chez les lourds, ils ont incarné le dernier âge d'or de la boxe en offrant des confrontations mémorables (il y en eut neuf au total) et un contraste saisissant de styles et de personnalités. Il y avait le bon (Leonard), la brute (Hagler), le truand (Durán) et cette créature inclassable, tentaculaire (1,83 m pour 66 kg et une envergure de quasiment deux mètres) avec des yeux doux de cocker, des jambes squelettiques et de la foudre dans les poings, qui lui valut les surnoms de *Hitman* (« tueur à gages ») puis de *Motor City Cobra*. La sauvagerie avec laquelle il a exécuté Durán un soir d'été 1984 reste dans toutes les mémoires, mais pas autant que ses affrontements avec les deux autres membres de cette confrérie : vingt-six rounds follement indécis face à Sugar Ray Leonard et huit minutes d'une intensité ahurissante contre Marvin Hagler. Deux défaites épiques et une rédemption.

Premier garçon d'une fratrie qui comptait déjà deux filles, Thomas Hearns est né le 18 octobre 1958 à Grand Junction, dans le Tennessee. Ses parents divorcèrent peu après sa naissance et il n'a aucun souvenir de son père biologique, Thomas Jackson, qu'il ne reverra que dans son cercueil. Remariée à John Hearns, qui donna son nom à ses trois enfants, sa mère, Lois, accoucha six fois en autant d'années malgré une relation conjugale orageuse qui se solda par un nouvel abandon. Mère célibataire de neuf enfants dans le Tennessee profond, Lois prit la décision de déménager à Détroit dans l'espoir d'y trouver du travail. Compte tenu du déclin rapide de la *Motor City*, base de l'industrie automobile américaine, ce n'était pas forcément la meilleure stratégie pour sortir de la misère, mais ce choix eut une importance fondamentale dans la réussite de son fils aîné.

Ce succès, pourtant, ne doit rien au hasard. Enfant du sous-prolétariat noir dans la ville la plus violente des États-Unis, Hearns cochait toutes les cases du membre de gang en devenir, dévié de son destin par la boxe et par son talent. Mais il n'avait dès le départ rien d'un délinquant et rien non plus de particulièrement talentueux. Timide, sensible et d'une maigreur spectaculaire, le jeune Tommy fit très tôt la promesse à sa mère adulée qu'il la sortirait, elle et ses frères et sœurs, d'Helen Street, l'une des rues les plus pauvres de Détroit. Aucun entraîneur de boxe ne l'a ramassé dans la rue ou dans un commissariat. Fasciné par Mohamed Ali et soucieux de ne pas se faire voler son manteau par les caïds de son quartier, il demanda simplement la permission à sa mère de rejoindre le club local, et au bout de quelques semaines, sa détermination eut raison des préventions maternelles, comme elle abattra plus tard tous les obstacles sur son chemin. À dix ans, il avait déjà décidé de réussir et s'en donna les moyens par un travail obsessionnel qui impressionna son futur entraîneur, l'exigeant Emanuel Steward, lorsque l'adolescent avide de progression rejoindra le Kronk, gymnase réputé mais situé à l'autre bout de la ville, dans le West Side. Fils de divorcés, ancien boxeur amateur reconverti en électricien par obligation avant d'incarner le renouveau de la boxe à Détroit grâce à son obstination et ses qualités de pédagogue, Steward s'est immédiatement reconnu en Hearns, qui en retour a assouvi dans cette relation sa quête d'une filiation.

Son étoile contraire au Kronk était Bernard Mays. Surdoué, décrit par son entraîneur comme une « combinaison de Joe Louis et Sugar Ray Robinson », deux des plus grands boxeurs de l'histoire et eux aussi originaires de Détroit, il avait tout pour devenir une star. Ses débuts dans les catégories de jeunes avaient été sans équivalents mais, à seize ans, il était déjà devenu alcoolique et ni les efforts de Steward, ni ceux de son manager ne purent le sauver de ses excès qui l'emportèrent à l'âge de trente-trois ans. À l'opposé, sans être spectaculaire, la progression de Thomas Hearns fut linéaire grâce à son sérieux et son souci du moindre détail. Au départ, Steward l'amenait dans les compétitions par équipes à Chicago ou Cincinnati pour récompenser son attitude, et le jeune Hearns ne manquait jamais de le remercier de ces occasions de changer d'horizon. Mais il était alors, selon son mentor, parmi les moins doués du groupe. Du fait de son physique longiligne, sa puissance et sa coordination étaient plus faibles que la moyenne. Son éthique de travail très précoce lui vaudra pourtant d'inverser toutes les prédictions initiales. Avec seulement huit défaites en cent soixante-trois combats, sa carrière en amateur s'avéra très honorable, mais il était juste en dessous des tout meilleurs, à l'image de ses défaites contre Aaron Pryor, futur épouvantail de la catégorie des super-légers ou Howard Davis, qui lui barra la route des qualifications olympiques avant d'être sacré à Montréal en 1976. Même au sein du Kronk et même après le départ de Mays, il n'était pas la star incontestée. Lors de leur passage commun chez les pros, la réputation de Mickey Goodwin, redoutable puncheur qui avait gagné ses vingt et un premiers combats amateurs par K.-O., lui était supérieure.

Étrangement, la droite dévastatrice de Hearns, qui paraissait être un don de la nature, ne s'était pas signalée avant son passage chez les professionnels. La fin tardive de sa croissance qui a permis le développement de sa musculature l'a doté d'un surcroît de puissance au moment le plus opportun. Mais comme pour le reste, son punch était aussi le fruit d'un travail minutieux avec Emanuel Steward et son adjoint Don Thibodeaux, barbu hirsute haut en couleur et en charge de la transition vers les exigences nouvelles du monde professionnel. L'idée était d'utiliser ses longs bras d'escogriffe comme un fouet en retravaillant sa gestuelle. Son direct du gauche, déjà très efficace, devenait alors à la fois un moyen d'imposer son allonge et une sorte de ligne de mire destinée à ajuster le coup fatal.

L'entreprise fut couronnée de succès au-delà de toutes les espérances, car même s'ils connaissaient le travail d'adaptation accompli, les suiveurs du Kronk et ses entraîneurs eux-mêmes furent tous éberlués quand Hearns enchaîna les victoires expéditives lors de ses premiers combats pros. Alors qu'en amateur, il avait gagné seulement huit fois avant la limite, ses treize premiers combats se soldèrent par un K.-O. en trois rounds ou moins. Sa quatorzième victime, Rudy Barro, fut le premier à passer le cap des neuf minutes avant d'être électrocuté par une droite au début de la quatrième reprise. Bien sûr, Emanuel Steward avait eu l'intelligence de bâtir pour lui un plan de carrière progressif et ses tout premiers adversaires étaient de modestes chasseurs de prime, mais à mesure que le niveau de l'opposition s'élevait, le K.-O. comme l'échéance des trois reprises demeuraient quasi réglementaires. Ainsi, en dix-huit mois, le phénomène s'était déjà fait un nom au sein des poids welters (moins de 66,6 kg) dont la densité monstrueuse allait en faire la nouvelle catégorie reine.

À l'orée des années quatre-vingt, alors que le déclin de Mohamed Ali entrait dans sa phase terminale, la boxe mondiale était en quête d'une nouvelle figure de proue. L'énième come-back d'Ali le 2 octobre 1980 pour affronter Larry Holmes, nouveau champion du monde des poids lourds, aurait pu servir de passage de témoin. Mais la prestation pathétique du vieux lion déjà atteint par les premiers symptômes de la maladie de Parkinson ôta tout mérite à Holmes, qui n'avait de toute façon pas l'envergure pour assurer plus qu'une régence et pour faire oublier celui qui avait écrasé la catégorie de son talent et de son charisme pendant près de deux décennies. Les regards se tournèrent alors vers les welters où, parmi le nombre ahurissant de talents, sévissait un clone en miniature d'Ali.

Tout en Sugar Ray Leonard rappelait le jeune Cassius Clay : le titre olympique, le jeu de jambes, la rapidité d'exécution insolente et la personnalité solaire, pourvue d'un sens de la repartie irrésistible. On le saura plus tard mais il avait aussi hérité de son mental hors norme et de sa capacité à encaisser les coups tout autant que la distance des quinze rounds. Et avec l'ascension météorique de Thomas Hearns, il avait un rival à sa mesure. La machine à rêves et la planche à billets verts pouvaient se remettre en marche.

La collision entre les deux étoiles montantes faillit avoir lieu dès la fin de l'année 1978 à l'initiative de la chaîne ABC. Les deux parties s'étaient mises d'accord et le communiqué de presse allait être envoyé quand Angelo Dundee, informé par un message sur son répondeur téléphonique au retour d'une croisière, mit un terme à ce qu'il considérait être l'œuvre « de fous furieux ». L'ancien mentor de Mohamed Ali, désormais en charge de guider l'ascension sportive de Leonard chez les professionnels, estimait que, d'ici quelques années, le duel générerait dix fois plus d'argent, une prédiction avisée qui s'avéra même très en dessous de la réalité. C'était en effet sans compter sur l'inflation exponentielle d'une décennie de reaganisme qui restera comme « les années fric » et qui fera basculer le sport au premier rang du show-business. Ce combat avorté aurait rapporté 100 000 dollars à Leonard et 12 500 à son adversaire. Trois ans plus tard, ils s'étaient partagé treize millions et le combat en avait rapporté dix-sept. Dundee pensait aussi que Sugar Ray n'avait pas atteint une maturité suffisante pour défier Thomas Hearns, une opinion assez contre-intuitive compte tenu de l'âge et de l'expérience supérieure de son disciple. Mais il avait eu vent d'une séance de *sparring* entre les deux prodiges quelques mois avant les JO de Montréal, et, selon les témoins médusés, le futur champion olympique avait été dominé.

Après ce premier choc avorté, les deux champions reprirent leur incubation parallèle. En grande pompe pour Leonard, star adoubée par les plus grandes marques et par l'Amérique blanche. Plus obscure pour Hearns, longtemps cantonné aux salles de sa ville de Détroit, puis aux premières parties de combats plus prestigieux. Ils deviennent champion du monde à neuf mois d'intervalle, au terme de prestations fidèles à leur réputation : un récital technique pour Leonard face à Wilfred Benitez pour le titre WBC, un carnage pour Hearns vainqueur par K.-O. du détenteur de la ceinture WBA, le Mexicain José « Pipino » Cuevas en août 1980.

L'image de son adversaire littéralement désarticulé par sa droite propulsa Hearns au rang de star de la boxe en l'espace d'une soirée. Cuevas n'était pourtant pas n'importe qui. Détenteur de la ceinture WBA depuis quatre ans et véritable terreur des rings, il avait battu par K.-O. dix de ses onze challengers, et trois d'entre eux avaient été admis à l'hôpital pour des fractures à la mâchoire ou à la face. Jusqu'ici, alors qu'il était passé professionnel à l'âge de quatorze ans, il n'avait jamais été envoyé au tapis. Mais l'histoire retiendra de lui ces deux rounds durant lesquels il fut matraqué par Hearns avant d'être foudroyé par un crochet au menton et transformé en « nouille humaine » selon la formule de Jim Lampley, le commentateur de HBO. Miraculeusement, il s'était relevé, mais la scène avait été si impressionnante que son clan avait immédiatement jeté l'éponge.

La « Joe Louis Arena » de Détroit pleine à craquer avait ovationné son héros de longues minutes. Jamais un champion n'avait autant incarné la ville. Humble, travailleur, fidèle à ses origines, Thomas Hearns redonnait sa fierté perdue à la cité ouvrière sinistrée par la crise de l'industrie automobile, la drogue et la violence. Pour tous ses habitants, son punch faisait écho à la fatalité qui pouvait s'abattre à n'importe quel moment dans les rues de la *Motor City*. Il était aussi une revanche sur l'injustice et la marginalisation qui avait frappé une ville jadis symbole de la puissance industrielle américaine. Berceau des *Big Three* (Ford, Chrysler et General Motors), qui s'y sont installés pour bénéficier de ses infrastructures fluviales et ferroviaires, la grande métropole du Michigan a lié son destin à celui de la voiture et n'a pas anticipé la fin de l'âge d'or de l'après-guerre. Dans les années soixante et soixante-dix, alors qu'elle est confrontée aux délocalisations et à la concurrence internationale, le déclin est dévastateur. En une vingtaine d'années, la capitale de l'automobile est devenue celle de la criminalité et a perdu au passage plus d'un tiers de sa population. La paupérisation de la ville et les émeutes raciales ont fait fuir les classes moyennes *Wasp*. En 1980, il n'y a plus que trente-quatre pour cent de Blancs contre quatre-vingt-cinq, trente ans auparavant. Il ne reste dans les rues de Détroit qu'une jeunesse noire livrée à elle-même et aux ravages du chômage, de l'héroïne et des armes à feu. Thomas Hearns, lui, s'est construit un autre destin, mais sans jamais renier ses racines dans le ghetto de l'East Side. Il est l'antithèse de Ray Leonard, enfant de la *middle class* afro-américaine et champion glamour coopté par l'élite de la Côte Est.

Après la destruction de Cuevas et le double affrontement de Leonard et Durán, conclu par l'humiliation du Panaméen, la collision entre les deux météores était devenue inévitable. Le combat fut programmé le 16 septembre 1981 au *Caesars Palace* de Las Vegas. Plus encore que le titre unifié des welters, les deux boxeurs savaient que c'était leur place dans l'histoire qui serait en jeu ce soir-là. À vingt-deux ans, après des débuts dans l'ombre de la catégorie, Hearns tient enfin le grand combat pour lequel il travaille comme un forcené depuis son enfance. Il veut aussi rendre à la ville de Joe Louis et de Sugar Ray Robinson son lustre évaporé. Plus vieux de trois ans, plus établi depuis son titre olympique et ses débuts ultramédiatisés, Leonard n'en demeure pas moins toujours en quête de la reconnaissance de son talent. Malgré les millions de dollars de contrats publicitaires qui pleuvent sur son compte en banque, il souffre d'être caricaturé par la presse spécialisée en « vendeur de soda ». Il estime aussi que sa revanche victorieuse contre Durán n'a pas été saluée à sa juste valeur et que sa performance a été occultée par l'abandon théâtral de son adversaire, ponctuée du fameux « *No mas* ».

Depuis le premier volet de la saga Ali-Frazier en mars 1971, aucun combat de boxe n'avait suscité autant d'attente et de passions. Le public y trouve les mêmes ingrédients qu'une décennie plus tôt : deux immenses boxeurs au sommet de leur art, une issue totalement indécise, une opposition de styles radicale et un choc des personnalités. Leonard, d'ailleurs, usera des mêmes armes que Mohamed Ali dans la guerre psychologique qui pollue les semaines précédant un grand rendez-vous pugilistique. Comme Joe Frazier, régulièrement traité d'ignorant et de primate par son challenger, Thomas Hearns verra son intelligence plusieurs fois mise en doute par les sous-entendus vicieux de son adversaire qui insinuait notamment qu'Emanuel Steward profitait de sa déficience intellectuelle pour le flouer financièrement. Homme de peu de mots, comme son alter ego poids lourd, le Détroitien répondit aux provocations verbales par la simple promesse d'un K.-O. dévastateur.

Surmotivé par l'enjeu et par les déclarations de Leonard, Hearns s'était entraîné comme jamais. Selon Steward, il en avait même trop fait. Un *sparring* organisé dans son dos à deux jours du combat l'avait prodigieusement agacé. La pesée achèvera de l'enrager. Le déjà filiforme champion WBA s'y était présenté un kilo sous la limite des welters (66,6 kg – 147 livres). « Il avait l'air d'une victime de la famine en Afrique », écrira Leonard dans ses mémoires. Mais le soir, en voyant pénétrer sur le ring un Hearns goinfré de pancakes et réhydraté, il n'en mène pas large : « Le Tommy que j'ai vu à 19 h 30 n'était pas le même que celui du matin. Il semblait avoir été gonflé avec de l'air. » Lors du rituel face-à-face au moment de recevoir les dernières instructions de l'arbitre, il se rend compte aussi de la différence de taille. Pour donner le change, il se tient sur la pointe des pieds.

Ce soir-là sur le parking du *Caesars Palace,* où pour répondre au gigantisme de l'événement a été aménagé un stade temporaire, l'atmosphère est suffocante. Lorsque les deux acteurs pénètrent sur le ring, le thermomètre indique encore 37 degrés et les 23 618 sièges sont tous occupés. Comme au Madison Square Garden dix ans plus tôt pour le premier Ali-Frazier, tous deux présents pour assister au choc entre leurs héritiers, le ban et l'arrière-ban du show-business sont venus parader aux premiers rangs. La Maison-Blanche elle-même avait sollicité des places pour Ronald Reagan avant de se raviser pour cause d'agenda international trop chargé. Pour tous ceux qui n'ont pas pu trouver de billets, le combat est retransmis en circuit fermé dans trois cents cinémas et salles de concert à travers le pays. Les bookmakers eux-mêmes n'ont pas pu dégager un favori. Jusqu'à la veille de la rencontre, la cote de Leonard était légèrement plus élevée, mais l'arrivée à Las Vegas de cortèges de supporters venus de Détroit avait inversé la donne sur le fil. Sa ville croyait si fort en Thomas Hearns que dans les dernières heures, les paris s'étaient envolés. Certains avaient misé leur maison sur sa victoire et lui avaient fait savoir.

« Si vous deviez regarder un seul combat dans votre vie, vous avez fait le bon choix », dira Hearns en sortant du ring et ce n'était pas exagéré. Intensité, excellence technique, dramaturgie, brutalité : tout ce qui fait la grandeur de la boxe a été offert aux spectateurs ce soir-là. C'est Emanuel Steward qui en fera le meilleur résumé à chaud : « J'ai vu Tommy touché et je n'avais jamais vu ça. J'ai vu Ray Leonard surclassé et je n'avais jamais vu ça non plus. » L'opposition de style tant attendue eut bien lieu mais pas telle qu'elle avait été anticipée. Dès les premiers rounds, profitant de son allonge supérieure et de sa vitesse d'exécution, Hearns stupéfie l'assistance en dominant son adversaire en boxe pure. Pour éviter d'être étalé par une droite comme tous ses prédécesseurs, Leonard avait décidé de tourner dans le sens contraire des aiguilles d'une montre, mais il s'était ainsi exposé à un pilonnage de directs du gauche et à sa propre impuissance. Au tiers du combat, le visage tuméfié du *golden boy* indiquait aux retardataires la large avance du Détroitien aux points.

Au sixième round, un moment d'égarement de Hearns fait débuter un autre combat. Il avait suffi qu'il baisse la garde une seule fois pour réveiller l'instinct de champion de Leonard. Cueilli par un crochet du gauche, il plie comme un roseau face aux rafales d'un Sugar Ray revigoré, mais il ne rompt pas. Le round suivant est encore pire. Constamment sur le reculoir, ses fines jambes vacillent de plus en plus visiblement. Il tient au courage, mais l'issue paraît à ce moment-là inéluctable. Steward pense plusieurs fois jeter l'éponge : « J'étais prêt à arrêter le combat. Et si Tommy avait encaissé encore un gros coup, je l'aurais fait, mais il a réussi à tout esquiver. » L'orage est passé et étrangement, à la huitième reprise, Thomas Hearns reprend le fil du combat comme si rien ne s'était passé et recommence à engranger les points.

À la fin du douzième, son avance semble irrémédiable. Dans le coin d'un Leonard défiguré, l'œil gauche quasiment fermé, Angelo Dundee se départit de sa bonhomie proverbiale pour secouer son protégé : « Tu es en train de tout gâcher, fils, tu es en train de tout gâcher ! » L'admonestation rentrera immédiatement dans la légende. Dans le camp opposé, la sérénité n'est pas pour autant de mise. Vainqueur par K.-O. de quasiment tous ses combats (30 sur 32), Hearns n'avait jamais été poussé au-delà d'un treizième round alors que Leonard avait montré à plusieurs occasions qu'il savait finir fort. Même lors de sa défaite face à Roberto Durán, il avait terminé en trombe pour essayer d'emporter la décision. Mais cette fois, son retard est tel que sa seule issue est d'endosser un rôle, celui du puncheur, qui n'était pas prévu pour lui, d'autant qu'il ne peut plus boxer à armes égales : « À ce moment-là, mon œil était si enflé que mon champ de vision était altéré pratiquement aux trois quarts. Il commençait à me transpercer avec des directs et des droites parce que je n'y voyais plus rien. »

Pour Hearns, qui n'avait pas son pareil pour abréger un combat, la problématique est inverse. S'il tient debout encore neuf minutes, il gagne. Mais Steward voit arriver le coup de pompe à l'issue du douzième round : « J'étais en train de donner mes consignes à Tommy et, tout d'un coup, sa tête a basculé vers l'avant. Il était en panne de carburant. J'ai compris tout de suite… » Pourtant dès l'entame, il reprend la marche en avant amorcée au neuvième. Il boxe toujours superbement. Leonard, lui, a abdiqué face à la supériorité technique de son adversaire : « Un boxeur sait quand il est en train de perdre. Nous n'avions pas réalisé à quel point Tommy était talentueux. En tout cas, pas moi. » Mais il attend toujours l'ouverture : « Je n'ai jamais désespéré. » Il sera récompensé de son abnégation à mi-round alors que la maîtrise de Hearns avait de nouveau installé le combat dans une sorte de langueur et qu'Howard Cosell, le commentateur historique d'ABC, venait à peine de prononcer un verdict qu'il croyait alors définitif : « Certains observateurs ont cru à la pesée qu'il était surentraîné, ils ont eu totalement tort. » Il reste une minute et vingt-huit secondes lorsqu'une simple combinaison gauche droite à la mâchoire fait basculer le combat dans le sublime. Sentant qu'il tient sa chance, Leonard enchaîne les coups à toute vitesse. Hearns bascule dans les cordes et manque de tomber du ring, mais il n'est pas compté. Il reste encore une minute à tenir et elle paraît être une éternité. Le Détroitien recule, mais continue de boxer au lieu de s'accrocher et de gagner du temps : « Ce n'était pas dans la culture du Kronk, confessera Steward, nous ne travaillions jamais les accrochages à l'entraînement. Après ce combat, Tommy s'y est mis et il est devenu un véritable expert en la matière. » Il reste six secondes lorsqu'à bout de forces, il s'écroule de nouveau dans les cordes. Cette fois, il est compté jusqu'à neuf, mais au coup de gong, il a survécu.

À l'entame de la quatorzième reprise, malgré le 10-8 qu'il vient d'encaisser, il est encore devant au pointage des trois juges et il ne peut plus être rattrapé. C'est une course contre la montre qui débute alors pour l'un, contre lui-même et la défaillance de son organisme pour l'autre. Les jambes de Hearns ne répondent plus. Pourtant, au début du round, il ressort toute la panoplie qui lui a permis de revenir dans le jeu à partir du neuvième. Il danse comme il peut et impose son allonge autour d'un Leonard à l'affût du coup fatal. Celui-ci interviendra au bout de soixante-dix secondes. Sur un énorme crochet du droit, Hearns s'affaisse et Sugar Ray lève déjà les bras avant d'acculer une dernière fois son adversaire dans les cordes. Le déluge est tel que cette fois, l'arbitre arrête le combat.

Thomas Hearns est sonné, vaincu, mais debout et même grandi. Tel un miraculé, Leonard, le visage dissimulé derrière des grosses *Ray Ban* et une casquette de marin, sera le premier à reconnaître la performance de son adversaire : « Dans mon esprit, nous sommes toujours tous les deux champions. » Cela ne consolera pas Hearns. Il se présente en conférence de presse tête basse, le regard voilé par un sentiment d'indignité. Ses premiers mots sont pour sa ville : « Détroit, je reviendrai. » Mais à part ceux qui avaient parié toutes leurs économies sur sa victoire, personne ne lui en voudra. Comme l'écrira le journaliste Ralph Wiley : « Leonard a perdu un œil. Hearns a perdu connaissance. Mais ils ont tous les deux gagné leur part d'immortalité. »

La suite logique d'un tel sommet était l'une des revanches les plus attendues de l'histoire. Mais Sugar Ray Leonard mettra fin aux appétits des promoteurs et aux rêves du *Motor City Cobra* par l'annonce surprise de sa retraite après s'être fait opérer de la rétine en février 1982. Le coup fut difficile à encaisser, mais l'obsession de Hearns se détourna alors vers Marvin Hagler qui était en train d'établir chez les moyens une domination sans partage, nourrie par les frustrations d'un début de carrière tortueux. En quête de reconnaissance médiatique et financière, Hagler avait lui aussi besoin d'un combat majuscule pour prendre la place qu'il estimait être la sienne dans le panthéon de la boxe, une opportunité dont Leonard l'avait privé et que seul Hearns, désormais, pouvait lui offrir. Le duel avait été programmé le 24 mai 1982, puis reporté lorsque Hearns s'était fracturé un doigt, et enfin annulé faute d'accord entre les chaînes de télévision qui détenaient les droits des deux boxeurs. Excédé par ces contretemps, Hagler poursuivit son règne sans embûche, si ce n'est un combat accroché contre un Roberto Durán ressuscité, mais dont la cote s'était étiolée après son abandon controversé face à Leonard. Lorsque ce fut le tour de Thomas Hearns d'affronter le vétéran panaméen, malgré tout le respect accordé à la carrière de Durán, ce n'était déjà plus le duel dont il rêvait pour exorciser les fantômes de son unique défaite. Mais une victoire de prestige était de nature à rendre l'affrontement avec Hagler inéluctable.

Le combat fut programmé le 2 juin 1984 à Nassau aux Bahamas, mais à la suite de difficultés dans le montage financier, il fut rapatrié à Las Vegas. Si Hearns était invaincu depuis trois ans, il était perclus de doutes depuis sa victoire aux points contre Wilfred Benitez à la fin de l'année 1982. Ce succès aux dépens d'un adversaire considéré comme le meilleur défenseur de sa génération, ainsi que l'indiquait son surnom (*El Radar*), lui avait permis de redevenir champion du monde, mais il s'était fracturé la main droite et luttait depuis contre la douleur et l'appréhension. Habitué aux victoires expéditives, il avait depuis gagné ses deux seuls combats aux points contre de modestes adversaires européens, une anomalie qui avait ébréché sa confiance. Entre les combats, lui qui se déplaçait toujours avec une immense troupe de faire-valoir, vivait désormais reclus dans sa maison de Southfield, une banlieue cossue de Détroit. C'est comme si on l'avait tout d'un coup dépouillé de son superpouvoir : « Pour bien comprendre Thomas, vous devez savoir que son jugement de valeur est entièrement basé sur sa puissance de frappe. Cet homme vit et se sent exister à travers la force de sa main droite. Elle est son image de lui-même », décryptera avant le combat le Dr Lewerenz, son médecin personnel, à *Sports Illustrated.*

Mais de l'aveu d'Emanuel Steward, la préparation du combat contre Durán fut la meilleure de sa vie. Enfin débarrassé des séquelles de sa fracture, les retrouvailles avec sa droite l'avaient plongé dans la douce euphorie d'une renaissance, et sa motivation en fut décuplée. Depuis toujours confronté à des partenaires de haut niveau, il bénéficiait cette fois en outre de conditions exceptionnelles.

Entraîneur-adjoint de l'équipe olympique américaine, Steward avait accueilli à Détroit la génération dorée de 1984 durant la préparation des Jeux de Los Angeles où elle rafla neuf médailles, dont huit en or, sur douze possibles. Plusieurs semaines durant, Hearns put ainsi croiser les gants avec des cracks tels que Mark Breland, Pernell Whitaker ou Frank Tate auxquels s'étaient joints les champions du monde Milton McCrory et Mike McCallum. « C'était l'un des meilleurs camps d'entraînement de l'histoire de la boxe », dira le patriarche du Kronk.

Si Thomas Hearns partait avec la faveur des pronostics, personne ne pouvait imaginer la tournure expéditive qu'allait prendre le combat. Il est vrai que l'étoile de Durán avait pâli au fil de ses défaites et de ses frasques hors du ring. Après sa désertion lors de la revanche accordée à Leonard, il s'était incliné aux points contre Benitez puis contre le modeste Britannique Kirkland Laing, un boxeur « tout juste digne de faire ses lacets », dira Don King. Mais depuis ces mois d'errance, il était redevenu lui-même, un champion du monde semant la terreur et la désolation dans le camp adverse. Contre Davey Moore, le détenteur de la ceinture WBA des super-welters, il avait retrouvé sa sauvagerie dévastatrice et ce regard de psychopathe que Joe Frazier avait un jour comparé à celui de Charles Manson. Dans les derniers instants du huitième et ultime round, pétrifiées par sa brutalité, la petite amie et la mère de Moore s'étaient évanouies sur leur siège du Madison Square Garden.

Cette aura presque animale, qui, de son propre aveu, avait paralysé Leonard lors de leur premier affrontement, ne s'était pas éteinte. Elle était au contraire entretenue par une mythologie intarissable qui ressassait, pour faire peur aux enfants et à ses adversaires, les combats contre des boxeurs adultes alors qu'il n'avait que huit ans, les cinq colosses allongés à la sortie d'une boîte de nuit le jour de ses quinze ans, ses débuts professionnels à seize ou ce surnom, *Manos de piedra*, certifié conforme par le mulet assommé d'un seul coup de poing après un pari qui lui avait rapporté cent dollars et une bouteille de whisky. De sa défaite aux points contre Marvin Hagler fin 1983, il était sorti grandi et même béatifié par le petit peuple de Panama City. Lui, l'ancien champion des légers, avait fait plus que tenir tête au roi des poids moyens alors à son apogée. Il en retirera une nouvelle part de gloire et un gros chèque qui s'était consumé aussi vite que sa condition physique dans une tournée des bars de plusieurs semaines à travers toute l'Amérique latine.

Cette implication de plus en plus fluctuante face aux contraintes du métier ôtait désormais toute certitude à l'approche de ses combats. Toute, sauf une : personne ne mettait K.-O. Roberto Durán. En seize ans de carrière, il n'avait vacillé que deux fois, contre son alter ego, Esteban de Jesús, mais jamais il n'avait été arrêté avant la limite ou proche de l'être, même face à des boxeurs du calibre de Hagler, Leonard, Benitez ou Buchanan. Pourtant, à l'issue du premier round contre Hearns, il était déjà allé deux fois au tapis et, au coup de gong, il s'était dirigé groggy et vitupérant vers le mauvais coin du ring. Le début de la deuxième reprise prit rapidement des airs de massacre. Dépassé par la vitesse d'exécution de son adversaire, le Panaméen était brinquebalé aux quatre coins du ring comme un vulgaire pantin. Sur un ultime enchaînement sublime de Hearns conclu par une droite au menton, le grand Durán s'écroulait face contre terre comme un chêne centenaire frappé par la foudre. Le sentiment d'anéantissement fut tel que l'arbitre arrêta immédiatement le combat alors que les hommes de coin s'affairaient déjà autour du corps inerte du champion déchu. Le choc fut tel au Panama que Durán, héros national depuis plus d'une décennie, avait été jeté en prison pendant deux jours à son retour au pays.

La droite de Thomas Hearns n'avait pas seulement terrassé la légende panaméenne, elle venait aussi de balayer tous les obstacles contractuels qui se tenaient entre Marvin Hagler et lui depuis deux ans. Après le report *sine die* de leur premier duel, ce dernier avait traité son ex-futur challenger de « mauviette », et dans les semaines qui suivirent, l'incompréhension mutuelle dégénéra en haine viscérale : « Je n'aime pas Marvin et je ne l'ai jamais aimé », lâchera Hearns, ulcéré. Trois ans plus tard, la tournée promotionnelle du combat envenima encore un peu plus la relation entre les deux hommes. Il y eut d'abord une fâcherie au sujet des jets privés mis à disposition des deux camps par le promoteur Bob Arum. Les représentants du Kronk avaient annoncé qu'ils boycotteraient les rendez-vous médiatiques au programme tant qu'ils n'obtiendraient pas un Falcon identique à celui du champion en titre. Puis lors des conférences de presse à deux voix, devant les réponses laconiques de Marvin Hagler, dont la méfiance confinait à la paranoïa, le Détroitien fit violence à sa nature placide pour prendre en charge le poids de la publicité du combat en multipliant les considérations dédaigneuses contre son adversaire. Son manque de conviction était manifeste, mais la vie avait rendu Hagler imperméable au second degré.

Durant toute sa carrière, il s'était battu en vain pour être reconnu à sa juste valeur par le monde de la boxe. Il avait combattu en lever de rideau de Sugar Ray Leonard pour cinquante dollars, avait attendu sept ans une chance mondiale, face à l'Italien Vito Antuofermo, un combat qu'il avait dominé mais qui fut métamorphosé en match nul par la magie de Las Vegas, puis le jour où il était enfin devenu champion du monde, en battant Alan Minter à Wembley en 1981, il avait dû fuir les jets de bouteilles de bière des hooligans anglais avant que la ceinture ne lui soit remise. Il l'avait ensuite défendue victorieusement à dix reprises, mais faute d'adversaire de grande envergure, ses bourses étaient toujours loin de sa vraie valeur. Alors, la reconnaissance qu'il n'avait pas obtenue sur les rings, il était allé la chercher dans un tribunal où il avait défendu son droit à changer d'état civil. Désormais, qu'ils le veuillent ou non, les médias devraient l'appeler Marvelous Marvin Hagler.

Il méprisait Thomas Hearns depuis leur rencontre avortée qui l'avait privé de la consécration qu'il attendait depuis toujours : « Pour un million de dollars, moi, j'aurais préféré me faire couper le doigt. » Dès que la rencontre avait enfin été officialisée, il était entré en mission et s'était enfermé à Provincetown dans son traditionnel camp de base, un hôtel délabré et dépourvu de chauffage qu'il appelait « la prison », puis à Palm Springs, dans le désert californien, où il s'était astreint à une préparation démentielle, « la meilleure de sa vie », confesseront les frères Petronelli, qui le coachaient depuis 1969. Emanuel Steward avait pressenti que ce combat serait à nul autre pareil. Au printemps

1984, il avait eu ces paroles prophétiques : « Je ne suis pas pressé de voir Tommy affronter Hagler. Sa main est toujours fragile et combattre Hagler, c'est comme taper sur une boule de bowling. » Ce n'était pas tout à fait une métaphore. Des analyses radiologiques de l'intéressé finiront par apporter une explication scientifique à son apparente insensibilité aux coups en mettant en évidence une boîte crânienne anormalement épaisse. Cela n'empêchait pas Hearns d'afficher une confiance inébranlable depuis qu'il avait anéanti Durán, lui aussi réputé indestructible avant de tomber sous les bombes du *Hitman*. Ses prédictions de K.-O. expéditif n'étaient pas seulement un artifice promotionnel. Il s'en était convaincu. Cela avait eu le don de plonger Hagler dans un état de rage avancé qu'il conserva jusqu'au coup de gong de la première reprise lorsqu'il se rua sur son challenger comme s'il venait de lui voler son portefeuille.

Ce round inaugural est encore aujourd'hui considéré comme le plus beau de l'histoire de la boxe, trois minutes « sublimes et sauvages », ainsi que l'écrira l'envoyé spécial de *L'Équipe*. En ce 15 avril 1985, le ciel orageux et la tension nerveuse dans les deux camps laissent présager une soirée pas comme les autres : « J'ai couvert beaucoup de combats, mais il régnait une ambiance vraiment électrique. C'était palpable, on sentait qu'il allait se passer quelque chose de jamais vu », se souviendra le commentateur de HBO, Barry Tompkins. Mais personne ne peut alors vraiment imaginer l'ouragan pugilistique qui va faire chavirer le *Caesars Palace*. Les trente premières secondes sont à couper le souffle, un mélange de perfection technique et de bestialité. Les deux boxeurs se ruent l'un sur l'autre comme si leur vie en dépendait, et lorsqu'ils s'accrochent pour la première fois brièvement, le visage de Marvin Hagler est déjà couvert de sang. Son arcade a explosé. Les 15 000 spectateurs sont tous debout, en apnée. Au bord du ring, Charles Biétry ne fait pas exception : « J'ai eu peur que l'un des deux meure sous les coups de l'autre. J'ai commenté beaucoup de choses pour Canal +, mais ce combat reste le moment de sport le plus fort de toute ma vie. »

Après une telle entame, tout le monde s'attend alors à une accalmie, mais le déluge de coups redouble. Il y en aura 165 (83 par Hearns, 82 par Hagler) en 180 secondes ! Deux des trois juges donneront le round au challenger, mais de toute façon, plus personne ne pouvait croire à la possibilité que le combat aille jusqu'à la limite. Même l'arbitre, le très réputé Richard Steele, est déjà proche de la rupture : « J'ai toujours fait très attention à ma préparation, je courais beaucoup. Mais ce soir-là, après la première reprise, j'étais fatigué. Après le deuxième, j'étais épuisé. Je me souviens m'être dit que si ces deux gars allaient au bout, j'aurais du mal à tenir. »

Dans le coin du tenant du titre, Goody Petronelli s'affaire comme il peut pour arrêter l'hémorragie qui fait ressembler Hagler à un accidenté de la route. En face, si les dégâts sont moins visibles, le round a été encore plus dévastateur. Sur un crochet mal ajusté, Thomas Hearns s'est fracturé la main droite sur le crâne chauve du champion. La douleur était si intense qu'il n'eut aucun mal à poser lui-même le diagnostic au retour dans son coin : « Ma main est cassée », lança-t-il à Emanuel Steward. « Comment ça ? Tu t'es fait mal ? » lui demanda son coach.

« Elle est cassée, je te dis. » Plus tard, Steward blâmera l'entourage pléthorique – « un million de personnes », selon ses mots – qui encombrait le vestiaire du *Hitman* avant chacun de ses combats. En l'occurrence, l'un des frères Hearns avait déclenché une bagarre contre un membre de la sécurité du *Caesars Palace* et, obligé d'intervenir, le coach ne put ajuster les bandages comme il le souhaitait.

Avec la plaie béante à l'arcade qui menaçait le champion en titre d'être arrêté sur blessure à tout moment, l'équation du combat devenait aussi simple que paradoxale : Hagler, bulldozer rompu au travail de sape, avait l'obligation d'en finir sans délai et Hearns le puncheur devait juste rester debout quelques rounds de plus pour l'emporter, comme cinq ans plus tôt face à Leonard. Mais privé de son arme fatale et déjà rincé par l'intensité du premier round, il ne s'engageait pas dans les meilleures conditions dans cette course contre la montre face à un Hagler que la vue de son propre sang avait rendu encore plus enragé. Dès le début du deuxième round, les jambes du Détroitien semblent le lâcher devant la cadence infernale imprimée par son adversaire. En spécialiste avisé, Ray Leonard, commentateur d'un soir sur HBO, décèle immédiatement la faille : « Je n'aime pas la façon dont Tommy bouge, il est déséquilibré. » Un massage inopportun administré dans les vestiaires par l'un des idiots de service qui le suivaient partout sera mis en cause par Emanuel Steward. Hearns n'eut pas vraiment d'autre explication à la trahison de ses membres inférieurs alors qu'il se sentait en parfaite condition dans les jours précédant le combat. Des années plus tard, il évoquera les effets du surentraînement. Traumatisé par sa difficulté à tenir la distance lors de son duel avec

Leonard, il s'était infligé des courses de treize kilomètres jusqu'aux derniers jours précédant le combat.

Le rythme de la deuxième reprise est à peine moins effréné. Hearns donne encore le change mais il semble de plus en plus boxer sur un fil face à un Hagler déchaîné. Au début du troisième, sur demande de l'arbitre, la blessure du champion en titre est examinée. Lorsque le docteur Homanski, de la commission athlétique du Nevada, lui demande s'il peut y voir quelque chose avec tout ce sang qui s'écoule devant ses yeux, Hagler répond : « Je crois pas que je le rate, non ? » Un répit lui est finalement accordé mais il sait que le temps lui est plus que jamais compté et cela fait remonter à la surface toutes les frustrations qui le consument depuis des années. Ron Borges, l'envoyé spécial du *Boston Globe*, se souvient : « Dans son esprit, il s'est dit : “Et voilà, c'est reparti, ils vont encore trouver un moyen de me reprendre ce que j'ai gagné.” En sortant de son coin, il portait toutes les humiliations, les rêves brisés accumulés durant toute son existence et il était prêt à les faire payer à quelqu'un d'autre. »

En face, Thomas Hearns ressemble désormais à une proie encerclée. Son coin lui a intimé de ne plus accepter l'épreuve de force, mais son direct du gauche ne fait pas reculer Hagler et à chaque fois qu'il lance sa droite la douleur est insoutenable. À mi-round, un crochet à la tempe le déséquilibre et lui fait tourner le dos brièvement à son adversaire. Avec peine, comme s'il se déplaçait à clochepied, il rétablit son équilibre, mais lorsqu'il parvient à se retourner, Hagler est déjà en position pour la mise à mort et le cueille avec une dernière droite chirurgicale. Quand sa tête touche le sol, on ne voit que le blanc de ses yeux.

L'écrivaine Joyce Carol Oates comparera la scène à celui d'un « Christ noir détaché de sa croix. » Avec un courage dénué de sens, il se relève avant la fin du décompte, mais son regard et son corps tout entier semblent vides. Alors, sagement, Richard Steele arrête le combat. « Je n'ai jamais voulu blesser quelqu'un sur un ring, mais si l'arbitre l'avait laissé continuer, je crois que j'aurais vraiment pu faire du mal à Tommy », acquiescera Hagler. Hearns est sonné mais debout. Pourtant, un membre de son clan ne trouvera rien de mieux que de le prendre dans ses bras comme un bébé pour le sortir du ring. « Il ne méritait pas cette infamie », s'émouvra son amie Jackie Kallen, en charge des relations publiques du Kronk.

L'histoire a immédiatement consacré ces huit minutes de folie et son premier round d'anthologie. Mais elle retiendra aussi que Thomas Hearns a perdu les deux combats qui auraient pu le faire rentrer dans la légende de la boxe, aux côtés des plus grands. Durant de longs mois, il luttera contre un sentiment de relégation en guettant le moindre signe d'une nouvelle chance. Mais sa campagne de presse ne pesa pas bien lourd face à la frénésie provoquée par l'annonce du retour de Sugar Ray Leonard. C'est lui qui affrontera Marvin Hagler et le battra à l'issue d'une décision qui suscite la controverse encore aujourd'hui. L'histoire finit presque bien pourtant. La revanche contre Leonard qu'Hearns et le monde de la boxe avaient attendue en vain juste après leur premier duel fut accordée huit ans plus tard. L'un comme l'autre avaient vu passer leurs meilleures années, au point que Ferdie Pacheco, le volubile médecin personnel de Mohamed Ali, qualifia les retrouvailles de « bataille entre deux navires en plein naufrage ». Mais pour

Thomas Hearns, c'était une dernière chance de redonner un sens à sa vie.

Ultra-rationnel, les yeux rivés sur ses comptes en banque, Leonard n'avait pas perçu la portée existentielle de ce combat, une erreur qu'il faillit payer très cher. Jusqu'ici, son sens du timing et son opportunisme ne lui avaient jamais fait défaut tant sur le ring que dans ses choix de carrière. Battu en juin 1980 par Roberto Durán lors d'un premier affrontement épique, Leonard avait accéléré la revanche prévue par contrat pour bénéficier du relâchement légendaire de *Manos de Piedra*, qui avait la réputation de célébrer ses grandes victoires par plusieurs semaines de fêtes orgiaques. Le Panaméen ne fit pas d'exception pour le plus lucratif succès de sa carrière, bien au contraire, et c'est hors de forme et pris de court par la vitesse de Leonard qu'il prononça le légendaire « *No mas* » pour mettre un terme à l'humiliation et à de prétendues crampes d'estomac. De même, la retraite de Leonard en 1982 avait un parfum de mystère, voire de machiavélisme, impression qu'avait renforcé son come-back poussif et sans lendemain contre Kevin Howard en 1984 (victoire par arrêt à la neuvième reprise après avoir été envoyé au tapis lors de la quatrième). Si la pathologie invoquée – un décollement de la rétine opéré avec succès – était réelle, cette pause dans sa carrière apparaissait aussi comme un moyen d'éviter un duel devenu aussi inéluctable que risqué avec Marvin Hagler et un retour en enfer avec Tommy Hearns. Ce n'est qu'après avoir assisté du bord du ring au succès en demi-teinte d'un Hagler moins souverain qu'à l'accoutumée contre John Mugabi en mars 1986 que Leonard estima que le moment de l'affronter était venu.

Devenu sûr de ses intuitions après sa victoire inattendue aux points, c'est suprêmement confiant que Sugar Ray appliqua le même raisonnement et proposa de combattre à nouveau Hearns apparu en fin de course lors de sa défaite contre Iran Barkley le 6 juin 1988. Si le *Hitman* avait dominé le combat jusqu'au troisième round, les doutes sur sa capacité à encaisser avaient trouvé un nouveau fondement lorsqu'il fut cueilli par un crochet de Barkley dont il se releva sans se remettre avant d'être arrêté quelques secondes plus tard alors que, empêtré dans les cordes et à moitié inconscient, il était en train de basculer hors du ring. Après ce K.-O. retentissant, il était difficile d'imaginer Hearns rebondir, en premier lieu pour Leonard, d'autant que cinq mois plus tard, le *Hitman* avait enchaîné par une victoire plus que poussive contre James Kinchen, un boxeur de seconde zone qui l'avait envoyé au tapis. La prise de poids qui avait accompagné ses transitions des welters jusqu'aux super-moyens ne s'était pas traduite par un gain de puissance proportionnel. À l'inverse, sa mâchoire et ses jambes, déjà suspectes en début de carrière, donnaient de plus en plus de signes de fragilité face à des adversaires plus lourds. Mais la perspective d'une revanche contre son ancien rival ressuscita le cobra vieillissant, à l'image de Joe Frazier, que Mohamed Ali, sûr de son fait, croyait comme tout le monde carbonisé, avant de passer par les limbes de la fournaise de Manille lors de leur ultime duel, le plus brutal de la trilogie.

Au Kronk, sa préparation fut optimale et rien ne fut laissé au hasard pour préparer son corps et son moral déclinant à un long affrontement. Ses fines jambes régulièrement flageolantes furent renforcées par des sessions de vélo ciblées sur les muscles défaillants de ses cuisses et son protège-dents adapté au déplacement de sa mâchoire décelé par une série de radios. À l'entraînement, Steward est frappé par sa concentration et l'intensité imprimée dans le moindre de ses gestes. Hearns allonge ses sparring-partners les uns après les autres comme dans ses plus belles années. Pourtant, tout ce bel édifice aurait pu s'écrouler la veille du combat. La nouvelle était tombée après le footing matinal. Son jeune frère était suspecté par la police de Détroit d'avoir tué sa petite amie d'une balle dans la tête à l'issue d'une violente dispute au domicile du boxeur, que le couple occupait en son absence. Les premiers témoignages s'étaient révélés accablants pour Henry Hearns et il sera condamné plus tard à vingt-cinq ans de prison pour ce meurtre.

Citoyen modèle, engagé très jeune comme officier de réserve de la police de Détroit, Thomas Hearns a plusieurs fois été la victime collatérale de sa fidélité à ses origines. Son entourage, issu comme lui du ghetto de l'East Side de Détroit, a été mêlé plusieurs fois à des incidents impliquant des armes à feu. La veille du premier combat contre Leonard, un des amis de Hearns logé au *Caesars Palace* avait eu la brillante idée de nettoyer un pistolet devant la piscine de l'hôtel et deux coups étaient partis, provoquant un gigantesque mouvement de panique. En 1987, l'un des gardes du corps occasionnels de Hearns, Rick Carter, avait été grièvement blessé lors d'une tentative d'assassinat et, comme dans les films, les assaillants étaient venus terminer leur besogne dans sa chambre d'hôpital. L'année suivante, c'est Kimberly Craig, son ex-compagne et la mère de sa fille Natasha, qui avait été tuée par balles alors qu'il préparait son combat contre Iran Barkley.

Ces épisodes avaient brouillé l'image de Thomas Hearns mais avaient eu peu de conséquences sur sa carrière. Cette fois, la proximité du drame avec le combat et la médiatisation de l'affaire étaient de nature à remettre en question la tenue d'un des combats les plus importants de sa vie. Tout le monde aurait compris qu'il ne soit pas en état de monter sur un ring le lendemain d'un tel choc, mais à aucun moment il n'envisagea de renoncer à la chance qu'il attendait depuis 1981 : « Ma famille compte énormément pour moi. Mais ce jour-là, monter sur le ring et battre Leonard comptait encore plus. J'avais attendu ce moment huit ans. Huit années de souffrance, avec ce démon qui me poursuivait partout où j'allais. »

Le combat eut lieu le 12 juin 1989 dans la nouvelle catégorie des super-moyens (limite à 168 livres, soit 76,2 kg), mais un accord secret exigé par le clan Leonard avait fixé la limite à 164 livres (74,4 kg), sous peine d'une pénalité de deux millions de dollars. Au fil des semaines, l'excitation suscitée par ces retrouvailles tardives occulta les doutes sur leur intérêt et les recettes du *pay per view* dépassèrent toutes les espérances. Sans retrouver la magie de leurs premiers échanges, les deux vieux guerriers justifieront leurs émoluments (respectivement treize et onze millions de dollars) en se livrant un duel immense et crépusculaire. Plus rapide, plus puissant, c'est un Thomas Hearns ressuscité qui domine les premiers rounds, comme huit ans plus tôt. Au troisième, d'un double enchaînement gauche-droite, il fait vaciller son adversaire avant de l'envoyer au tapis une première fois. Visiblement pas dans son assiette, Leonard attribuera son entrée en matière poussive aux condoléances exprimées à la famille Hearns lors de la pesée : « J'ai totalement perdu mon ascendant. J'aurais dû attendre la fin du combat. » Mais au cinquième round, il fait parler l'orgueil du champion. Soûlé de coups, le *Hitman* s'en sort au courage, sous les ovations du public. La suite des hostilités est relativement équilibrée, mais Hearns paraît totalement en contrôle et lorsqu'à l'avant-dernière reprise, Leonard est compté jusqu'à huit après avoir été puni par une série de crochets, l'issue ne semble plus faire de doutes pour peu que l'affrontement aille à son terme.

Le dernier round sera de toute beauté, une apothéose parfaite des vingt-six que les deux hommes se sont livrés au cours de leur carrière. Chacun donne tout pour l'emporter avant la limite. L'un parce qu'il veut une victoire totale pour congédier ses fantômes, l'autre parce qu'il n'a plus le choix. Dans les premières secondes, Hearns se déchaîne et paraît toucher au but, mais en cherchant le K.-O. à tout prix, il a consumé inutilement ses ultimes forces et s'est exposé à un contre meurtrier de Leonard. Durant les deux dernières minutes, il livre une lutte pathétique contre le déluge de coups qui s'abat sur lui et contre son propre corps qui le lâchait une nouvelle fois, dans un mimétisme macabre avec les ultimes minutes du premier combat. Au bord du précipice, il semblait devoir affronter la même fatalité que James Stewart dans le *Vertigo* de Hitchcock, confronté aux réminiscences de sa défaillance physique face à une deuxième chance inespérée d'expier son passé.

Mais cette fois, sa volonté et sa science de l'accrochage le firent tenir bon face aux assauts de l'ombre du Leonard de 1981. Il avait non seulement exorcisé son abdication, mais pour tous les observateurs, il en avait fait plus qu'assez pour gagner aux points. Sur HBO, le consultant Harold Lederman, lui-même ancien juge lors de nombreux combats de niveau mondial, dévoilait son propre décompte sitôt le dernier coup de gong. Pour lui, Hearns avait quatre points d'avance. Sa rédemption ne fut pourtant authentifiée qu'à moitié, et c'est sous les quolibets d'un *Caesars Palace* outragé que fut annoncé par le speaker un match nul défiant toute logique sportive. L'injustice fut reconnue sans difficulté par Leonard lui-même quelques années plus tard : « Tommy aurait dû obtenir la décision, je suis prêt à l'admettre. » Mais c'est une paix intérieure que Thomas Hearns était venu chercher, pas une énième ceinture, et au moment de descendre du ring, son visage n'exprimait pas la moindre amertume. Juste de la fierté, et un immense soulagement.

Cette victoire morale sur son vieux rival et sur ses propres démons constituait le moment idéal pour se retirer. Mais l'attrait venimeux d'un dernier combat est souvent plus fort que la raison, c'est toute l'histoire de la boxe. Très peu de grands champions ont résisté à la tentation du, ou plus souvent encore, des combats de trop. Alors que leur santé est bien plus exposée que dans la plupart des autres sports, les boxeurs sont ceux qui ont le plus de mal à raccrocher, tout simplement parce que continuer reste trop longtemps une possibilité, parfois la seule, tant, faute de savoir faire autre chose, ils peuvent douter qu'une autre vie soit possible. Un footballeur, un basketteur ou un cycliste en fin de course ne trouveront plus de club ou d'équipe pour les embaucher, un tennisman n'aura plus le classement pour intégrer les tournois. Et, tout au long de leur carrière, eux n'auront pas encaissé des milliers de coups qui auront constitué autant de lésions neurologiques. Pour un boxeur, il suffit de trouver un certificat médical et un public, ou, pour les moins illustres, un manager véreux prêt à vous jeter en pâture à une étoile montante qui a besoin de s'aguerrir sans mettre en danger sa réputation.

Le besoin d'argent, de lumière, l'orgueil ou la peur du vide sont autant de motivations qui justifient l'injustifiable. Pour Thomas Hearns, c'était probablement un mélange de tout cela. Durant sa carrière, il avait accumulé trente millions de dollars de bourses et n'avait pas la réputation d'être particulièrement dépensier. Mais pendant trois décennies, il a subvenu aux besoins de son interminable fratrie et sans doute aussi de quelques sangsues qui le suivaient partout sans qu'on connaisse réellement leur rôle. En 2010, acculé par un arriéré d'impôts de 450 000 dollars, il dut se résoudre à vendre aux enchères nombre de ses trophées et de ses bolides, qui constituaient son seul hobby recensé en dehors de son obsession pour le noble art. Cette absence d'intérêt pour toute vie loin des rings est peut-être la principale raison de son entêtement. Avant son ultime combat, sa femme, Renée, confessait au *New York Times* son impuissance face à l'ennui : « Je n'ai pas envie qu'il combatte, mais rester assis à la maison lui fait plus de mal que ce qui peut lui arriver face à un autre boxeur. »

La carrière de Thomas Hearns s'étira bien au-delà de ce que la raison commandait. Après son deuxième duel avec Leonard, il remontera dix-sept fois sur le ring. Au début des années 2000, il écrira même un courrier en bonne et due forme à son vieux rival pour lui proposer un troisième combat. « Tommy, la seule chose que j'arrive à frapper aujourd'hui, c'est une balle de golf ! » lui répondra, consterné, Sugar Ray, qui avait été sévèrement puni par Héctor Camacho lors de son ultime come-back en 1997. Au cours d'une rencontre fortuite à Londres, apprenant qu'il projetait de revenir aux affaires vingt ans après leur duel, Marvin Hagler essaya de le dissuader avec ses mots à lui, avant même que l'idée d'une revanche puisse être abordée : « T'es complètement cinglé, mon gars. »

Il livrera son dernier combat en 2006, contre Shannon Landberg, trente ans après ses débuts professionnels. Il avait 48 ans, et ses troubles d'élocution, attribués, comme le faisait Ali au crépuscule de sa carrière, à de la fatigue passagère, faisaient résonner la folie de son rapport aimanté au ring. Mais il ne regrette rien, si ce n'est d'avoir laissé échapper deux des plus grands combats de l'histoire de la boxe. Marvin Hagler, décédé brutalement en 2021, n'est plus de ce monde, mais aujourd'hui encore, même la soixantaine passée, il n'est pas certain que Thomas Hearns ait renoncé à une revanche contre l'autre responsable de ses tourments.

ZOLA BUDD, LA SOLITUDE DE LA COUREUSE DE FOND

Le 10 août 1984, les pieds et, plus encore, les destins de Zola Budd et de Mary Decker sont entrés en collision et sont depuis restés liés à jamais. Leur duel aux Jeux olympiques de Los Angeles était le plus attendu de la quinzaine et il est rentré dans la légende du sport avant même que la course se termine. Aucune, pourtant, n'en sortit vainqueur, ni ne parvint à s'en remettre tout à fait.

Des deux, c'est Decker qui avait tout pour faire chavirer les cœurs. Double championne du monde en titre et grande favorite de la finale du 3 000 mètres disputée à domicile, elle tenait enfin l'occasion de rompre une malédiction qui lui avait déjà fait rater trois olympiades. Elle finira par laisser sa santé dans son entêtement à contredire un sortilège si tenace qu'il semblait ordonné par les dieux de l'Olympe en personne. Âgée de treize ans et dix mois en 1972, elle n'avait pas pu concourir aux *Trials*, les sélections olympiques américaines d'athlétisme, malgré des performances déjà hors norme et un mental taillé pour la haute compétition, au point de faire des crises de nerfs lorsqu'elle était doublée à l'entraînement. Le règlement exigeait d'elle d'avoir quatorze ans révolus. Quatre ans plus tard, c'est une blessure, la première d'une interminable série, qui la fit renoncer. Diagnostiquée après des années d'errance médicale par un marathonien néo-zélandais atteint du même syndrome, puis opérée avec succès et revenue à son niveau, elle dut subir en 1980 le boycott des Jeux de Moscou par les États-Unis, suite à l'invasion de l'Afghanistan par l'Armée rouge.

Il y avait a priori moins de raisons de plaindre Zola Budd. À dix-huit ans, son échec n'était en rien irrémédiable tant l'avenir du demi-fond semblait appartenir à son talent prodigieux. Mais surtout, elle n'aurait jamais dû être là. Elle ne voulait même pas être là. Sud-Africaine de naissance et, à ce titre, bannie des compétitions internationales comme tous les athlètes de son pays en raison de l'apartheid, elle n'a pu concourir que grâce à un arrangement aussi lucratif que douteux entre un quotidien britannique et son père. Au début de l'année 1984, une campagne orchestrée par le *Daily Mail* qui avait appris les origines britanniques du grand-père du phénomène fut relayée par la complaisance du gouvernement de Margaret Thatcher, et en quelques semaines, elle avait obtenu un passeport britannique sans avoir jamais quitté le sol sud-africain. Point de départ d'un supposé rêve olympique, ce pied de nez aux sanctions frappant le régime raciste de Pretoria fut le début du cauchemar de l'adolescente, dont la présence aux Jeux de 1984 demeure l'une des plus controversées de l'histoire olympique.

Pourtant, les minutes, les jours, puis les années qui suivirent la fameuse collision ont fait de Mary Decker la mauvaise perdante, égocentrique et prisonnière de sa colère. Sans doute y a-t-il une part d'injustice dans ce jugement de l'histoire au regard du talent de Decker et de toutes les épreuves qu'elle a dû endurer. Mais ses récriminations d'après-course, sa sortie théâtrale et son acharnement aveugle n'ont pas supporté la comparaison avec le stoïcisme de Budd, qui n'avait à opposer que son visage de sauvageonne impassible, ses pieds nus et la grâce animale de sa foulée au torrent d'hostilité dont elle était l'objet et à une vie confisquée.

Benjamine d'une fratrie de cinq enfants, Zola Budd est née le 26 mai 1966 à Bloemfontein, dans le centre de l'Afrique du Sud. Ce prénom qui, immédiatement, trace les contours d'un mythe, est inspiré de l'auteur de « J'accuse », admiré par son père. Couple dysfonctionnel, hanté par le souvenir d'un fils mort à onze mois et occupé à maintenir à flot leurs entreprises respectives, Tossie et Frank, les parents de Zola la laissaient souvent sous la garde de sa plus grande sœur, Jenny, de treize ans son aînée. C'est avec elle que, dès l'âge de sept ans, elle commence à courir de longues distances dans les vastes prairies autour de la ferme familiale, au milieu des autruches. Dans ce cadre idyllique, à 1 400 mètres d'altitude, elle peut communier avec Jenny et assouvir son amour des animaux et de la nature en se tenant éloignée du monde extérieur. Préférant lire, courir pieds nus et nourrir les bêtes plutôt que jouer avec les enfants de son âge, elle n'a qu'un seul ami, un jeune garçon noir prénommé Thipe dont la mère assiste celle de Zola dans son activité de traiteur. Mais l'amitié ne survivra pas au déménagement temporaire des Budd en ville, où les relations interraciales étaient beaucoup plus sévèrement encadrées qu'à la campagne.

À ses douze ans, elle est scolarisée dans un collège huppé pour filles dans l'espoir d'atténuer ses manières de garçon manqué. Elle y sera tellement malheureuse que dès le deuxième trimestre, sa mère doit se résoudre à la transférer dans l'établissement jadis fréquenté par ses frères et sœurs, la Dan Pienaar School. Plusieurs de ses nouveaux camarades qui avaient fini derrière elle lors de courses scolaires alertent alors le prof d'histoire, Pieter Labuschagne, qui est aussi le coach d'athlétisme. Celui-ci lui propose immédiatement d'intégrer l'équipe. Elle accepte sans montrer un enthousiasme excessif ni obtenir dans un premier temps de résultats spectaculaires, même si son talent naturel l'amena à intégrer rapidement les sélections minimes. Lors de sa première course, de niveau régional, elle termine quatrième. À son arrivée, sa future rivale Stéphanie Gerber a déjà eu le temps de remettre son survêtement.

Tout changea l'année suivante, à la fin de l'hiver austral 1980. Une nuit, la collégienne est réveillée par sa mère à quatre heures du matin. Jenny, avec qui elle entretenait une relation fusionnelle depuis sa naissance, a succombé brutalement à une allergie médicamenteuse. Dévastée mais incapable d'exprimer son chagrin, Zola se jette alors à corps perdu dans la course à pied, seul moyen qu'elle a trouvé de perpétuer le souvenir des escapades avec sa sœur et de s'évader d'un foyer anéanti par le deuil. Sa dévotion devient quasi religieuse. Chaque matin, elle se réveille à 4 h 45 et, dès le petit jour, se met à courir jusqu'à ce que vienne l'heure de se préparer pour partir au collège. Après sa journée, une fois ses devoirs terminés, elle repart jusqu'à la tombée de la nuit. Tout ça en plus des entraînements avec Labuschagne, qui avait coutume de comparer la détermination de la jeune athlète à celle « d'une armée de fourmis légionnaires ». Mais là où le coach voulait déceler un esprit de compétition hors norme, il y avait surtout un besoin de se soulager du poids de l'existence : « Courir était le seul moyen d'échapper au réel, à la disparition de ma sœur, parce que quand je courais je ne pensais pas à la vie et à la mort. » Si Jenny n'était pas décédée si jeune, Zola était certaine qu'elle aurait suivi ses pas une fois encore pour devenir infirmière.

Sans l'avoir calculé, ni même le vouloir, elle se rapprocha progressivement des toutes meilleures de son âge, notamment Stéphanie Gerber qui, jusqu'alors, n'était qu'un lointain point de mire, avant d'établir une suprématie dans sa classe d'âge, puis dans les catégories au-dessus. À partir de 1982, elle devient invincible sur la scène nationale, sur des distances allant du 800 mètres à 16 kilomètres. Quasiment à chaque sortie, un record national tombe. Au début de l'année 1983, elle enchaîne les records du monde junior du 3 000, qui lui appartient encore à ce jour, et du 5 000 mètres. Malgré l'autarcie forcée de son pays, l'écho de ses performances franchit alors les frontières de l'Afrique du Sud. En l'espace de dix-huit mois, elle est passée du statut d'athlète scolaire vaguement douée à celui de phénomène planétaire.

Le 5 janvier 1984 à Stellenbosch, Zola Budd pulvérise le record du monde du 5 000 mètres détenu jusqu'alors par Mary Decker, son idole. En raison des sanctions frappant sa fédération, sa performance n'a pu être homologuée par l'IAAF mais la curiosité suscitée par la petite Sud-Africaine aux pieds nus se mue en fascination mondiale. « Cette course a tout changé », regrettait encore Budd trente ans plus tard. En cette année olympique, l'agitation autour du prodige est à son comble. L'Afrique du Sud étant bannie par le CIO depuis 1960 en raison de l'apartheid, les propositions affluent. Des universités américaines prennent contact avec la famille, mais il est déjà trop tard pour imaginer pouvoir faire courir Zola aux JO de Los Angeles. Au mois de mars, à l'occasion d'un portrait commandé par le *Daily Mail*, l'un des principaux tabloïds britanniques, le correspondant du journal en Afrique du Sud apprend que Frank, le père de Zola, est né à Londres, d'ascendance anglaise. David English, le directeur de la rédaction, flaire immédiatement le feuilleton qui ne demandait plus qu'à être mis en scène. Son intérêt rencontre l'appât du gain de Frank Budd et un accord financier est rapidement trouvé pour faire courir le jeune prodige aux Jeux olympiques sous les couleurs de la Grande-Bretagne – et, cela va sans dire, sous le patronage exclusif du *Daily Mail*. Le gouvernement conservateur n'ayant rien à refuser à l'un de ses principaux soutiens dans la presse, la naturalisation est obtenue en dix jours, sans tenir compte des protestations de l'opposition travailliste et des mouvements anti-apartheid. « Le Rubicon était franchi », déplorera après coup la principale intéressée.

Dans cette affaire, l'avis de Zola Budd n'a pas compté davantage que celui des opposants au régime sud-africain. Dès le début, elle avait pressenti que cet arrangement était une mauvaise idée, mais son appréhension ne pesa pas bien lourd face aux 100 000 livres sterling et à la voiture neuve garanties à son père par le contrat d'exclusivité. Sur cette somme, seules 20 000 livres avaient été affectées à un trust au nom de la jeune athlète. Un pécule bien dérisoire au regard de la descente aux enfers qui vient de s'enclencher. Du jour au lendemain, l'adolescente timide qui chérissait la tranquillité de la ferme familiale et de la nature environnante doit s'envoler vers un pays qu'elle ne connaît pas et dont elle maîtrise mal la langue pour faire face à un déchaînement médiatique quotidien et à des manifestations hostiles à chacune de ses apparitions publiques.

Zola Budd débarque en Angleterre le 24 mars 1984. Les téléspectateurs de la BBC découvrent un peu interloqués cette minuscule créature qu'on présente comme le phénomène de l'athlétisme mondial. Elle va avoir dix-huit ans mais son allure frêle, ses cheveux courts et la pureté de ses traits lui donnent encore l'air d'une enfant. Devant les caméras, elle présente un visage timide et apeuré, « comme un faon pris dans les phares d'une voiture », écrira l'envoyé spécial du *Guardian* dans son compte rendu. Avant de partir, elle s'était inquiétée une dernière fois de la réaction du public britannique à sa naturalisation expresse auprès d'un journaliste du *Daily Mail*. « Il y aura peut-être quelques personnes qui protesteront, mais c'est tout. Ne t'inquiète pas tout se passera bien », lui fut-il répondu.

Rien ne se passera bien. Le comité d'accueil débute par une salve de ses futures coéquipières au sein de l'équipe nationale britannique. « Ce serait triste qu'après s'être entraînée si dur pour aller aux Jeux olympiques, l'une des filles soit mise de côté », déplore la championne du Commonwealth du 1 500 mètres, Christina Boxer. Pressentant qu'elle pouvait être cette victime collatérale, Jane Furniss, qui vient d'abandonner son travail d'assistante dentaire pour se consacrer à sa préparation, réclame pour sa part que soit appliqué à la citoyenne Budd un délai de qualification d'un an, soit la règle en vigueur en cas de changement de club. « Elle n'est pas la bienvenue ici », aurait même déclaré la septième du 3 000 mètres des derniers championnats du monde, selon un article du *Daily Star*, le concurrent le plus acharné du *Daily Mail*, intitulé « Zola, rentre chez toi ». Quant à Wendy Sly, la meilleure demi-fondeuse du pays avant l'arrivée de l'intruse, elle menace purement et simplement de boycotter les sélections olympiques prévues en juin si Budd venait à prendre la place d'une de ses coéquipières, « par principe ».

Mais plus encore que l'hostilité de ses rivales, c'est la question de l'apartheid qui va empoisonner la nouvelle vie de l'adolescente. Le régime de ségrégation raciale en vigueur depuis 1948 et la répression aveugle contre ses opposants, dont l'emprisonnement du leader du Congrès national africain (ANC), Nelson Mandela, depuis vingt-deux ans est le symbole, a mis l'Afrique du Sud au ban de la communauté internationale. Depuis les émeutes de Soweto et la révolte des townships réprimées dans le sang en 1976, la pression s'est accrue et les sanctions commerciales se sont multipliées. Un embargo sur les armes a été ordonné par l'ONU et, dans le domaine du sport, à l'image des *Springboks*, l'équipe nationale de rugby, le pays, déjà exclu du CIO depuis 1960, vit désormais en totale autarcie.

Le sujet cristallise les passions en Grande-Bretagne encore plus qu'ailleurs, compte tenu des liens anciens entre les deux pays, des 113 000 Sud-Africains installés dans le royaume, mais aussi à cause de l'attitude jugée complaisante du Premier ministre, Margaret Thatcher, envers le régime de Pretoria. La Dame de fer s'est toujours opposée aux sanctions économiques, estimant qu'elles renforçaient la mentalité d'assiégés des Afrikaners. « Nous pensons que les sanctions ne font que durcir les positions. Les premiers à en souffrir sont les Noirs d'Afrique du Sud, dont les emplois et les revenus seraient mis en danger », osera-t-elle devant la Chambre des Communes en 1987. Surtout, de telles mesures auraient constitué une entrave au libre-échange, le pire des crimes existant sur terre à ses yeux. D'ailleurs, si elle est personnellement opposée à l'apartheid, ce n'est pas au nom de valeurs humanistes mais parce qu'un tel système est, selon elle, incompatible avec le libéralisme économique.

En ce printemps 1984, elle recevra même Pieter Botha à Downing Street. L'inflexible président sud-africain est à l'époque le paria des parias. En privé, comme le montreront trente ans plus tard des archives déclassifiées, elle plaide auprès de lui la fin de l'apartheid et la libération des prisonniers politiques, mais en public elle condamne « les terroristes de l'ANC » et se présente comme « une amie sincère » du dictateur raciste. Fait rarissime, inquiète pour l'image de son pays et pour l'intégrité du Commonwealth, la reine d'Angleterre elle-même, fera fuiter sa désapprobation dans la *Sunday Times*. Mais Thatcher, chantre d'une nouvelle droite décomplexée, est largement soutenue par son parti qui abhorre l'idéologie marxiste du Congrès national africain bien davantage que la ségrégation raciale. Le député conservateur Teddy Taylor déclarera même publiquement que « Mandela devrait être abattu ».

Face aux excès du thatchérisme, la principale force d'opposition, le parti travailliste, est lui aussi en pleine période de radicalisation idéologique. Tenu par sa frange la plus à gauche, gangrené par l'entrisme du mouvement trotskiste Militant, le Labour se complaît dans la confrontation permanente avec Margaret Thatcher, et dans ce contexte, la lutte contre l'apartheid devient un totem au même titre que la grande grève des mineurs de 1984 ou le désarmement nucléaire unilatéral. Les conseils municipaux travaillistes multiplient les initiatives et quatorze syndicats affiliés au parti demandent à ses membres de ne pas participer à la commercialisation de produits importés et à la distribution du courrier en provenance d'Afrique du Sud. La société civile est elle aussi très mobilisée. Établi depuis 1959 et soutenu par des artistes de renom, le mouvement anti-apartheid est d'autant plus structuré que nombre de leaders de l'ANC, dont Thabo Mbeki, futur vice-président sud-africain, et Oliver Tambo, président du parti, sont en exil à Londres – toujours aussi ambigu, le gouvernement Thatcher leur a accordé statut diplomatique et protection policière.

C'est dans ce climat politique extrêmement polarisé et tendu que débarque donc innocemment Zola Budd. C'est peu dire que sa timidité maladive s'accommode mal des controverses associées à son nom et tout en Angleterre lui donne déjà le mal du pays : la vie en appartement sans ses animaux, l'omniprésence des journalistes, les deux vigiles devant sa porte et, surtout, ses longues courses sur des routes froides et humides, où le soleil ne semble jamais briller. Au bout de quinze jours, elle demande à repartir. « Pas question », répondent en chœur son père et son entraîneur à ses suppliques, le seul point sur lequel ils seront d'accord durant toute cette période. Tiraillés par leur désir de s'approprier le succès du prodige entre leurs mains, les deux hommes sont à couteaux tirés. Ils l'inscrivent à Crawley pour y disputer un 1 500 mètres lors de l'inauguration du nouveau stade, mais la mairie travailliste s'oppose à sa participation. Alors, elle court à Crystal Palace, où l'attendent une trentaine de manifestants anti-apartheid qui brandissent des pancartes hostiles et l'invectivent. Elle baisse la tête pour ne pas montrer ses yeux voilés de larmes, mais de toute façon, durant ces quatre mois de tumultes, personne ne voudra voir la détresse embusquée derrière sa résignation.

Ce sera le même rituel à chacune de ses sorties. Le grand public l'acclame, mais elle n'entend que les sifflets et les insultes. À Guildford, elle se fait cracher dessus. Elle court comme une bête traquée et ne comprend pas. D'où elle vient, elle n'a pas vraiment pu conscientiser l'apartheid : « Lorsque j'étais enfant, à la campagne, mes meilleurs amis étaient noirs. Ce n'était pas quelque chose de rare. La seule différence, c'est que le lendemain, nous n'allions pas à la même école... À la ferme, nous n'avions pas la télévision – je crois que la première que nous avons eue c'était quand j'avais douze ou treize ans – et de toute façon, l'information était contrôlée par le gouvernement. Nous étions complètement isolés. Ce n'est qu'en Angleterre que j'ai compris qu'il se passait des choses horribles dans mon pays. » La première fois qu'elle voit des pancartes réclamant la libération de Mandela au départ d'une course, elle demande à son entraîneur : « C'est qui, Nelson Mandela ? »

Malgré son ignorance, elle est lâchée en conférence de presse au bout de quinze jours. Irrités par l'exclusivité obtenue au moyen de ce qu'ils considèrent être des actes de brigandage, les concurrents du *Daily Mail* ne lui font aucun cadeau et, face à leurs oukases, Zola Budd refuse de prendre position contre le régime de Pretoria : « Je trouvais injuste d'être la seule athlète à qui on demandait de répondre des actes de son gouvernement et je ne me sentais pas compétente pour exprimer une opinion. » Mais elle en sait assez pour savoir que si elle condamne l'apartheid, elle pourra oublier son vœu le plus cher : « J'étais malheureuse en Angleterre et j'étais morte de peur à l'idée qu'on ne me laisse plus rentrer en Afrique du Sud. » Pourtant, tous ceux qui la côtoient à l'époque savent qu'elle est opposée à la discrimination raciale, par conviction religieuse. Mais qui ne dit mot consent, d'autant que son visage verrouillé en permanence ne trahit pas son agonie et aggrave l'incompréhension. Fille d'un imprimeur au bord de la faillite, l'adolescente frêle, égarée, qui s'était mise à courir nuit et jour pour oublier la mort de sa sœur, est ainsi devenue malgré elle le symbole de la domination blanche en Afrique du Sud. Ses pieds nus et sa personnalité farouche et mutique évoquaient pourtant plus Abebe Bikila que les geôliers de Nelson Mandela.

Face à ce pilonnage en règle et au manque de repères dans un pays qu'elle ne connaît pas, Zola Budd ne peut même pas bénéficier du soutien de ses proches et de la tranquillité d'un cocon familial. À la maison, les journalistes du *Daily Mail* sont présents quasiment en permanence pour mettre en scène le quotidien de l'adolescente dans les pages du journal. Il n'y a plus guère que son sommeil qui reste une affaire privée. En ce printemps 1984, elle n'est plus très loin de vivre la prophétie du roman éponyme de George Orwell. Mais le plus dur à supporter était d'un côté, les disputes permanentes entre ses parents et de l'autre, la guerre ouverte entre son père et Labuschagne. Les deux hommes s'opposaient violemment à tout propos : les choix de carrière, les horaires, le plan d'entraînement... La moindre décision prenait des proportions tragiques. Aimante mais dépassée, Tossie Budd passait ses journées à sangloter face à ces conflits sans fin.

Après avoir enduré cette promiscuité irrespirable pendant de longues semaines, la jeune fille, devenue majeure le 26 mai, demande à son père sa part de la petite fortune qu'il était en train d'amasser, pour acheter un appartement et y vivre seule. Une discussion reportée *sine die*, comme lorsqu'elle avait exigé un récapitulatif des revenus générés par ses contrats. À bout de nerfs, elle finira par fuguer avant de revenir après une journée d'errance dans un cinéma et de prendre la décision radicale de couper les ponts avec son père pour vivre avec son entraîneur jusqu'aux Jeux olympiques. Mais la rupture ne fait qu'empirer sa détresse émotionnelle. Outre la charge de l'implosion familiale qui repose sur ses épaules, elle s'aperçoit vite que Labuschagne, bien que d'apparence plus diplomate, n'a pas plus que son père l'intention de lui redonner le contrôle de sa vie. Cela se fait désormais sans effusion, mais elle doit toujours courir où et quand il l'a décidé, quels que soient ses envies ou son état de fatigue physique et psychologique.

Dans ce contexte épouvantable, le plus extraordinaire est qu'elle ait réussi à maintenir un niveau de performance stratosphérique. Zola Budd l'explique par un pouvoir de dissociation qu'elle avait acquis en courant pour oublier la mort de sa sœur. Après avoir enchaîné les records de

Grande-Bretagne et établi la meilleure performance mondiale de l'année sur 1 500 mètres (devant Mary Decker), elle battra même le record du monde du 2 000 mètres à Crystal Palace dans une course dont, jusqu'au dernier moment, elle avait supplié son entraîneur de la dispenser. À trois semaines des Jeux olympiques, elle provoquait bien malgré elle un nouvel emballement médiatique : « Le message va maintenant se répandre à travers le monde. Zola Budd n'est pas un mythe ! » s'exclama David Coleman, le commentateur de la BBC.

Selon son propre aveu, elle était néanmoins arrivée en Californie fatiguée. En enchaînant sans transition la saison australe en Afrique du Sud et sa préparation olympique tumultueuse en Angleterre, elle n'avait fait aucune coupure avec la course à pied au cours des dix-huit derniers mois. Mais c'est surtout sa détresse psychologique qui aurait dû susciter l'inquiétude. À Los Angeles, son état d'esprit est moins celui d'une championne en mission que d'un condamné aux travaux forcés dans l'attente de sa libération. Avant son départ, sa mère et elle cochaient quotidiennement le calendrier accroché dans la cuisine pour matérialiser le rapprochement avec la terre natale. Alors que pour toutes ses adversaires, les Jeux étaient l'objectif de toute une vie, pour Zola Budd, ils n'étaient que la dernière étape avant de retrouver son paradis perdu de Bloemfontein.

À l'opposé, pour Mary Decker, le 3 000 mètres olympique disputé en Californie, là où elle a commencé l'athlétisme, est un rendez-vous existentiel, une course contre son destin contrarié. Il occupe toutes ses pensées depuis qu'elle a appris le boycott américain des Jeux de Moscou.

Après trois olympiades manquées, elle ne se donne pas le droit de ne pas remporter la médaille d'or, surtout en l'absence des Soviétiques et des Est-Allemandes, l'invincible armada qu'elle a terrassée aux championnats du monde d'Helsinki l'année précédente. Depuis ce retentissant doublé 1 500 mètres – 3 000 mètres, elle est devenue une star. Quelques jours avant la cérémonie d'ouverture, c'est sa photo qui orne tous les panneaux publicitaires de Los Angeles. L'Amérique l'adore. Son allure, son brushing, son sourire mutin, tout est irrésistible chez elle. Elle ne peut pas perdre.

La pression médiatique est presque aussi insoutenable que celle qu'elle s'est mise sur les épaules depuis quatre ans. Chaque jour ou presque, un journaliste lui pose une question sur son duel annoncé avec le prodige sud-africain naturalisé britannique. En l'absence des athlètes du bloc de l'Est, l'adolescente est la seule ennemie publique que la presse a sous la main. Au début, Decker répondait d'un ton affable, diplomatique, mais désormais, elle ne cache plus son irritation : « Zola Budd, Zola Budd, pourquoi vous me parlez tout le temps de Zola Budd ? » Début août, à une semaine de la finale olympique, elle met un point d'honneur à battre le tout frais record du monde de Budd sur 2 000 mètres, une distance qu'elle ne court quasiment jamais. Son instinct de compétitrice a fait de l'adolescente un chiffon rouge. Le duel est lancé, tel un engrenage infernal.

Pourtant, si elles avaient eu l'occasion de se rencontrer, les deux jeunes femmes auraient pu constater combien elles avaient en commun : leur éducation dans un foyer dysfonctionnel, la rupture brutale avec leur père, la course à pied comme exutoire, leur vie d'enfant prodige. Et le prix à payer, qu'elles connaissaient mieux que personne. Pour l'une ce fut le déracinement et la tourmente, pour l'autre, un corps prématurément meurtri. Encore plus précoce que Zola Budd, Mary Decker n'avait eu personne pour freiner sa rage de vaincre et la protéger de ses propres excès. À douze ans, quelques mois après avoir commencé l'athlétisme, elle courait en 3 h 9 min son premier marathon, sans entraînement spécifique, sur un parcours ultra-vallonné. À treize ans, elle était déjà la meilleure Américaine sur 800 mètres, mais les règlements lui interdisaient de concourir aux JO de Munich. À quatorze ans, elle surclassait, à Minsk, le gratin du demi-fond soviétique, notamment la vice-championne olympique Nijole Sabaite. Et l'année suivante, elle battait un record du monde (sur le mile indoor), le premier d'une longue série. Plus tard, elle détiendra les records des États-Unis de toutes les distances entre le 800 et le 10 000 mètres. Pour Brooks Johnson qui, en tant qu'entraîneur de l'équipe féminine des États-Unis lors de plusieurs olympiades, a eu entre ses mains les plus grands talents que comptait le pays, « il faut connaître ce sport pour réaliser ce que cela représente. Elle était la meilleure, la meilleure de tous les temps. » Son corps était fait pour courir, « mais en dessous de ses genoux, elle était faite de verre », dira Dick Brown, le coach qui l'a conduite à ses plus grands succès. De 1975 à 1978, elle passe plus de temps entre les mains des docteurs que sur la piste. Les Jeux de Montréal sont passés. Sous les ordres de Brown, qui parvient à réfréner son besoin d'en faire toujours plus, elle retrouvera momentanément son intégrité physique et reprendra sa course, dans son style caractéristique, en prenant les devants du début à la fin.

C'est à ce panache que s'identifiait Zola Budd, qui avait affiché un poster de l'Américaine juste au-dessus de son lit. Elle aussi avait l'habitude de faire la course en tête, quel qu'en soit le prix, un trait de caractère partagé qui sera à l'origine de leur collision. Mais la fascination qu'exerçaient les deux coureuses était aussi d'ordre esthétique. L'androgynie infantile de Budd tranchait avec la féminité assumée de Decker, mais, dans des styles différents, elles étaient toutes les deux extraordinairement belles à voir courir. Magnifiées par ses pieds nus, les courses de Zola Budd dégageaient une pureté absolue, une innocence primale, presque animale. Plus grande et plus puissante, Mary Decker, buste droit et longues jambes déliées, émerveillait par sa classe, son allure racée, qui touchait au sublime lorsqu'elle allongeait sa foulée dans les derniers hectomètres.

La chaîne ABC qui avait acquis à prix d'or les droits télévisés des Jeux fit du duel entre les deux championnes l'événement phare de la quinzaine olympique, avec les exploits de la gymnaste Mary Lou Retton. Le storytelling de la petite fiancée de l'Amérique revenue de tout contre le prodige aux pieds nus venu du pays le plus sulfureux de la planète était imparable. C'était faire peu de cas du niveau de Maricica Puica qui, grâce au non-alignement de Nicolae Ceausescu sur les ordres de Moscou, était passée entre les gouttes du boycott de l'URSS et de ses satellites. Âgée de 34 ans, elle n'avait pas le talent naturel de ses deux adversaires mais avait progressé pas à pas vers le sommet du demi-fond mondial. Elle avait sans nul doute été aidée en cela par le dopage institutionnel qui sévissait à cette époque au sein du bloc de l'Est. Dans cette confrérie des anabolisants qui unissait les athlètes du Pacte de Varsovie, si les Russes et les Allemandes de l'Est ont largement focalisé l'attention, selon Cornelia Bürki, « les Roumaines n'étaient pas loin d'être les pires ». La demi-fondeuse suisse n'avait aucun doute sur Puica : « Il suffisait de la regarder de près et d'écouter sa voix pour comprendre. » Ses références sur la distance auraient dû l'imposer parmi les prétendantes à la médaille d'or au même titre que Decker et Budd mais il n'y eut pas de place pour elle dans le récit médiatique.

En cette fin d'après-midi du 10 août 1984, l'ambiance est électrique au Coliseum de Los Angeles. Dans cet immense stade sans toit, le public a été chauffé à blanc par le soleil de plomb et par l'excitation générée par ce 3 000 mètres que tout le monde attend depuis des semaines. À l'exception de Kazankina et Ulmasova confinées derrière le rideau de fer, les meilleures demi-fondeuses de la planète se sont qualifiées sans encombre en demi-finale. Maricica Puica, Brigitte Kraus, Wendy Sly, Agnese Possamai, Aurora Cunha, Cindy Bremser, Lynn Williams… Elles sont toutes là. À l'énoncé du nom de Mary Decker, la clameur est assourdissante. La championne du monde répond à la foule en levant le bras tout en se grattant compulsivement l'épaule. Malgré son tout récent record du monde et sa victoire autoritaire en séries, elle est excessivement nerveuse. Sa préparation a été perturbée par une énième blessure au tendon d'Achille et tout le mois de juillet, elle n'a pu courir qu'en piscine. La mort dans l'âme, elle a dû renoncer au 1 500 mètres pour se préserver. Cette course sera sa seule chance de rompre le sortilège.

Face à ses adversaires et à cette foule gigantesque, Zola Budd a l'air plus minuscule que jamais. Tout l'impressionne :

la présence de Mary Decker, son idole, la silhouette massive de Maricica Puica, le calme de Wendy Sly qui avait réussi à faire une sieste dans les vestiaires. Mais elle ne ressent pas de pression particulière, une médaille suffirait à son bonheur. Au coup de starter, c'est Decker qui prendra les commandes comme à son habitude. Dès les premiers mètres, elle imprime un train démentiel, sur les bases du record du monde. Budd parvient à rester dans son sillage, tout en priant intérieurement pour que ça ne dure pas : « Elle est partie comme une flèche. Je me souviens m'être dit : "C'est beaucoup trop rapide, j'espère que ça ne continuera pas longtemps comme ça." » Deux tours plus loin, ses souhaits sont exaucés. L'allure ralentit sensiblement et le groupe de tête redevient compact. Un peu trop, même, pour Zola Budd. Plusieurs fois bousculée par sa compatriote Wendy Sly et les pieds nus marqués par les pointes de ses adversaires, elle décide de prendre les devants à mi-course. Sous l'effet de son accélération, un groupe de tête composé de quatre unités s'est détaché. Sly et Puica ont réussi à suivre les deux favorites. À la sortie du virage, cela fait une cinquantaine de mètres que la jeune Britannique a pris les commandes. Un premier contact avec Decker déséquilibre sa jambe gauche, puis un deuxième. Elle parvient à rester sur ses pieds mais cette fois l'Américaine a trébuché. Tout le monde pense qu'elle va se relever, mais elle se tient la cuisse et se tord de douleur sur le gazon qui longe la piste. Son rêve olympique vient de passer pour la quatrième fois.

Il reste alors trois tours à parcourir sous les huées du Coliseum. Zola Budd est toujours accompagnée par Sly et Puica. La première poursuivante est reléguée à une vingtaine de mètres et la victoire va vraisemblablement se jouer entre elles. L'adolescente mène toujours l'allure au tour suivant lorsqu'elle passe devant Mary Decker qui pleure toutes les larmes de son corps. Jusque-là, elle n'avait pas réalisé que c'était l'Américaine qui avait chuté juste derrière elle. À son passage, le tollé descendant des tribunes redouble et elle comprend déjà de quoi sera faite la suite. À 500 mètres de l'arrivée, elle se laisse dépasser, puis immédiatement décrocher par ses deux adversaires. Alors que Puica file vers la médaille d'or, elle n'essaie même pas de résister au retour des autres concurrentes qui, une par une, passent devant elle. Les commentateurs annoncent sa défaillance. On saura bien plus tard qu'il s'agissait d'autre chose.

À l'arrivée, qu'elle a franchie à la septième place, elle erre tête baissée, en quête de la porte de sortie la plus proche. Ses joues sont empourprées par son envie de fuir l'hostilité de la foule davantage que par l'effort qu'elle vient de produire. Dans le tunnel qui conduit aux vestiaires, elle tente timidement d'approcher Mary Decker, mais l'Américaine la coupe avant qu'elle ait eu le temps de présenter ses excuses : « Laisse tomber. Va-t'en. » Dans la foulée, elle apprend sa disqualification. Prise dans un tourbillon, elle parvient à s'exfiltrer de la conférence de presse et à se diriger vers la navette mise à disposition de la délégation britannique. Sur les images, on voit une athlète noire la saisir tendrement par l'épaule. D'après ses souvenirs, c'est une hurdleuse. Elle ne connaît pas son nom. Une fois montée dans le bus, elle aperçoit sa protectrice en train de sangloter et trouve la force de lui demander pourquoi : « À cause de ce qu'ils t'ont fait », lui répond la jeune femme. « La chose la plus gentille qu'on m'ait dite de toute ma vie », dira Zola Budd.

Une heure plus tard, le jury des commissaires, qui a revisionné les images de la collision, annoncent l'annulation de sa disqualification. Cela n'empêche pas Mary Decker de faire la tournée des médias, théâtralement portée par son petit ami, Richard Slaney, un lanceur de disque anglais, pour s'acharner contre celle qu'elle accuse d'avoir anéanti quatre années de travail acharné. Mais son récit ne trouve pas l'écho attendu. En conférence de presse, ce sont douze années de frustration qu'elle régurgite d'un seul coup. Une vie de grands désirs écrasés par les blessures à répétition, les règlements idiots, les balles perdues de la guerre froide. Et aujourd'hui par une petite importune qui s'est mise en travers de sa route vers la gloire : « Il n'y a aucun doute, c'est de la faute de Zola Budd », commence-t-elle. Entre deux sanglots, elle accuse, vitupère, grimace. Ce n'est pas beau à voir. L'Amérique attendait un conte de fées, une rédemption, elle lui offre la pire image qui soit de l'olympisme. Les médias du monde entier se retournent contre son manque de discernement et de fair-play. Sa rivale sur 1 500 mètres en équipe des États-Unis, Ruth Wysocki, l'exécute : « Je pense que Mary est à l'origine de la chute. » Cornelia Bürki, qui était aux premières loges, est, elle aussi, catégorique : « Decker est fautive. » Les images, qui ont abouti à la réhabilitation de Budd, sont implacables. Si la jeune Britannique s'est sans doute rabattue un peu tôt pour prendre la corde, l'Américaine avait eu tout le temps d'adapter sa foulée.

De vieilles archives refont surface : on y voit une Mary Decker âgée de quinze ans et portant encore des couettes courir un relais contre l'équipe d'URSS. Dépassée et légèrement bousculée par sa concurrente dans le dernier virage, elle stoppe sa course furibarde pour balancer le témoin en direction de la Soviétique, avant de fondre en larmes. C'est l'un des traits du caractère de championne de Decker, elle n'a jamais supporté d'être doublée, même à l'entraînement. Les autres athlètes de son groupe étaient briefés sur ce point. En conséquence, elle n'avait pas appris à courir derrière quelqu'un. Zola Budd non plus. L'adolescente avait pris les rênes de la course car elle n'avait jamais pris part à une compétition internationale avant ces Jeux olympiques et craignait d'être blessée par les pointes d'une autre coureuse. En Afrique du Sud comme en Grande-Bretagne, elle était toujours seule devant, sans adversaire à sa mesure. Avec le recul, la collision était écrite. Des années plus tard, l'Américaine l'admettra : « La raison principale de ma chute, c'est que je ne savais pas courir au milieu d'un peloton. »

À l'opposé de sa rivale malheureuse, Budd restera silencieuse dans les heures et les jours qui suivront la course. Parler aux médias était la dernière chose dont elle avait envie et, de toute façon, elle n'aurait pas pu. À peine revenue du stade olympique, elle apprend que des menaces de mort ont été proférées à son encontre. Elle et sa mère auront tout juste le temps de faire leur valise avant d'être exfiltrées par la police de Los Angeles vers le tarmac de l'aéroport pour prendre le premier avion vers l'Afrique du Sud. Le vol de la délivrance, pense-t-elle alors. Mais le retour aux sources ne met pas un terme à l'engrenage. Alors qu'elle n'aspire qu'à reprendre le fil anonyme de ses études à l'université, elle découvre qu'elle n'en a plus les moyens. Ses parents ont entamé une procédure de divorce et Frank Budd, qui ne veut plus entendre parler d'elle, a gardé la maison et la quasi-totalité du pécule offert par le *Daily Mail* et ses autres sponsors. Les 20 000 livres qu'il lui a laissées suffisent tout juste à s'acquitter des impôts sur les sommes confisquées. Sans domicile fixe et sans revenus, Zola n'a dès lors plus qu'une option devant elle : retourner en Angleterre et courir.

Éloignée de sa famille, de sa terre natale et des sources de sa passion, elle vit au sud de Londres, dans le Surrey, une vie froide, lacunaire. La course à pied était un exutoire, elle est désormais un gagne-pain mécanique qui ne peut plus combler ses failles affectives. Dès lors, sous l'effet de la dépression, son talent va peu à peu s'étioler. Il y aura encore des coups d'éclat, et non des moindres, mais la suite fut très loin des promesses entrevues et de son immense potentiel. En 1985, elle devient championne du monde de cross-country en prenant les commandes de la course dès les premiers hectomètres et en asphyxiant ses adversaires une par une, sans effort apparent. Elle conservera son titre de la même manière l'année suivante, à Neuchâtel, pieds nus dans la boue verglacée. Ces jours-là, personne ne pouvait perturber la cadence et la grâce de sa foulée. Sur la ligne d'arrivée synonyme de victoire, elle n'avait pas esquissé le moindre geste, comme si elle ne s'était pas résignée à interrompre ces moments de solitude parfaite. Peut-être intériorisait-elle sa joie comme elle avait dissimulé son chagrin à la mort de sa sœur, mais elle avait l'air de vouloir continuer à courir jusqu'à sa voiture sans même passer par le podium.

Elle bat deux derniers records du monde en août 1985 (5 000 mètres) et en février 1986 (3 000 mètres indoor). Elle n'a pas encore vingt ans, mais l'essentiel de sa carrière est déjà derrière elle. Les dix-huit mois qui suivent sont contrariés par une blessure tenace à la cuisse qui l'oblige au repos forcé la majeure partie de l'année 1987. Durant l'hiver, elle court sans douleur quelques cross-countries et voit renaître l'espoir d'être prête pour les Jeux olympiques de Séoul. C'est à ce moment-là qu'elle est rattrapée par la faucheuse médiatique. Revenue en Afrique du Sud durant sa convalescence, elle avait assisté à une course régionale pour faire plaisir à des amis et était montée en tenue de sport sur le podium pour la remise des récompenses. Elle a toujours affirmé qu'elle était vêtue ainsi car elle venait de terminer un entraînement, mais il n'en fallut pas plus pour qu'elle soit accusée d'avoir participé clandestinement à une compétition dans un pays frappé par des sanctions internationales. Les mouvements anti-apartheid et le Conseil supérieur du sport africain présidée par le très influent Lamine Diack réclamèrent immédiatement des sanctions et, sous la pression, la fédération internationale d'athlétisme (l'IAAF) exigea du comité olympique britannique une suspension d'un an, synonyme d'éviction des JO. La menace d'une exclusion collective en cas de manquement était à peine voilée.

L'accusation par l'IAAF de « violation de l'esprit des règles » ne tient pas debout, mais à bout de nerfs, elle finit par renoncer d'elle-même à une longue bataille judiciaire. Les médecins lui prescrivent du repos parmi les siens, le plus loin possible de la frénésie médiatique, et lorsqu'elle s'envole pour l'Afrique du Sud, tout le monde en Grande-Bretagne a compris que Zola Budd ne reviendra jamais. Amoureuse de Mike Pieterse, propriétaire d'une chaîne de magasins de spiritueux à Bloemfontein, elle renonce aux compétitions internationales en 1989 pour se marier et s'installer définitivement dans son pays natal. Plus personne ne lui demande, mais c'est le moment qu'elle choisit pour rendre publique son opposition à l'apartheid : « En tant que chrétienne, je ne soutiens aucun système politique qui établit la supériorité d'une race sur une autre. » La même année, son père, avec qui elle était brouillée depuis 1984, est tué par balles par un homme prétendant qu'il s'était défendu de ses avances sexuelles, une version qui ne sera pas contestée par la famille, au courant depuis de nombreuses années de la double vie du patriarche. Bannies par testament, Zola et ses sœurs ne pourront même pas assister aux obsèques. Elle encaisse le choc et, encouragée par son mari, reprend l'entraînement et la compétition, juste pour le plaisir.

Mais en ce tournant de la décennie, le vent de l'histoire qui avait toujours soufflé si fort contre Zola Budd change enfin de direction. Le 2 février 1990, après vingt-sept ans de captivité, Nelson Mandela est libéré par le président Frederik De Klerk, et dans les mois qui suivent, les lois ségrégationnistes sont abolies une par une. Les pays africains qui jusqu'ici gardaient un œil sourcilleux sur le respect des sanctions sont cette fois les premiers à défendre le principe d'une réintégration dans la famille olympique. Le 27 juillet 1991, trente ans après son exclusion, l'Afrique du Sud redevient officiellement membre du CIO et, au même moment, Zola Budd se remet à voler sur les pistes. Bien que privée d'opposition sérieuse, elle réalise cette année-là la deuxième performance mondiale sur 3 000 mètres et fait renaître l'espoir d'une justice sportive au-dessus de celle des hommes.

Mais rien ne pouvait être aussi simple pour une athlète dont le journaliste William Oscar Johnson avait écrit un jour qu'elle avait « les jambes d'une antilope, le visage d'un ange et la chance d'un lépreux ». Au cours de l'hiver suivant, une anodine piqûre de tique met fin à fin à tous ses espoirs de concourir enfin normalement à une course olympique. Atteinte de la maladie de Lyme, elle est affaiblie par des fatigues épisodiques et ne peut plus s'entraîner normalement. À Barcelone, elle sera éliminée en séries, dans un temps très éloigné de ses standards passés, mais elle avait vécu ces Jeux avec l'enthousiasme d'une débutante, ne ratant aucune occasion d'exprimer sa fierté de représenter la toute jeune nation sud-africaine arc-en-ciel. La sincérité de celle qui, quelques années plus tôt, avait été érigée en symbole de l'apartheid ne faisait aucun doute pour la population noire qui l'ovationnait partout où elle courait comme l'une des leurs. À Bloemfontein et dans tout le pays, les chauffeurs de taxi des townships avaient même baptisé leurs véhicules les *Zola Budd*, pour leur capacité à s'extraire du trafic grâce à leur petite taille et leur vitesse, une appellation qui a depuis résisté au passage du temps.

Désireuse de fonder une famille, elle quittait l'athlétisme et la médiatisation sans regret apparent sur une quatrième place aux championnats du monde de cross-country, à seulement vingt-six ans. Avec son mari et ses trois enfants nés entre 1995 et 1997, elle mène la vie paisible à laquelle elle a toujours aspiré, au milieu d'une horde de chiens et de chats. Mais une fois encore, en 2006, elle sera rattrapée par le bruit et la fureur. Préservée à l'abri des regards, son intimité se retrouva à nouveau profanée par une presse avide de scandales lorsque fut révélée la liaison de son mari avec Pinkie Pelser, une ancienne Miss Afrique du Sud. Le déballage national de ses problèmes de couple et des détails humiliants de la relation clandestine la convainquent d'entamer une procédure de divorce, mais Mike finira par obtenir son pardon et, après qu'elle eut empoisonné l'un des chiens des Budd et proféré des menaces de mort, la maîtresse évincée se verra notifier une mesure judiciaire d'éloignement. C'était inutile, la famille avait déjà décidé de fuir le tumulte en s'installant à Myrtle Beach, station balnéaire cossue de la côte Est des États-Unis. Zola y a repris des études de psychologie tout en étant entraîneur-adjoint de l'équipe d'athlétisme de l'université de Caroline du Nord. Parallèlement, elle court un marathon de temps en temps. Elle en a même remporté quelques-uns.

À l'autre bout du pays, Mary Decker poursuivra, elle, son rêve olympique, jusqu'à la déraison. Elle y laissera sa santé et sa réputation en faisant écho à un avertissement de Paul Claudel : « Rien n'est plus dangereux qu'une idée quand on n'en a qu'une. » On crut pourtant que son obstination de championne allait enfin trouver sa juste récompense lorsqu'en 1996, après une invraisemblable accumulation de blessures et de désillusions, elle parviendra à se qualifier sur 5 000 mètres pour les JO d'Atlanta, à l'âge de trente-huit ans. Mais cet exploit sera immédiatement terni par son implication dans une nébuleuse affaire de dopage alors qu'elle s'entraînait sous les ordres du sulfureux Alberto Salazar. Au fil des ans, lâchée par son corps à chaque reprise de la compétition, elle avait enchaîné les opérations jusqu'à ne plus pouvoir marcher normalement. Dans le documentaire *The Fall,* dont l'épilogue réunit les deux protagonistes au Coliseum de Los Angeles, sur les lieux de leur collision, elle évoque la vie sans son unique passion : « Je sacrifierais tous mes succès pour pouvoir aller courir. Juste aller courir. »

C'est dans le même film, réalisé en 2016, que Zola Budd révélera qu'elle avait sciemment coupé son effort, tétanisée par l'hostilité de la foule et la perspective d'être huée sur le podium olympique : « Je crois que c'est deux tours après la chute de Mary que j'ai pris la décision, que je me suis dit : "Je n'ai pas envie d'être ici, je me dois de finir, mais je vais le faire à ma façon." » Son refus entrait en résonance avec celui du héros du long-métrage de Tony Richardson, *La Solitude du coureur de fond*. Ce classique du réalisme social britannique des années soixante suit les tribulations de Colin Smith, un adolescent enfermé dans une maison de correction suite au cambriolage d'une épicerie. Le jeune délinquant apaise sa soif de liberté dans les courses en forêt où ses aptitudes sont remarquées par le directeur de l'établissement, amateur d'athlétisme. À la fin du film, Smith dispute à la demande de ce dernier un cross contre l'équipe d'un prestigieux lycée mais, alors qu'il a distancé tous ses concurrents, il cesse son effort à quelques mètres de la ligne d'arrivée, les mains posées sur ses hanches en signe de défi à l'institution carcérale.

La célébrité, l'argent, les attentes familiales, le déracinement, la politique, telles étaient les prisons de Zola Budd. Pour tenter de s'en affranchir, elle n'a pas hésité à saborder ses chances à 400 mètres d'une médaille olympique. Au moment où ses adversaires jetaient leurs dernières forces pour une part de gloire, c'est l'oubli qu'elle convoitait en les laissant passer une par une. Mais, alors que le nom de la médaillée d'or n'évoque plus que le dopage d'État de la Roumanie de Ceausescu, le mythe et le souvenir de sa foulée enfantine et sauvage ont survécu à cet immense gâchis et au passage du temps. Son amour de la course aussi. Aujourd'hui quinquagénaire, elle court encore tous les jours, avec le même sentiment de liberté qu'elle éprouvait enfant, lorsque ni elle ni personne ne pouvait deviner qu'elle empilerait bientôt les records du monde. Sur une photo d'un cross disputé il y a quelques années en Caroline du Nord, malgré son corps un peu épaissi par les années, elle distance d'une dizaine de mètres un peloton d'athlètes deux fois plus jeunes qu'elle, avec une aisance suggérée par le regard espiègle lancé au photographe en train de saisir le moment. Sur son visage désormais marqué par quelques rides s'affichaient enfin le sourire et l'innocence dont elle avait été privée trente ans plus tôt.

THIBAUT PINOT, LE DERNIER ROMANTIQUE

Si elle constitue une incongruité au regard de l'histoire et de la relation fusionnelle qu'entretient la psyché nationale avec le Tour de France, l'absence du drapeau tricolore au palmarès depuis la cinquième victoire de Bernard Hinault relève moins de la malédiction que de la logique sportive. Depuis Jean-François Bernard, battu en 1987 sur une crevaison et un saut de chaîne implacablement exploités par ses rivaux, et Laurent Fignon crucifié pour huit secondes par Greg LeMond et une induration à la selle deux ans plus tard, aucun Français ne s'était imposé comme l'homme fort du Tour. Sans être des anomalies, les deuxièmes places de Richard Virenque, de Jean-Christophe Péraud ou de Romain Bardet sont apparues comme des plafonds de verre qui n'auraient pu être brisés que par un improbable incident de dernière minute. Le genre d'incidents qui accable régulièrement Thibaut Pinot et qui a anéanti ses chances à quarante-huit heures d'une victoire dans le Tour 2019 qu'Egan Bernal, le futur lauréat, considérait lui-même comme « certaine ».

Nul ne saura jamais ce qu'il serait advenu sans cette blessure à la cuisse apparue mystérieusement la veille de son abandon, mais il était indubitablement le plus fort cette année-là. Ses adversaires semblaient avoir abdiqué devant sa supériorité, qui était apparue de façon éclatante dans les Pyrénées. Ni Geraint Thomas, le tenant du titre, ni Egan Bernal, le futur vainqueur, n'avaient pu prendre sa roue et personne ne pouvait le lâcher dans les derniers cols des Alpes, si ce n'est ce corps capricieux qui le conduit au gré du temps au sommet du cyclisme mondial avant de le replonger dans ses propres tourments.

Cette occasion manquée reste le point le plus saillant d'une carrière aux courbes sinusoïdales, entre espoirs douchés et résurrections exaltées. Sa malchance, ses failles, sa sensibilité, son caractère de champion, tout tient peut-être en une seule course : le Tour des Alpes 2022. Après dix-huit mois de galère, conséquence d'une violente collision dès l'étape inaugurale de la Grande Boucle 2020, il avait semblé reverdir le mois précédent sur Tirreno-Adriatico avec une prometteuse huitième place, mais il arrive au départ abîmé par deux chutes sur le circuit de la Sarthe et un énième virus. Lors de la deuxième étape, il est lâché par le peloton des favoris et perd quatorze minutes. Face à la presse, il fait part de son découragement, mais le lendemain il s'accroche pour finir avec les meilleurs et le surlendemain, il prend l'échappée avant de partir seul à dix kilomètres de l'arrivée sur une attaque habitée par la grâce. À bout de forces, il sera repris et dépassé à 900 mètres de la ligne par Miguel Ángel López. Devant les caméras, il ne peut réprimer ses larmes. Les larmes de l'injustice mêlées à celles, primales, d'une renaissance. Car le jour d'après, il repart à l'abordage sous une pluie glaciale et il gagne la dernière étape après plus de mille jours sans victoire. Comme un condensé de sa carrière, des émotions et des espoirs qu'il soulève.

Thibaut Pinot est né le 29 mai 1990 à Lure en Haute-Saône dans une famille à la normalité revendiquée. Sa mère, Marie-Jeanne, est infirmière et son père, Régis, gérant de pompes funèbres, mais aussi maire divers gauche de Melisey, village vosgien du plateau des Mille-Étangs où toute la famille est enracinée : « Les parents de ma mère habitaient juste en haut, ceux de mon père trois cents mètres plus loin. Les arrière-grands-parents aussi. On a toujours habité ici. » Thibaut n'y fait pas exception. Alors que l'élite du cyclisme mondial a élu domicile à Monte-Carlo ou Andorre, pour des raisons tenant moins au climat méditerranéen qu'aux anticyclones fiscaux, il ne quitterait pour rien au monde la maison de ses rêves, « au bout du bout de la dernière route », sa ferme, son étang et ses chèvres. Melisey n'est pourtant qu'à une heure de la frontière suisse : « Je gagne assez pour que ce soit intéressant, mais je n'ai pas envie d'aller là-bas. Je suis fier d'être français et je gagne assez d'argent pour rester et payer mes impôts en France. Même avec les impôts, j'ai largement assez pour vivre ici. » Après sa carrière, son ambition serait d'y ouvrir une ferme pédagogique et d'y produire du miel et de la confiture.

La quête de symbiose avec les éléments et les paysages de ses routes d'entraînement est pour beaucoup dans son amour pour le cyclisme, mais c'est par atavisme qu'il a pris sa première licence alors que, supporter fanatique du Paris Saint-Germain, il a longtemps préféré le foot. Son grand-père était commissaire de course, son père, bon coureur de niveau régional, sa mère fan de Poulidor, et c'est dans le sillage de son frère aîné, Julien, qu'à l'âge de six ans le jeune Thibaut a débuté à l'école de cyclisme des Vosges saônoises, puis à l'AC Bisontine et au CC Étupes, le grand club formateur de la région. Junior prometteur, Julien Pinot fut contraint d'arrêter le sport de compétition à l'âge de dix-huit ans lorsqu'une anomalie cardiaque lui fut décelée et il embrassa à partir de là une carrière d'entraîneur qui a permis à la fratrie de continuer à partager sa passion au quotidien sans être polluée par la rivalité de tous les instants qui les consumait durant leur enfance.

Chez les jeunes, Thibaut Pinot se montre doué sans être phénoménal. Enfant hyperactif, il n'est pas aussi rigoureux et monomaniaque que son grand frère. En minimes et en cadets, il est systématiquement barré par sa bête noire, un certain Valentin Midey, aujourd'hui employé dans un cabinet d'avocats en Thaïlande, ou par le sprinteur caractériel Nacer Bouhanni. Les courses de circuit sans difficulté majeure ne permettent pas encore de déceler ses qualités de grimpeur et de toute façon, il court pour le plaisir : « C'était un type cool, avec son casque toujours de travers, il n'était pas à fond sur le vélo », se souvient Midey. Il est recalé du sport études à Besançon, « parce qu'il faisait le con à l'école », rapporte son frère, et plusieurs fois, il est sur le point d'abandonner. Mais, poussé par ses parents, tous les deux passionnés de cyclisme, il s'accroche et chaque matin, il se lève à 5 h 30 pour faire du home-trainer avant de partir au lycée.

C'est chez les juniors que le relief des courses révèle le potentiel du Franc-Comtois et l'arrêt brutal de la carrière de son frère semble agir comme un catalyseur. Lorsqu'il avait appris que Julien ne pourrait plus courir, Thibaut avait encore plus mal encaissé l'injustice que son aîné qui l'entendait toutes les nuits pleurer sur son sort à travers le mur qui séparait leurs chambres. À sa mère, il avait confié : « Si ça devait m'arriver, si je devais arrêter le vélo, je préférerais mourir. » L'hiver suivant il s'était mis à rouler pour deux, et dans la foulée, il avait gagné les tours de Guadeloupe et d'Ardèche. Mais c'est sa démonstration dans le Tour du Val d'Aoste 2009, l'une des plus prestigieuses courses espoirs dont il demeure à ce jour le plus jeune vainqueur, qui lui ouvrira les portes du monde professionnel. Ses parents lui avaient concédé deux années pour réussir dans le vélo avant d'intégrer l'école de police. Deux semaines après, alors qu'il était sur le point de partir en vacances avec son meilleur ami, il signait un contrat à la Française des Jeux des frères Madiot, à seulement dix-neuf ans, et mettait fin à son destin de Pinot, simple flic. Paradoxalement, plus que ses victoires prometteuses, ce sont les datas qui ont propulsé le dernier héraut du cyclisme romantique chez les pros. Elles ont éberlué Jacques Decrion et Frédéric Grappe, les responsables de la performance de l'équipe : 430 watts à 105 tours de pédale par minute au test de PMA (puissance maximale aérobie). Du jamais vu à cet âge, ni avant, ni après. Son talent est confirmé par ses deux années d'apprentissage. Dès sa première saison, il ramène le maillot de meilleur grimpeur du Tour de Romandie et il n'a pas encore vingt et un ans quand il termine sur le podium de sa première course d'une semaine, le Tour de Turquie. Son été 2011 est flamboyant. Il commence par s'illustrer sur les étapes de montagne du Dauphiné avant de remporter le Tour d'Alsace puis la Semaine lombarde. Dès que la route s'élève, il est irrésistible : « J'ai un gros rapport avec les montagnes. Je me sens petit en bas et grand en haut. » La presse spécialisée internationale commence à parler de lui comme du grand grimpeur français de la décennie à venir.

Ses premiers pas dans le grand bain furent le présage d'une carrière aux reliefs accidentés, reflet d'une personnalité tourmentée, où affleurent sa sensibilité et sa simplicité derrière sa nature ombrageuse. En 2012, à Porrentruy, dans le Jura suisse voisin de ses terrains d'entraînement, il signe des débuts fracassants dans le Tour de France et affirme son pedigree de champion avec sa première victoire d'étape, remportée avec classe devant le groupe des favoris. Avant de rejoindre et de laisser cloué sur le bitume le dernier échappé, le Suédois Fredrik Kessiakoff, dans le col de la Croix, il avait désobéi à son directeur sportif qui lui avait intimé l'ordre de rester sagement dans le peloton plutôt que de partir en contre-attaque.

Derrière, le benjamin de l'épreuve enchaîne les coups d'éclat et bat même le record de la montée de La Toussuire détenu jusqu'alors par Alberto Contador. C'est là qu'il prend conscience avec une euphorie mêlée d'angoisse qu'il peut battre les meilleurs : « Je termine deuxième derrière Rolland et je ne ferme pas les yeux de la nuit. Je me disais : "C'est pas normal que tu sois aussi fort." Je me demandais ce qu'on avait pu me mettre dans le bidon. Le lendemain, j'explose dans le premier col. Forcément, je n'avais pas dormi. » À vingt-deux ans, sa dixième place à Paris semblait prophétiser l'éclosion du champion que la France n'osait plus espérer. Il fallait remonter à 1947 pour trouver la trace d'un aussi jeune membre du top 10 et, comme de bien entendu, après une décennie de disette pour le cyclisme français, *L'Équipe* le leste de la filiation maudite avec la dernière victoire d'Hinault en titrant « Pinot peut-il gagner le Tour ? » Il vient de perdre l'insouciance qui, quelques semaines plus tôt, lui avait fait prendre le train pour Paris dans le but d'aller convaincre Marc Madiot de l'aligner sur la Grande Boucle alors que le staff de la Française des Jeux avait prévu pour lui un rodage sur la Vuelta pour le préserver un an de plus du grand barnum de juillet. « Ta vie va changer », le prévient son manager, qui pressent qu'en cédant à sa volonté de brûler les étapes, il lui a peut-être fait un cadeau empoisonné. Et effectivement, l'année suivante, l'effondrement fut à la mesure des superlatifs qui avaient accompagné ses premiers exploits.

Au moment de faire sa valise pour le Tour 2013, il se met à pleurer. Malheureux depuis son – éphémère – déménagement à Besançon concédé pour mieux faire face à ses nouvelles obligations, écrasé par le statut de leader qui lui a été octroyé alors qu'un an plus tôt, il n'avait dû sa sélection qu'au forfait de dernière minute d'Arnold Jeannesson, il perd pied dès la première étape pyrénéenne : « À ce moment-là, la FDJ n'avait pas de culture des classements généraux. Et être leader, ce n'est pas naturel pour Thibaut. Chez les jeunes, il n'a jamais eu ce rôle. Alors, voir l'équipe tout chambouler pour lui et des coureurs comme Casar ou Fédrigo se mettre à son service, lui amener des bidons, ça le mettait mal à l'aise. Il avait peur de décevoir tout le monde. L'attente des médias, du public, il l'a ressentie en début de carrière et puis c'est passé, mais cette crainte de ne pas pouvoir tout rendre à ses équipiers, au staff, a toujours été un gros poids pour lui », retrace Julien Pinot.

Arrivé au sommet du port de Pailhères avec les favoris, il est distancé au début de la descente, tétanisé par le précipice et l'asphalte tapissé de gravier qui avaient fait ressurgir le souvenir d'enfance de ses deux bras cassés après une lourde chute. Un peu plus loin, l'oreillette que, de rage, il avait jetée, se coince dans sa roue avant et nécessite l'intervention d'un mécanicien. À l'arrivée, le débours sur Chris Froome dépasse les six minutes. La suite sera une descente aux enfers. Affaibli par une angine, il enchaîne les galères jusqu'au Ventoux, escaladé avec quarante de fièvre, derrière le gruppetto. Incapable de continuer au-delà de cette infamie, il rentrera à Melisey en voiture. Ce sera le premier de ses quatre abandons en dix participations au Tour de France.

Pourtant, dès l'année suivante, il reprend le fil des promesses entrevues en survivant aux pavés et aux conditions météorologiques dantesques d'une première semaine fatale aux deux favoris du Tour 2014, Christopher Froome et Alberto Contador. Derrière un Nibali souverain du premier au dernier jour de course, sa classe en montagne, mais aussi en contre-la-montre, renforce la conviction qu'il est plus légitime que Romain Bardet, son alter ego auvergnat, ou que n'importe quel autre coureur français depuis Laurent Fignon à prétendre à une victoire finale. Dans les Pyrénées, il va arracher sa place sur le podium en battant le record de l'ascension du port de Balès. Ce jour-là, même Nibali cède sur son accélération. Son maillot blanc de meilleur jeune et sa troisième place à Paris apparaissent alors comme l'ultime étape de l'incubation de son destin de champion.

Mais il était dit que rien ne serait linéaire dans sa carrière, en particulier sa relation contrariée avec le Tour de France. Figurant parmi les favoris au départ des deux éditions suivantes après des accessits remarqués dans des courses d'une semaine et des progrès spectaculaires en contre-la-montre, il déçoit et dégage une impression d'usure face à l'énormité de l'événement et des attentes placées en son potentiel, en premier lieu par lui-même. Il semble être là par obligation vis-à-vis des sponsors et de ses équipiers, comme étranger à la course qui doit être le sens de sa vie : « Le maillot jaune du Tour de France a toujours été, pour moi, quelque chose de trop grand », confesse-t-il alors. Dans ce tourbillon de déceptions, il avait tout de même accroché une victoire exaltée à l'Alpe d'Huez la veille de l'arrivée de l'édition 2015, « une émotion de fou », qui n'avait apaisé que momentanément son mal-être. Le Tour était devenu un poids plus qu'un objectif et le besoin de s'enfuir était si évident, si pressant que ses dirigeants s'étaient résignés à bousculer un modèle économique centré sur l'exposition médiatique de juillet.

C'est en franchissant les Alpes que le Franc-Comtois retrouve le plaisir de courir et la liberté à laquelle il a toujours aspiré. L'Italie et ses courses à dimension humaine, ses routes poussiéreuses et ses étapes dans des villages hors du temps, à l'abri du cirque publicitaire et des ballets d'hélicoptères, l'ont immédiatement happé et sa fascination pour le Giro a fini par être plus forte que les résistances de son employeur : « C'est presque sentimental. J'adore cette culture, cet attachement aux traditions. » Au Tour d'Italie 2017, face à un plateau très relevé, il redevient lui-même malgré une bronchite tenace. Ses offensives sont récompensées par une victoire d'étape en réglant au sprint le groupe des favoris au sommet d'Asiago et par une quatrième place à 1 min 17 s seulement du vainqueur, Tom Dumoulin : « Si je ne tombe pas malade comme un chien pendant dix jours, je dois le gagner. C'est passé un peu inaperçu, alors que pour moi, je suis encore plus proche que dans le Tour 2019. » Mais ses retrouvailles avec le plaisir de courir atténuent sa déception d'être passé tout près du maillot rose, son vrai rêve de cycliste, et d'un podium trusté par deux autres prestigieux habitués, Nairo Quintana et Vincenzo Nibali. « Le Tour d'Italie m'a rendu fier, libre et heureux », conclura celui que ses coéquipiers ont affublé du surnom « Pinotto ».

La sacralité des grands cols transalpins donne encore plus de sens à ce retour aux sources de son sport : « J'ai besoin, quand je cours, de me sentir en harmonie avec les routes, les paysages, d'éprouver ce ressenti-là. » Ce romantisme sera immédiatement perçu par les Italiens qui, depuis ce Giro, encouragent Pinot comme l'un des leurs. Dans les cols, seule l'idole Nibali le dépasse à l'applaudimètre. Les tifosi reconnaissent en lui un puriste qui pourrait tout aussi bien attendre toute une journée avec eux le passage des coureurs assis sur une glacière quelque part dans les Dolomites, comme il prend place en virage Auteuil parmi les ultras quand il se rend au Parc des Princes assister à un match du PSG. Lors de l'édition 2021 à laquelle il avait renoncé la mort dans l'âme, à cause d'une blessure dorsale au long cours, des supporters avaient escaladé une montagne juste pour inscrire son nom dans la neige en lettres géantes.

Dans l'Hexagone, les attentes suivies des désillusions ont d'abord dérouté le public, mais avec le temps, il est devenu le coureur français le plus populaire depuis Richard

Virenque, l'idole de son enfance. Attaquant flamboyant, spécialiste de l'ascenseur émotionnel, il rend difficile de ne pas s'attacher au coureur. Mais c'est la simplicité et l'intégrité de l'homme qui ont touché le cœur de la France en faisant écho à la personnalité d'un autre champion contrarié : Raymond Poulidor. Outre les coups du sort, il partage avec son aîné son enracinement dans sa terre natale, sa fidélité à l'équipe de ses débuts, l'obsession du travail bien fait et les plaisirs simples offerts par la vie rurale : le jardinage, l'attachement aux bêtes, la cueillette des cèpes, la pêche – même si Pinot relâche ses prises alors que, dans son enfance, Poulidor pêchait à la grenade, en se servant dans les stocks de la Résistance.

Comme « Poupou », il est un défi à la modernité. Dans un monde du sport écrasé par la technologie et l'omniprésence des réseaux sociaux, il incarne un cyclisme authentique, presque désuet. En 2012, après ses premiers succès, plutôt que de changer sa vieille Peugeot 205, il avait acheté un étang : « Je suis en marge de ce milieu. Et même de la société, je crois. Le jour où je serai en retraite, j'éclaterai mon téléphone contre un mur. » Pendant que ses rivaux récupèrent dans des tentes hypoxiques, lui transporte du foin, taille des haies et plante des piquets. Il ne quitte sa ferme que pour s'entraîner et, pour ne pas avoir à descendre à Lure, huit mille habitants, il fait ses courses à la supérette de Melisey où les gens du coin ont l'habitude de le voir débarquer « en tatanes, pas coiffé, avec ses vêtements qui puent la chèvre », témoigne le marchand de cycles. Le seul luxe visible dans sa propriété est un terrain de boules professionnel avec éclairage, où il convie le voisinage les soirs d'été lorsqu'il en a fini avec le Tour.

Les marques, y compris les plus prestigieuses, se bousculent en vain à sa porte pour capitaliser sur sa popularité involontaire : « J'ai eu beaucoup de propositions de contrat pour des montres, des voitures… Mais j'ai tout refusé parce que ça ne me ressemble pas. On me donnerait la plus belle montre de la planète, je ne la porterais pas. Par contre, on ne m'a jamais demandé de faire de la pub pour un tracteur. Là, peut-être que j'aurais accepté. » Et lorsqu'un jeune ministre en vogue nommé Emmanuel Macron le convie à Bercy en 2016 avec la fine fleur du cyclisme français, il refuse poliment. À l'heure de la réception, il a prévu une partie de pêche et ensuite, il devra nourrir ses bêtes, un cheptel de vaches, de chèvres, de moutons et d'ânes qui dépasse aujourd'hui les cinquante unités. « Peut-être qu'il aime plus les animaux que les hommes », confiera avec fatalisme son vieux copain Arthur Vichot au journaliste Pierre Carrey.

L'homme n'est pourtant pas dénué de complexité. Lorsqu'on l'interroge sur son après-carrière, celui dont l'image d'ermite vosgien s'est ancrée dans l'inconscient collectif évoque en tout premier son désir compulsif de voyager. À l'abri des caméras, son sourire volontiers goguenard trahit aussi un appétit illimité pour les enfantillages avec son cercle d'amis proches. « On dit parfois de lui que c'est un ours, mais c'est un faux solitaire, il n'aime pas être seul, il a besoin d'être entouré. En fait, il recherche juste des présences, des gens qu'il aime bien », confiait récemment son ancien équipier, Anthony Roux. Marc Madiot s'amuse des contradictions du personnage : « Thibaut aimerait juste prendre le départ, courir et repartir juste après l'arrivée. Il fuit tous les à-côtés, les médias, la célébrité, mais en même temps, il est assez paradoxal parce que quand on ne parle plus de lui dans les moments où il a moins de résultats, ça l'emmerde. Et puis, il est quand même pas mal sur les réseaux sociaux... » Il les maîtrise même à la perfection, tout en pestant régulièrement contre leurs excès. Le compte Instagram de l'une de ses chèvres, Kim Goat, créé pendant le confinement avec sa compagne pour railler Kim Glow, une starlette de la télé-réalité, réunit plus de 16 000 fidèles. Et sur Twitter, il répond à ses aficionados et ses détracteurs avec la même autodérision, puis redevient sérieux pour partager des publications dénonçant la maltraitance animale ou l'indifférence du public lorsque Rafael Nadal plaisante sur le nombre d'infiltrations qu'il a reçues pour jouer Roland-Garros.

C'est une autre similitude avec son aîné limousin, il est l'un des rares cyclistes de l'ère moderne dont il est impossible de douter de l'éthique, sans même qu'il ait à se poser en chevalier blanc. Fait rare, même le très suspicieux Antoine Vayer, trublion de la lutte antidopage échaudé par son expérience d'entraîneur chez Festina durant les années de plomb, n'a aucun doute sur lui : « Je le suis depuis qu'il est cadet. Et je peux établir son profil de puissance, basé sur ses performances depuis 2010. Il n'y a rien de suspect, tout est cohérent. » À une époque où les secrets de fabrication des « gains marginaux » se sont substitués – ou juxtaposés – aux protocoles pharmaceutiques occultes, Thibaut Pinot n'a jamais rien eu à cacher. En 2014, après son podium sur le Tour, son frère et Frédéric Grappe, le directeur de la performance de son équipe, avaient publié toutes les données de ses six dernières années et aujourd'hui encore, il est d'une transparence confondante sur ses paramètres d'entraînements, partagés quotidiennement, comme sur ses doutes, au point de parfois rendre fou son manager, Marc Madiot : « Son problème c'est qu'il expose trop ses émotions, ses faiblesses, ses failles. Et il met tout sur Strava. Je lui dis souvent : "Mais pourquoi tu donnes autant d'informations sur toi ?" Parce que c'est la concurrence qu'il informe. Moi, je ne donnerais rien ! »

Dans le théâtre d'ombres et de faux-semblants des pelotons, il détonne en confessant sans détour ses moments de découragement, sa difficulté à endosser les habits de leader, ses fragilités physiques, mais aussi sa rétivité à l'exposition médiatique ou, plus généralement, aux changements d'habitude. Il aura fallu attendre sa dixième année chez les professionnels pour qu'il accepte de se conformer au rituel du stage hivernal en altitude à Tenerife, en lieu et place de ses séances de ski de fond dans le Jura. Il regrette avec mélancolie l'esprit potache de ses débuts. C'est un paradoxe un peu choquant mais la fin du dopage généralisé a rationalisé le cyclisme à l'extrême. Désormais, les différences se font sur des détails : la nutrition, la récupération, le matériel… Entre ces fameux gains marginaux et les opérations de relations publiques exigées par les sponsors, il n'y a plus guère de place pour la spontanéité et l'insouciance : « Le vélo a changé et il faut que je m'y fasse. Il y a beaucoup plus de choses dans le vélo d'aujourd'hui qu'il y a dix ans. Beaucoup d'à-côtés, de réseaux sociaux, de sollicitations… J'ai perdu pas mal de mes copains qui sont à la retraite. J'ai perdu des repères. Ça a tellement changé dans les équipes. On a toujours été sérieux à l'entraînement, mais on rigolait énormément à côté. L'hiver 2009, on était encore à Paris à faire du cyclo-cross. On était à Moussy. On faisait des soirées tous les soirs. Plein de choses ont disparu. » Mais avec le temps, sans se renier, il a consenti à des évolutions qui paraissaient impensables il y a quelques années : « Il y a plus facile que Thibaut pour un entraîneur, c'est sûr, mais il n'est pas si imperméable au changement. Il a juste besoin de se confronter lui-même à ses erreurs, à ses échecs, pour assimiler ce qu'on lui dit. Mais une fois que c'est intégré, il y va à fond parce que c'est un gros travailleur qu'il faut freiner plutôt que pousser », déchiffre son frère.

Face à la presse et au public, sa personnalité un peu revêche à ses débuts s'est assouplie sans rien perdre de son authenticité. Il n'a jamais vraiment compris les ressorts de sa popularité, sans doute aurait-il préféré s'en passer, mais avec le temps il l'a accepté plus ou moins de bonne grâce : « Dans mon caractère, c'est une contrainte. J'ai mes propres humeurs et je ne suis pas doué pour jouer la comédie. Mais, je vais croiser des gens qui sont contents de me voir, il y aura peut-être des enfants… » Il a aussi su se faire violence pour gommer ses lacunes les plus rédhibitoires au plus haut niveau. Pour atténuer sa vulnérabilité face aux fortes chaleurs, il a fait installer chez lui un sauna où il s'entraîne régulièrement après s'être essayé sans succès aux capteurs thermiques. Pour combattre sa fragilité immunitaire dans les grands tours, lorsque le taux de masse grasse est au plus bas, il suit scrupuleusement un protocole destiné à booster ses défenses et fait systématiquement désinfecter la climatisation de ses chambres d'hôtel. Grâce à un travail spécifique et à des réglages millimétrés, il ne craint plus autant qu'à ses débuts l'épreuve du contre-la-montre dont il a été champion de France en 2016 quelques semaines après une victoire dans le chrono du Tour de Romandie devant Tom Dumoulin et Chris Froome. Et il accepte désormais sans broncher la monotonie des longs stages en altitude, un défi à sa personnalité hyperactive. Pour un garçon qui décrit le confinement de 2020 comme ses « trois plus beaux mois depuis longtemps », ces sacrifices en disent long sur sa volonté de rendre justice à son talent et aux efforts de son équipe de toujours, la Française des Jeux devenue Groupama-FDJ.

En 2019, il arrive sur le Tour de France transfiguré, rempli de confiance par cette maîtrise de son environnement et par ses succès de prestige en Italie l'année précédente (Tour des Alpes, Milan-Turin, Tour de Lombardie). Au Dauphiné, affaibli par un virus, loin de s'effondrer, il s'était montré régulier et avait obtenu une cinquième place qui était moins le reflet de son niveau que la promesse d'une forme ascendante. Le début du Tour, notamment la belle impression laissée lors du contre-la-montre par équipes, confirme ces bonnes vibrations autour de lui. Et dans la dernière ascension de la huitième étape, sur la route de Saint-Étienne, il est le seul à pouvoir prendre la roue d'un Julian Alaphilippe sur son terrain et au sommet de sa forme. Galvanisé par la foule et des jambes de feu, le duo se lance dans une course-poursuite échevelée à la *Starsky et Hutch* et, avec les bonifications, prend trente secondes à tous les autres favoris. Ils s'entendent comme deux larrons en foire grâce à la complicité née de la loyauté de Pinot lors des championnats du monde, l'année précédente, et entretenue par les intérêts communs du moment. À l'arrivée, Alaphilippe a pris le maillot jaune et Pinot un ascendant sur ses rivaux.

Jusqu'ici habitué à des premières semaines difficiles, le Franc-Comtois pointe à la troisième place au général et il a repris du temps à tous les favoris. Mais plus que l'enchaînement des difficultés où, les unes après les autres, irradient sa confiance et sa forme incandescente, on pressent que ce seront les moments de calme qui pourraient mettre à nu ses fragilités. De ce point de vue, sa réaction après la perte de plus d'une minute trente à la suite d'une bordure lors de l'anodine dixième étape entre Saint-Flour et Albi avait été rassurante. Au début de sa carrière, il s'effondrait systématiquement après ce type d'incident. Cette fois, enragé par le manque de vigilance et de préparation de son équipe au moment d'aborder le rond-point fatal, il était reparti à l'abordage et, en deux ascensions pyrénéennes, avait récupéré quasiment tout le débours bêtement concédé en éparpillant ses adversaires : « Ce temps perdu l'a mis dans la position du chasseur, sur un parcours qui, en plus, se prêtait bien à une remontada. Ça l'a déchaîné et, pour l'équipe, c'était un confort de ne pas avoir le poids de la course sur les épaules », retrace Julien Pinot.

Au Tourmalet, désireux d'assurer une victoire d'étape, il patiente jusqu'aux derniers hectomètres pour placer une attaque brutale que personne n'avait essayé de suivre : « Je savais que j'allais la gagner. Je le savais dès le soir du coup de bordure à Albi, trois jours avant, dans lequel j'avais été piégé. Ce jour-là, dans l'ascension du col, je ne pouvais accepter rien d'autre que la première place. J'étais en ébullition intérieurement. » À l'arrivée, il exulte comme un enfant, mais plus encore que sa joie débordante, c'est le hurlement iconique de Marc Madiot qui est resté dans les mémoires : « Allez mon grand, t'es grand aujourd'hui, t'es très grand ! » Le lendemain, dans la montée du Prat d'Albis, la démonstration se poursuit et elle euphorise tout un pays. Lancé par son jeune équipier David Gaudu, il multiplie les accélérations pour épuiser un à un ses adversaires dans le style si caractéristique de son état de grâce, bouche grande ouverte et pédalage frénétique, que le journaliste irlandais Shane Stokes a comparé à celui « d'un homme qui se précipite chez lui après avoir appris que sa maison a pris feu ». Egan Bernal, le dernier à pouvoir s'accrocher à sa roue, explose sur un ultime coup de boutoir à quatre kilomètres du sommet.

Mais ce double exploit pyrénéen et sa très belle septième place lors du contre-la-montre de Pau, devant bon nombre de spécialistes, a fait basculer le poids de la course sur ses épaules. Quatrième du classement général à trois secondes de Steven Kruijswijk, quinze de Geraint Thomas, qui a montré ses limites dans les Pyrénées, et à moins de deux minutes d'un Julian Alaphilippe porté par le maillot jaune mais apparu au bord de la rupture, Thibaut Pinot est devenu le favori du Tour, un statut inédit, propre à faire osciller ses supporters entre exaltation et fébrilité avant les dernières étapes alpestres.

Lors de la dix-huitième étape entre Embrun et Valloire, il apparaît rapidement que quelque chose cloche par rapport aux Pyrénées. Lorsqu'Egan Bernal lâche le groupe des favoris dans le col du Galibier, il n'essaye même pas de réagir alors que quelques jours plus tôt le Colombien suffoquait en essayant simplement de tenir sa roue. Dans la descente, qu'il a pris le soin de mener, son visage si expressif est cette fois fermé à double tour. Seul son regard, assombri par un mauvais présage, trahit une préoccupation presque résignée, annonciatrice de l'orage intime qui va se substituer à l'euphorie du Tourmalet et du Prat d'Albis. À l'arrivée, il a concédé 32 secondes à Bernal, mais il a surtout perdu son ascendant sur ses rivaux et sur son double maudit.

Le lendemain, le pool des journalistes est pris d'un double mouvement de panique lorsque peu après l'annonce d'un malaise cardiaque de Raymond Poulidor, un photographe fait état d'un Thibaut Pinot porté par ses coéquipiers pour descendre les escaliers de l'hôtel. Les mauvais pressentiments se matérialisent lorsque les premiers directs annoncent le leader de la Groupama-FDJ en perdition dès l'ascension inaugurale de l'antépénultième étape entre Saint-Jean-de-Maurienne et Tignes. Son abandon au kilomètre 39 et ses sanglots sur l'épaule de William Bonnet plongent le Tour dans une atmosphère mortuaire, comme si la plus belle édition depuis 1989 venait de s'achever brutalement, sans véritable épilogue. Toujours maillot jaune, Julian Alaphilippe n'a plus assez de forces pour sauver la fête et, au-delà de la rédemption du cyclisme français, une victoire de Thibaut Pinot portait l'espoir d'un vélo renouant avec les champions humains après trente années de domination scientifique où la pharmacologie puis l'intelligence artificielle introduite par l'équipe Sky semblaient ordonner immuablement le classement des grands tours.

Sa blessure, inconnue au bataillon cycliste (une lésion du vaste médial de la cuisse gauche), alimente forcément le fantasme de l'intervention du surmoi plus que de la pure malchance. N'avait-il pas confessé juste avant le départ dans un entretien accordé à *L'Équipe* : « J'aime ma vie comme elle est en ce moment, c'est la vie dont je rêvais, et je sais que si je gagne le Tour de France, je n'aurai plus cette vie-là. Est-ce que j'ai envie de changer de vie ? Non. Le Français qui gagnera le Tour, ce sera une star. Et est-ce que j'ai envie d'être une star ? Non. » Même après ses démonstrations de force qui avaient résigné tous ses adversaires dans les Pyrénées, il continuait d'évoquer l'objectif du podium qu'il s'était fixé avant le départ. Était-ce un refus d'obstacle ou une simple volonté de conjurer le sort ? La théorie de la somatisation persiflée par le milieu médical cycliste est invérifiable. Le documentaire en immersion *Avec Thibaut*, réalisé par France Télévisions, montre au contraire un coureur habité, à contre-courant de son image extérieure. Son attitude souveraine lors des briefings, sa colère après le coup de bordure d'Albi, ses triomphes sereins, puis ses larmes de détresse, tout en lui y transpire la rage de vaincre. Et sa capacité, la veille de son abandon, à suivre les meilleurs sur une jambe dans l'Izoard puis dans le Galibier disait tout de sa forme du moment mais aussi de son mental de champion, trop souvent mis en doute.

Cette faculté de résistance quand tout s'est déjà écroulé lui avait coûté une grande partie de sa saison 2018 lors de l'avant-dernière étape d'un Giro parti de Jérusalem, comme un symbole de sa renaissance mais aussi de sa crucifixion à venir. La veille, au bout d'une journée dantesque, de celles qui entretiennent la liturgie de cette course si particulière, il avait arraché – et, semble-t-il, assuré – sa place sur le podium en se lançant dans une poursuite effrénée derrière Chris Froome parti dans une échappée solitaire d'un autre temps à 80 kilomètres de l'arrivée. Mais fiévreux toute la nuit et au départ de l'étape, ses efforts sont anéantis dès les premières rampes du col de Saint-Pantaléon. Ces 16 kilomètres d'ascension, ce sera son Golgotha. Poussé par ses équipiers et par son orgueil, il s'accroche au gruppetto pour finir l'étape dans un état second, blanc comme un linge et crachant du sang. Sur la ligne d'arrivée, sa température dépasse les quarante degrés. Les médecins l'expédient sur-le-champ à l'hôpital où il sera admis en soins intensifs pour une pneumopathie dont il traînera les séquelles de longs mois, avant de progressivement ressusciter au Tour de Pologne puis à la Vuelta (deux victoires d'étape et une sixième place au général).

Au Mondial d'Innsbruck, bridé par les consignes de Cyrille Guimard alors qu'il avait les jambes pour conquérir le maillot arc-en-ciel, il montre son esprit d'équipe en ne s'attardant pas sur la défaillance de Julian Alaphilippe pour qui il s'était sacrifié en vain. Et au Tour de Lombardie, deux semaines plus tard, il est enfin prêt à aller arracher la récompense de sa résilience au bout d'une longue série de désillusions. Ce jour-là, tout se déroule comme dans un rêve. À 50 kilomètres de l'arrivée, une échappée royale s'est formée dans le mur de Sormano à la suite d'une attaque de Roglic, que seuls Nibali et Pinot, puis Bernal, ont réussi à suivre. Dès les premières rampes du Civiglio, dernière difficulté avant la descente vers Côme, une accélération du Franc-Comtois résigne le Slovène et le Colombien. Il est désormais seul avec le tenant du titre italien, champion admiré qui, l'année précédente, l'avait dominé au même endroit. Un court instant, il s'imprègne de la solennité du moment et des lieux avant d'enchaîner les attaques survoltées. Pour dissimuler ses difficultés à suivre, Vincenzo

Nibali se porte plusieurs fois à sa hauteur. Une tentative de bluff, certainement, mais aussi une forme d'adoubement juste avant de s'effondrer sur un ultime changement de rythme. Il reste alors 14 kilomètres et rien ne peut plus empêcher Thibaut Pinot de remporter son premier Monument. Dans la descente où l'année précédente, il a été irrémédiablement lâché par Nibali, l'un des maîtres de l'exercice, cette fois il lui reprend du temps. Toute la frustration accumulée, de l'ambulance qui l'a détourné au dernier moment du podium du Giro jusqu'au soir du Mondial d'Innsbruck, habite ses coups de pédale exaltés. En cet instant, ce n'est pas seulement le champion italien qu'il vient de distancer, ce sont aussi ses propres démons qui l'accompagnent depuis cinq ans. Délesté de tout ce poids, sur le bien nommé Monte Olimpino, après 238 kilomètres de course, il semble pédaler en apesanteur, dans un temps suspendu. Nibali est loin désormais, il ne peut plus revenir.

La suite, c'est Philippe Brunel qui la raconte le mieux dans *L'Équipe* du lendemain : « Il était un peu moins de dix-sept heures sur les rives mordorées, alanguies du lac de Côme, au large un chris-craft cabotait sur les eaux bleues par une température de fin d'été, quand Thibaut Pinot, joues creusées, barbe naissante, le sourire déformé par un rictus de joie et de fierté contenues, déboucha en pleine lumière, comme surgissant d'un long tunnel existentiel, sous l'escorte bourdonnante des motos de presse, au bout du Lungo Lario Trento. » À l'arrivée, il peut aller taper dans les mains de ses coéquipiers postés dans les balustrades une fois leur travail terminé, avant de franchir la ligne, avec le sentiment que tout prenait un sens à ce moment précis. Sa fascination pour la classique des feuilles mortes remontait à 2006, lorsqu'il avait assisté à la victoire poignante de Paolo Bettini franchissant la ligne, étouffé par les sanglots et le souvenir de son frère, tué dans un accident de la route deux semaines plus tôt. C'était quelques mois après l'annonce de la pathologie de Julien, et ce moment avait sans doute eu une résonance particulière. Lui-même eut du mal à dissimuler son émotion face aux micros de la Rai : « Gagner ici en solitaire, devant Vincenzo, c'est ce que je pouvais espérer de mieux. Pour moi, c'est un aboutissement. »

Ce sentiment de plénitude ne le quittera plus jusqu'à sa blessure à soixante-douze heures d'une victoire dans le Tour de France que tout le peloton avait anticipée, même Romain Bardet, avec qui il a toujours entretenu une rivalité contenue et des rapports distants : « Pinot va gagner le Tour, c'est dans l'ordre des choses », avait constaté, résigné, le grimpeur d'AG2R, alors que lui-même naviguait très loin de ses ambitions. Avec cette désillusion, la plus cruelle d'une série déjà bien gratinée, Thibaut Pinot avait renoué avec le sentiment que rien ne serait jamais simple pour lui. Les deux années qui suivirent ne le contrediront pas.

Disputé exceptionnellement en septembre sous des températures qu'il affectionne et conclu l'avant-dernier jour par un contre-la-montre sur ses routes d'entraînement vosgiennes, le Tour de France 2020 semblait avoir été dessiné pour être l'épilogue heureux de sa légende noire. Mais une nouvelle fois, l'évidence s'est effondrée en une fraction de seconde sur la promenade des Anglais à Nice, à 3 kilomètres de l'arrivée de la première étape. Alors qu'il avait été mis à terre par une chute collective sur un bitume détrempé aux allures de patinoire, un coureur avait percuté ses lombaires à 55 kilomètres à l'heure. En serrant les dents, il suit les autres favoris dans les nombreuses difficultés de la première semaine, avec l'espoir que la douleur s'atténue au fil du temps. Mais dans les cols pyrénéens, le dos et le moral en charpie, il est incapable de suivre les accélérations de l'armada des Jumbo-Visma. Et pour cause, son bassin était fissuré en deux points que l'hématome n'avait pas permis de déceler sur l'IRM. À l'arrivée, il perd dix-huit minutes et ses rêves de passer à Melisey en jaune. Il ne le sait pas encore, mais il vient aussi d'embarquer pour deux ans de galère, passés à lutter contre les séquelles de sa blessure et contre le passage du temps.

Sur le coup, cette occasion manquée était apparue comme celle de trop. Bien que dépouillé de la victoire qui lui tendait les bras au Dauphiné libéré après un épilogue où, mal protégé par son équipe, il n'avait pas été capable de répondre aux attaques successives, sa condition quasi optimale et sa deuxième place avaient rassuré sur ses chances de rencontrer enfin son destin. Le parcours essentiellement montagneux avec un seul contre-la-montre sur la Planche des Belles Filles, qu'il grimpe plusieurs fois par mois, ressemblait à une nouvelle chance inespérée, d'autant que parmi ses principaux rivaux, seul Roglic se posait en épouvantail. Les deux autres favoris, Bernal, le tenant du titre, et Dumoulin s'étaient présentés dans une forme précaire.

Extrêmement déçu après son abdication pyrénéenne, Pinot annonçait que c'était peut-être là « un tournant » dans sa carrière. Dans la foulée, Bernard Hinault exhortait son entourage à ne plus lui mettre en tête de gagner la Grande Boucle pour le focaliser sur les victoires d'étapes et les courses d'un jour ou d'une semaine. Mais comment justifier un tel changement de pied alors qu'il a déjà gagné des étapes prestigieuses dans les trois grands tours et la classique qui comptait le plus à ses yeux ? Un championnat du monde ou un Liège-Bastogne-Liège, qu'il n'a jamais disputé mais qui semblait taillé pour ses qualités de puncheur, pourraient rehausser encore plus une carrière déjà réussie, avec 37 victoires chez les professionnels, mais en aucun cas se substituer au rêve d'une rédemption finale. En pleine reconstruction, il a passé son année 2022 à chasser des étapes et a nourri de cet éloignement des premiers rôles une frustration revancharde.

La trentaine désormais passée et sa retraite sportive annoncée pour la fin de l'année 2023, le temps lui est compté pour donner un sens à ses sacrifices et à la maxime qu'il s'est fait tatouer sur le bras dans la langue de son pays d'adoption après l'avoir contredite toute sa carrière : *Solo la vittoria è bella*. Pour ses supporters comme pour lui-même, la résignation face aux trahisons de son corps est une tentation compréhensible. Tourner le dos prématurément à son destin pour mettre fin à ses tourments serait pourtant un immense gâchis et la promesse de mille regrets. Parce que Thibaut Pinot s'est toujours relevé de ses désillusions. C'est ce qui rend ses victoires si épiques et ses déboires si émouvants, ce que Marc Madiot résume ainsi, du haut de son affection quasi paternelle : « Il va vous apporter des émotions différentes : il va vous faire pleurer, parfois vous allez être tristes, mais il peut aussi vous faire monter au plafond. »

Au fil des ans, des coups du sort et des résurrections romanesques, s'est noué autour du Franc-Comtois un culte qui s'étend sur tous les continents et déchaîne des passions disproportionnées au regard de son palmarès. « Il a atteint le statut d'icône parce qu'il nous parle de nos vies », explique Pierre Carrey. À la figure du champion surhomme, Thibaut Pinot oppose son humanité, qui épouse nos propres fragilités, nos sentiments d'inachevé et nos espoirs de rédemption. En se relevant à chaque fois qu'il tombe, en grimpant les cols tel Sisyphe avec son rocher, il a enfanté malgré lui une mythologie où victoires et défaites soulèvent la même adoration, parce qu'elles font partie d'une même quête. La veille de la Grande Boucle 2019, il avait prophétisé : « Je sais qu'il y a une justice quelque part, quelque chose va m'arriver, j'en suis sûr, j'ai l'impression que c'est écrit, je ne mérite pas tout ça. » Quatre ans plus tard, le rêve de gagner le Tour, qui n'était pas le sien, est passé sans que jamais la guigne ne lui accorde le moindre répit. Mais son sourire d'enfant en arborant le maillot de meilleur grimpeur sur le podium final du Giro 2023 et la ferveur insensée qui a accompagné son ultime échappée, sublime et crépusculaire, sur les routes vosgiennes du Tour attestent que, durant toutes ces années, l'essentiel était bien ailleurs.

Remerciements

L'écriture de ce livre a été une longue odyssée solitaire, mais l'aventure n'aurait pas pu aller à son terme sans l'aide et la bienveillance de plusieurs personnes à qui j'aimerais exprimer ma gratitude.

Merci, donc, aux documentalistes de la bibliothèque Louis-Nucéra de Nice et tout particulièrement à Olivier Ghiringhelli.

Merci à l'équipe Groupama-FDJ pour sa réactivité et à Marc Madiot et Julien Pinot pour leur disponibilité et leur gentillesse.

Merci à Jean Vietto et Josiane Ocaña pour tous les souvenirs exhumés si amicalement.

Merci à Angel Soria pour son accueil si chaleureux au domaine d'Izaute et pour toutes ses passionnantes confidences.

Merci à Bob Kain pour l'ouverture de ses archives personnelles et pour toutes ses incroyables anecdotes.

Merci à Henri Tavernier, Jean-Paul Derai, Claude Boli et Pierre Carrey pour leurs conseils avisés et leur générosité d'esprit.

Merci à Emmanuel Deun et Alastair Nash pour leurs encouragements fraternels et leurs relectures éclairées.

Et enfin merci à Jean-Philippe Bouchard d'avoir cru en ce projet et à toute l'équipe de Solar éditions, en particulier Corentin Bréhard, de l'avoir accompagné.

Table des matières

Directeur : Didier Férat
Direction éditoriale : Jean-Philippe Bouchard
Édition : Corentin Bréhard
Couverture : Florian Pesce
Mise en pages : Nord Compo
Fabrication : Emmanuelle Laine

Pour plus d'information :
www.lisez.com
Imprimé sur du papier issu de forêts gérées durablement.

Achevé d'imprimer par
Normandie Roto Impression s.a.s.
N° d'impression : 2302858

Imprimé en France